荀子思想理論與實踐

（修訂版）

周德良 著

臺灣學生書局印行

荀子思想理論與實踐

（修訂版）

目 次

第壹章　緒論……………………………………………………　1

　　第一節　荀學之歷史評價與視域觀點…………………　1

　　第二節　寫作動機與目的………………………………　20

　　第三節　研究方法與步驟………………………………　23

第貳章　荀子其人與其書………………………………………　31

　　第一節　荀子姓名………………………………………　32

　　第二節　荀子生卒年與遊歷……………………………　45

　　第三節　《荀子》文本與辨偽…………………………　55

第參章　戰國政治形態與儒家思想⋯⋯⋯⋯⋯⋯⋯ 67

　　第一節　政治形態與國際局勢⋯⋯⋯⋯⋯⋯⋯ 68
　　　　一、先秦政治之意涵⋯⋯⋯⋯⋯⋯⋯⋯⋯ 68
　　　　二、戰國時期政治型態⋯⋯⋯⋯⋯⋯⋯⋯ 70
　　　　三、戰國七雄疆域與國力⋯⋯⋯⋯⋯⋯⋯ 77
　　第二節　戰爭兼并與合從連橫⋯⋯⋯⋯⋯⋯⋯ 85
　　　　一、蘇秦合從政策⋯⋯⋯⋯⋯⋯⋯⋯⋯⋯ 91
　　　　二、張儀連橫政策⋯⋯⋯⋯⋯⋯⋯⋯⋯⋯ 98
　　第三節　百家爭鳴與儒家政治思想⋯⋯⋯⋯⋯110
　　　　一、百家爭鳴與諸子政治思想⋯⋯⋯⋯⋯110
　　　　二、荀子之理想典範⋯⋯⋯⋯⋯⋯⋯⋯⋯118
　　　　三、孔子之政治思想⋯⋯⋯⋯⋯⋯⋯⋯⋯125

第肆章　偽善性惡之心偽論⋯⋯⋯⋯⋯⋯⋯⋯⋯157

　　第一節　荀學性惡之意涵⋯⋯⋯⋯⋯⋯⋯⋯⋯159
　　第二節　性偽之分與化性起偽⋯⋯⋯⋯⋯⋯⋯163
　　第三節　聖人之心虛壹而靜⋯⋯⋯⋯⋯⋯⋯⋯170
　　第四節　荀學心偽論理論架構⋯⋯⋯⋯⋯⋯⋯192

第伍章　文明演化之歷史觀⋯⋯⋯⋯⋯⋯⋯⋯⋯197

第一節　禮之緣起——禮儀⋯⋯⋯⋯⋯⋯⋯⋯⋯⋯ 203

　　一、禮儀類別⋯⋯⋯⋯⋯⋯⋯⋯⋯⋯⋯⋯ 205

　　二、禮儀之目的與原則⋯⋯⋯⋯⋯⋯⋯⋯ 213

第二節　禮之本質——禮義⋯⋯⋯⋯⋯⋯⋯⋯⋯⋯ 220

　　一、禮與義之關係⋯⋯⋯⋯⋯⋯⋯⋯⋯⋯ 221

　　二、義與性之關係⋯⋯⋯⋯⋯⋯⋯⋯⋯⋯ 226

　　三、義與仁之關係⋯⋯⋯⋯⋯⋯⋯⋯⋯⋯ 230

　　四、仁義禮之統⋯⋯⋯⋯⋯⋯⋯⋯⋯⋯⋯ 233

　　五、心偽論與仁義禮之統⋯⋯⋯⋯⋯⋯⋯ 238

第三節　禮之實踐——禮制⋯⋯⋯⋯⋯⋯⋯⋯⋯⋯ 245

　　一、禮制與人性特質⋯⋯⋯⋯⋯⋯⋯⋯⋯ 247

　　二、禮制與人倫秩序⋯⋯⋯⋯⋯⋯⋯⋯⋯ 269

第四節　禮之文明價值與時代意義⋯⋯⋯⋯⋯⋯⋯ 285

　　一、法先王——仁義之統⋯⋯⋯⋯⋯⋯⋯ 287

　　二、法後王——禮義之統⋯⋯⋯⋯⋯⋯⋯ 298

　　三、理想與實踐合一——聖王⋯⋯⋯⋯⋯ 308

第陸章　富國強兵之政治學⋯⋯⋯⋯⋯⋯⋯⋯⋯⋯⋯ 317

第一節　禮制與政治⋯⋯⋯⋯⋯⋯⋯⋯⋯⋯⋯⋯⋯ 321

第二節　強兵之目的與方法⋯⋯⋯⋯⋯⋯⋯⋯⋯⋯ 328

　　一、強兵之意涵⋯⋯⋯⋯⋯⋯⋯⋯⋯⋯⋯ 328

二、強兵之目的 ································· 330

三、強兵之方法 ································· 337

四、強兵與王霸之別 ····························· 343

第三節　富國之目的與方法 ························· 357

一、富國之意涵 ································· 359

二、富國之目的 ································· 364

三、富國之方法 ································· 368

第柒章　結論 ··································· 375

參考資料 ····································· 389

第壹章　緒論

第一節　荀學之歷史評價與視域觀點

先秦諸子之歷史評價，鮮少有如荀子這般「每況愈下」。《史記》稱荀子於齊襄王時「三為祭酒」，[1]且「最為老師」，故與孟子合併一傳。因荀子學說深明於質文損益及禮樂大原，而弟子李斯學而相秦，韓非子成一家之言，荀子後學影響中國政治與學術深遠；且秦漢之後，六藝之傳，賴以不絕者，乃荀子之功，其地位猶有凌駕孟子之勢。至漢代揚雄評荀子與孟子是「同門而異戶」，[2]意味

1　司馬貞《索隱》按曰：「禮食必祭先，飲酒亦然，必以席中之尊者一人當祭耳，後因以為官名，故吳王濞為劉氏祭酒是也。而卿三為祭酒者，謂荀卿出入前後三度處列大夫康莊之位，而皆為其所尊，故云『三為祭酒』。」【漢】司馬遷撰·【宋】裴駰集解·【唐】司馬貞索隱·【唐】張守節正義：《史記》（台北：藝文印書館據清乾隆武英殿刊本景印），頁 941。

2　《法言·君子》篇曰：「或曰：『子小諸子，孟子非諸子乎？』曰：『諸子者，以其知異於孔子者也；孟子異乎？不異！』或曰：『孫卿非數家之書，侻也；至於子思、孟軻，詭哉？』曰：『吾於孫卿與，見同門而異戶也。惟聖人為不異。』」【漢】揚雄撰·【晉】李軌注：《法言》（台北：臺灣中華書局，【四部備要】據江都秦氏本校刊，1966 年），卷 12，頁 1。

荀子非孔孟儒家之正統。唐代韓愈評荀學中「性惡」之說，乃「大醇小疵」，亦稍有遜色於孟子。宋代時更因孟子學說流行，孔孟並稱，《孟子》書尊奉為經，自此，孟、荀地位高下立判；因荀子「性惡」與孟子之「性善」見解相反，尊孟則不得不抑荀，遂詆其言為異端之說。時至今日，論「荀子之學不可不予以疏導而貫之于孔孟」，[3] 勞思光判斷：「就荀子之學未能順孟子之路以擴大重德哲學而言，是為儒學之歧途。而尤應注意者是此一學說之歸宿。荀子倡性惡而言師法，盤旋衝突，終墮入權威主義，遂生法家，大悖儒學之義。」[4] 荀子儼然淪為孔孟儒家之「歧途」、「歧出」者。[5]

由於荀子舉「性惡」為大纛，標示學說之特色，「性惡」遂被視為荀學之理論核心。然而，「性惡」之說主體意識不明顯，造成學說之理論無根，嚴重影響學說之完整性；況且，荀子公然反對孟子「性善」之說，「大悖儒學之義」，「性惡」遂成為後世批判荀學之標的。因此，荀學之歷史地位所以日益低落，實與「性惡」之說息息相關。以下略舉近現代學者詮釋荀學之視域觀點，依著述發表先後為序，作一簡述。

3　牟宗三著：《荀學大略》（台北：中央文物供應社，1953 年），頁 8。

4　勞思光著：《新編中國哲學史》（一）（台北：三民書局，2001 年），頁 316。

5　王邦雄先生在《中國哲學論集》中言：「從孔孟到荀子，正面說是儒學精神轉向客觀化的表現，負面說是儒學價值根源的失落。孔孟心性天的道德義理，轉成道家的自然虛靜義，吾人就由此說荀子是孔孟儒學傳統的歧出發展。」（台北：臺灣學生書局，1990 年），頁 51。

　　《四庫全書總目・子部・儒家類》評荀子曰：「況之著書，主於明周孔之教，崇禮而勸學。其中最為口實者，莫過於〈非十二子〉及〈性惡〉兩篇。……平心而論，卿之學源出孔門，在諸子之中最為近正，是其所長；主持太甚，詞義或至於過當，是其所短。韓愈『大醇小疵』之說，要為定論，餘皆好惡之詞也。」[6]《總目》強調，荀學以孔門為依歸，較其他諸子更符合孔子精神，是其長處；其短處則是主持太甚，詞義過當。《總目》認為後世評論荀學之中，以韓愈「大醇小疵」之語最為恰當，至於他家評論，乃「是非惟皆未睹其全書」，「亦未竟讀矣」，以致批評失當。其實，韓愈之評語，「大醇」是指荀子為醇儒，「小疵」則是針對荀子主張「性惡」而發，《總目》既肯定荀子於諸子之中最為近正孔門，則所謂「主持太甚，詞義過當」之評語，亦是指荀學中最為口實之「性惡」主張。

　　陳登元《荀子哲學》。[7]此書盛稱：「荀子實我國邃古之大政治家大哲學家，固無疑義，固非虛飾也。」（頁3）此書以：「術士」、「弄文墨，好辨論者」、「知六藝者」與「仲尼之徒」等四則屬性定義何為「儒」者，並舉《荀子》書中之語與孔門之書略同

6　《四庫全書總目・子部・儒家類》（台北：藝文印書館，1989年），頁1804。

7　陳登元著：《荀子哲學》（上海：上海書店，1992年，《民國叢書》據商務印書館1928年版影印），第四編第四冊。

者，說明荀子之為儒家，及其承受於儒家之產業。[8] 此書「荀子之心理學說」一章，分析以為：「荀子之所謂性者，係指本能而略涉及欲字之界限」，（頁 144）而「荀子之所謂心者，為絕高無上之機關，而能判斷事理者，苟不為外物所誘，則心之清明也如水」，（頁 150）顯示「心」、「性」兩詞在《荀子》文本中之意涵非常明確，此書同時說明：「孟荀二子，同主人有善心；荀子性惡之性，非孟子性善之性。」（頁 162）不僅釐清荀學中「心」、「性」之詞意義界，同時為荀學價值根源提供一種可能詮釋系統。

郭沫若《十批判書》。[9] 此書盛讚荀子是先秦諸子中，集百家大成之最後大師，而且「先秦諸子幾乎沒有一家沒有經過他的批判」。（頁 185）郭書從生理與心理層面探究荀子之「性惡」意含，以為荀子「他認為人性俱有好惡食色的情欲，讓這種情欲發展下去，那就只有爭奪暴亂，完全和禽獸無別」，（頁 190~191）而荀子所以隆禮義，乃是「正是因為內部沒有善，人之所以強學而求禮義，正

8　《荀子哲學》，頁 49~57。陳登元又列舉：「孔子荀子，俱言勤學」、「曾子荀子俱言『三省』」、「孔子荀子俱主里仁」、「與孔子存為己而學之心」、「不肯以殺一不辜得天下」、「孔子謂見賢思遷，見不善而自省，荀子亦云」、「均有剛毅自信之意，而以為天下事人人可為」、「孔子言義利之別，荀子亦言」、「誠意慎獨，荀子蓋亦言及」、「不怨天，不尤人」、「賤視生產階級」、「其言理財，亦與有若同意」、「其言堯舜禪讓亦學孟子略同」、「其言禮也，亦與孔子有同者」、及「又有同者」等十五點儒家之作品，「證實荀子為儒」，頁 57~63。

9　郭沫若著：《十批判書》（上海：上海書店，1992 年，《民國叢書》據群益出版社 1947 年版影印，第四編第一冊）。

是因為自己原來沒有禮義，所以性是惡的」，（頁 191）荀子言「性」
乃一動物本能，並無善惡可言，故要求以禮義規範人倫秩序，此說
大致無致。郭書中一度承認荀子之「心」「既具有絕對的自律性而
又三位一體（指虛、壹、靜）的妙用，那嗎心的價值可以稱為善了」。
（頁 193）然而，郭沫若卻以此推論：

> 而荀子以性惡說主張者的立場採取這樣的心說，那便是怎麼
> 也無法彌縫的一個大矛盾。性既是惡的，心怎麼會善得起
> 來？性既須積偽，何以心反而主張虛靜？反過來，則性便不
> 能完全說是惡的了。（頁 194）

郭沫若以為，荀子之「性」乃人之本質，而「心」又附屬於「性」
之下，「心」由「性」生，「性」既無內容，則「心」不能有「善」
之內容，若言「性惡」「心善」，便是一大矛盾。郭沫若之所言，
乃在於郭沫若認為荀子之「心」與「性」是一體概念，不承認「心」
是能獨立於「性」之外，因此斷言荀子之思想乃是「一個大矛盾」。

　　錢穆《中國思想史》。[10] 錢穆以為荀子在當時駁擊諸家學說，
重回孔子，是對儒學的貢獻，其功不在孟子之下。然而「孟子主性
善，荀子主性惡，兩人思想又恰相反」。（頁 56）「孔孟言禮，主
從人類相互間的愛與敬出發，荀子則改從人類經濟生活之利害上出

10　錢穆著：《中國思想史》（台北：臺灣學生書局，1992 年）。

發。故孔孟言禮，是對人的，而且當下即是一目的。荀子言禮，則轉成對物，而且僅成一手段。荀子發揚儒學，而忽略儒之言仁，荀子畢竟只是一個智者，非仁人。」（頁60）錢穆對孔、孟、荀三子之學說是典型之傳統分系。

牟宗三《荀學大略》。此書列舉《荀子》文本二十四條，具體而微闡述：「荀子之隆禮義而殺詩書：荀書摘要」、「荀子之基本精神：天生人成」、「荀子論君及其問題：道德形式與國家形式」與「荀子與法家：君德與君術」等四項議題。書末并附「荀子正名篇疏解」。牟宗三雖然盛讚荀子「知統類，一制度，隆禮義而殺詩書，充實飽滿，莊嚴隆重，盡人生宇宙皆攝而統治于一大理性系統中」，（頁16）同時亦感歎荀子不能深切把握孟子仁義內在之學，故「大本不立，遂轉而言師法，言積習」。（頁3）牟宗三並申論言：

> 其所隆之禮義繫于師法，成于積習，而非性分中之所具，故性與天全成被治之形下的自然的天與性，而禮義亦成空頭的無安頓的外在物。此荀子正面之主張也。荀子只知君師能造禮義，庶人能習禮義，而不知能造能習禮義之心即是禮義之所從出也。荀子之心思一往而不反，故其誠樸篤實之心只表現而為理智的廣被，而於問題之重要關節處轉不過。（頁3~4）

荀子隆禮義，但禮義非生於性分之內，而寄託於師法，庶人成于積習，故禮義成為性外之物，禮義之價值根源失落，荀子之理論基礎成為重要問題。由於牟宗三每每論述荀學，多以孟子學說予以疏通，因此，「荀子只認識人之動物性，而于人與禽獸之區以別之真性則不復識」，「故荀子于動物性處翻上來而以心治性。惟其所謂心非孟子『由心見性』之心。孟子之心乃『道德的天心』，而荀子于心則只認識其思辨之用，故其心是『認識的心』，非道德的心也」。（頁 24）牟宗三將荀子之「心」，理解為純粹認知外在事物能力之「認知心」，而非如孟子所言俱有價值判斷之「道德心」。

韋政通《荀子與古代哲學》。[11] 此書之寫作之方式，是「以荀子為中心，去通過先秦各家的思想；並把荀子的思想和各家相關的部分一一較量」。（頁 285）此書乃是以「天生人成」之原則構造籠罩荀子整體學說。在分析荀子之「性」與「性惡」關係時言：

> 人生而有好利，有疾惡；生而有耳目之欲，有好聲色；這都是人的自然之性，無待而然者。由自然之性導生惡的關鍵，全由「順是」見之；順是者，順自然之情而不知節制之謂。……由自然之性到性惡既是必然的，所以要使性的需求向下滾的趨勢止煞住不流於惡，則不能不有賴於客觀之禮義（偽）；故禮義是能治者，而性屬被治者之對待性遂顯。（頁 68~69）

11　韋政通著：《荀子與古代哲學》（臺北：臺灣商務印書館，1966 年）。

韋政通言荀子「性惡」之關鍵,乃是自然之性「順是」所產生,「性」是因,「惡」是果,「性惡」乃「順是」之「性」所產生之結果,故「性惡」必待客觀之禮義方能被治。然而,書中又說:

> 荀子所識之心為認知心,即是可以說有善的涵義,亦絕不同於孟子所說之心,……荀子言心有善的涵義,他並不是由人直下的惻隱之感處認取心之善義;故善不屬於心本身,而是在心之中理與對治之關係而顯的。由心之中理與對治的關係始能見心善,故盡心只能知道,知禮義之統類,而不能知性。心與性成為能治與被治的關係:「以心治性」。這也是在認知心表現的領域中,討論人性問題,必有的一個歸結。(頁144)

韋政通對於《荀子》之「心」,亦理解為認知心,故「心」不必然涵有善意,善不屬於「心」所有,亦不從「心」中生。因此,「荀子之治道,以禮義為本。禮義並不本於德性,禮義就是治道的最後根據。」(頁90)因為荀子「心」、「性」皆非德性根源,故荀子必無德性可言。既無德性可言,則「禮義並不本於德性」,且「禮義就是治道的最後根據」,此一評論,促使荀學之「禮義」,淪為權威式之教條主義者,韋政通甚至質疑,荀學理論本身存在著無法自圓其說之困境與矛盾。

楊筠如《荀子研究》。[12] 此書除「前論」部分探討荀子其人、其事，及《荀子》文本之真偽外，在「本論」部分，全面詳細分析荀子之思想與古代哲學、宗教、政治與經濟等之關係，肯定荀子「也是儒家中的一個主角，而且他與孟子的性說，同是儒家哲學中的精采」。（頁49）此書將荀子之「心理現象」分為兩部分：「一部分是性，情欲都是性的表現；一部分是心，慮就是心的作用」，「這部分的關係，就是以心來節性」，（頁52）此說應屬的當；但是由於荀子言「心」慮能「虛壹而靜」，故楊筠如斷言「荀子的心理學，完全出於道家」，（頁58）並斷言「荀子之所謂心，便是直接由道家之所謂道，體念出來。所以他所說心之判斷是非的標準，也完全就是一道字」。（頁61）

陳大齊《荀子學說》。[13] 陳大齊指出：「荀子之研究心理，非必為了研究心理而研究心理，其主要目的是為了闡發性惡，是為了衡定是非，亦即為了道德學理則學等價值科學而治研究心理。」（頁28）「荀子既標舉義辨與能群為人類的特色，其名理學說政治學說道德學說教育學說分別以此兩大特色為基本，而引申之，光大之。故此兩大特色亦可說是荀子學說的基本觀點。」（頁30）此書標舉荀學以「義辨」與「能群」為特色，同時闡發荀子主張「性惡」之

12　楊筠如著：《荀子研究》（上海：上海書店，1992 年，《民國叢書》據商務印書館 1966 年版影印，第四編第四冊）。

13　陳大齊著：《荀子學說》（台北：華岡出版社，1966 年）。

目的，以此區分人禽，說明荀學之目的，乃在尋求其政治學說、道德學說、教育學說等之理論基礎。此書申論荀子「性惡」之意，以為「荀子衹主張性本趨向於惡，並不否認其有改趨於善的可能。故如實言之，荀子的性惡說衹是人性向惡說而已，稱之為性惡說，不免有些言過其過。」（頁 57）荀子主張「性惡」不免「矯枉過正」。「性」既趨向惡，則「善的由來」，歸於聖人之「偽」。陳大齊言：「聖人化性而起偽，偽又為善之所由生，然則人之藉以起偽，並藉以進於善者，究為何種力量？依荀子所說，計有內外兩種因素，知慮是內在的因素，環境是外在因素。」（頁 62）內在因素之「知慮」，即是荀子所謂「積思慮」；外在因素之「環境」，即是荀子所謂「習偽故」；能「積思慮」、「習偽故」即是「聖人」。陳大齊在往後「第七章：知慮論」提到，荀子時以「心」稱呼知慮，以為：「必須心境能夠達到大清明的境地，而後『知道』『可道』始能不失毫釐。分析言之，即是虛壹而靜。故虛壹而靜是求道者應具的心境，是『知道』『可道』不可或缺的條件。」（頁 103）意即：荀子之「心」必須透過「虛壹而靜」之工夫，始能達到「大清明」之境界，「心」之「大清明」自然朗現「心」之真實內容，始能「知道」、「可道」，「大清明」之「心」與「道」合一。

　　嚴靈峯《無求備齋荀子集成》。[14] 本書共四十九冊，蒐集自唐代楊倞以來至民國六十六年為止，研究《荀子》之重要文獻。本書

14　嚴靈峯編輯：《無求備齋荀子集成》（台北：成文出版社，1977 年）。

依文獻資料之研究屬性與時間先後分類：一、白文，二、注解，三、節本，四札記，五、雜著，六、日本漢文著述等六種文獻，是研究《荀子》之重要參考書目。

　　勞思光《新編中國哲學史》。[15] 勞思光認為，荀子雖然是以儒學改革者自處，然而「荀子之價值哲學，於主體殊無所見，故其精神落在客觀秩序上。然以主體之義不顯，所言之『客觀化』亦無根」。（頁 317）荀子主體之義不顯，乃是因為「荀子之『心』雖一度說為『主體性』，但此心為一不合理之空心，並非道德主體。其功用僅是在虛靜中照見萬理；與道家所說之『心』相近」。（頁 322）因為荀子言「心」是「虛壹而靜」，其用語與道家思想接近，故荀子雖然一度以「心」為「主體性」，言「『心』似與孟子之『性』極相近」，（頁 322）但終究「而與儒學所言之『心』（道德心）相去甚遠，更非孟子所言之『性』」。（頁 322）尤有甚者，荀子既公然反對孟子「性善」，又喜用道家術語，因此，荀子「言性時只知自然之性，乃若持『性惡』之論；言心時只立觀照之心，遂有燊水之喻。性中既無價值自覺，心德又為虛靜清明；徒言禮義師法，不得其根」。（頁 329）勞思光之判斷，乃在於否定荀子之「心」同時兼俱有主體性與認知能力，亦因否定荀子之「心」俱有主體性，進而論斷荀子「徒以『偽』釋『善』」，而不能說明『性惡』

15　勞思光著：《新編中國哲學史》，（台北：三民書局，1981 年）。

之人何以能有『人為之善』，亦不能說明師法何由立，禮義何由生，遂伏下荀子理論之致命因子」。（頁 319）

鮑國順《荀子學說析論》。[16] 此書於「心的本質及其在荀學系統中的地位」一節，論《荀子·解蔽》之文本言：

> 心是形軀之君，又為神明之主，所以可以說就是人生的主宰，「出令而無所受令」以下云，又顯然表示心是獨立自主，意志自由。再加上正名篇「心也者，道之工宰也」的解釋，荀子此處所謂「心」，似乎與孟子的「道德心」並無分別。（頁149）

鮑國順在此已然點出荀子學說價值之根源，甚至推翻前人之論述。然而，鮑國順將荀子之「心」，理解為「智心、理智心或知性心」，而「這是荀子心論的基本特色」；因此，為維護「荀子心論之基本特色」，不得不放棄與孟子無分別之「道德心」，由此判斷：「這段文字，顯然與荀子的心論，有基本上的矛盾」，「如果認為孟荀二人，同主心善，那麼就荀子而言，將會紊亂其思想系統，也無法顯現出他的思想特色了。」（頁149）

潘小慧《從解蔽心看荀子的知識論與方法論》。[17] 潘小慧認為：「荀子認為『心』是人性由惡過渡到善的依據，換言之，心乃

---

16 鮑國順著：《荀子學說析論》（台北：華正書局，1982 年）。

是荀子『化性起偽』理論的重要關鍵；再者，荀子言心，一反以前儒家所偏重的『道德心』，而特重心之認知義及主宰義，並有〈解蔽〉一文專言「心」之此義，所以說，在荀子學說體系中，『心具有特殊性的意義』。」（頁 11）潘小慧強調，使用「解蔽心」一詞：「一則固然是取材自《荀子》書中有〈解蔽〉篇之名，因該篇言心甚詳」；「此外，荀子言心一向是認識心和自主心並重，為此，相合之後的名稱很難從其中擇取」，（頁 15）故以「解蔽心」稱荀子所言之「心」。潘小慧此言，正是本書以下論荀子「心偽論」所欲彰顯之主題意識。

廖名春《荀子新探》。[18] 此書歸納荀子人性學說有下列特點：

第一，較為全面地對人的自然屬性和社會屬性作了綜合研究。

第二，荀子認為人的惡性是先天的，強調"人之性惡"，把人的某些社會屬性混同於自然屬性，並以此解釋"禮義法度"的天然合理，這有明顯的失足之處。

17　潘小慧著：《從解蔽心看荀子的知識論與方法論》（台北：輔仁大學哲學研究所碩士論文，1985 年），收錄於《中國學術思想研究輯刊》三編第三冊（台北：花木蘭文化出版社，2008 年）。本冊另與袁信愛著：《荀子社會思想研究》（台北：輔仁大學哲學研究所碩士論文，1988 年）合為一冊。

18　廖名春著：《荀子新探》（台北：文津出版社，1994 年）。

第三，荀子認為善是後天的人為，否定了道德先驗論，這是
他較孟子的高明處，是荀子人性論學說的最大貢獻。

第四，荀子認為 "凡以知，人之性也"，肯定了人類具有認
識的本能，又將其與後天的善相區分。

第五，荀子 "化性起偽" 的觀點肯定了人性是可以改變的，
又提出了環境對於改變本性的重大作用，強調了積、靡以發
揮人的能動作用，這是難能可貴的樸素唯物論和樸素辨證
法。（頁 134）

廖名春以其唯心、唯物二分法，分判荀學為樸素唯物論和樸實辨證
法。依廖名春之分判，假使道德屬唯心，認知是唯物，則荀學之「心」，
固然無法同時既唯心又唯物；再者，荀子是否「否定了道德先驗
論」？此一論斷，容或有商榷之處；而荀子主張「化性起偽」，是
否意味著「肯定了人性是可以改變的」此一命題，亦值得深思。

李哲賢《荀子之核心思想——「禮義之統」及其時代義意》。[19]
此書序言：「本文所採取之方法，乃依據內在、外在方法之探究，
以說明荀子『禮義之統』思想形成之跡，並加上『個人自由意志之
抉擇』一因素之探究，藉以說明荀子思想所以去取之理由及其所以
提出『禮義之統』思想之真正原因所在也。」（頁 2）李哲賢認為：

---

19 李哲賢著：《荀子之核心思想——「禮義之統」及其時代義意》（台北：文津
出版社，1994 年）。

「荀子以為禮非出於天，亦非根於人之心性，而係出自後天之人為，且是由聖人所加以制定者。」（頁50）因此論定荀子所言「心」「虛壹而靜」之大清明狀態，「則能照見客觀事物之理，能知道也。蓋荀子之道，是客觀外在之存在，不在心之中而在心之外，故荀子所把握之心之性質即認知心也。」（頁44）「荀子所把握之心為認知心」，「故心之主宰性，對於道德而言，並非可信賴者。心之主宰性乃由其認知能力而來，心之主宰性之不可信賴，即是心之認知能力之不可信賴者也」。（頁79）如此，則荀子「化性起偽」之可能，唯有依賴「後天經驗之積累與環境之薰習」二條件而已。（頁82）

　　蔡錦昌《拿捏分寸的思考——荀子與古代思想新論》。[20] 蔡錦昌提出一種所謂「中國古代思考方式」，[21] 做為分判先秦思想之方法論，並以此評論部分研究荀子之學者。此書正文部分，在第二章「荀子的心是明智心——評牟宗三與唐君毅兩的看法」指出：「其實唐君毅先先的問題，絕大部分出自解蔽篇，而牟宗三先生的問題

20　蔡錦昌著：《拿捏分寸的思考——荀子與古代思想新論》（台北：唐山出版社，1996年）。

21　所謂「中國古代思考方式」，蔡錦昌解釋是：「在處理這樣一個問題時，我們假想：這世界上的確有一種叫『中國古代思考方式』的東西。這個東西雖然是虛的，但它卻體現在先秦的思想文獻中。只要我們有耐心而且有足夠的想像力，就能夠從這些思想文獻中找到它的線索，追蹤它的脈絡，最後掌握其原始形態。不止如此，任何對見秦時期思想文化文獻資料之理解與詮釋，都應該首先考慮這個問題，方能避免張冠李戴，甚至指鹿為馬的思想暴力行為。」

絕大部分出在正名篇」。（頁 71）[22] 第三章「荀韓關係論──評韋
政通和蕭公權的看法」，以為韋政通對荀韓關係論之根本看法是：
「荀子與法家的關係，是由於荀子系統的缺陷所決定，與荀子的正
面主張無涉。」（頁 96）蔡錦昌以為韋政通此說並不正確，因為「荀
子思想中心不在性惡論固然不錯，但韓非思想中心同樣也不在視人
性為惡上」；（頁 96）而「蕭公權先生以荀子為儒法之過渡人物，
未必允當。尤其他以此論定荀子之非牛非馬，不但不兩得，反而兩
失，這種論點更為不當」。（頁 97）第四章「荀孟關係論與荀墨關
係論──評勞思光的看法」，蔡錦昌評論「勞思光先生的荀孟關係
論是以孟子之性善論為主線和出發點的」，（頁 126）因此質疑勞
思光「他憑什麼說，荀子倡性惡而言師法而沒有順孟子之路以擴大
儒家之重德哲學就是儒學之歧途？」（頁 125）蔡錦昌所以批判諸
位學者，主要來自其治先秦思想之方法論，所謂「中國古代思考方
式」即是「先秦思想之分析架構」，是由四組八個命題組成：「陰
陽法」─「利害法」；「形名法」─「名實法」；「無為法」─「有

---

22 《拿捏分寸的思考──荀子與古代思想新論》論：「牟先生對荀子是多麼不自
在，一下子說他沒發展出邏輯太可惜，一下子說他畢竟有認知心靈很難得，一
下子又說凡儒者皆以行以知而較崇高古典。牟先生只能大略地說出他所理多的
荀子在他理解之哲學世界中的位置，而不能正面準確地說出荀子的心是什麼心。
無論在實踐方面抑或在心性方面，荀子處在牟宗三先生哲學天地的邊陲模糊地
帶，好像荀子思想本身就不夠明確和究澈似的。」頁 66。

為法」及「性內法」─「性外法」，（頁 31~42）最後判斷荀子之思想是：有為、性外、陰陽、名實。

　　王邦雄‧岑溢成‧楊祖漢‧高柏園等著《中國哲學史》。[23] 此書以為荀子之性只是一自然之質，其意接近告子之說，「理應推出無善無不善的中性論，而荀子以人性若缺乏制約便有罪惡的可能，此最多只能證成人性是可惡的，但並不能依此而主張性惡」，（頁87）然而，此書又將荀子之「心」理解為「只能照物」，「非能生理」之認知心，並將荀子「虛壹而靜」之修養工夫指是明顯之道家形態，進而判斷：「若心是認知心，而性是性惡論，則說荀子是先秦儒學的歧出者，應是中肯之論。」（頁 88）又因為「性」是中性，「心」是認知心，故「化性起偽」如何可能，乃成為荀子理論最根本之困境與問題。

　　王祥齡等著《中國哲學專題研究──荀子篇》六篇專論荀子思想之論文集。[24] 其中王祥齡〈荀子思想中的超越性思維〉論文旨在「論述荀子批判性的繼承各家學說，將先秦儒家倫理必然轉化到理

23　王邦雄‧岑溢成‧楊祖漢‧高柏園等著：《中國哲學史》（上）（台北：里仁書局，2005 年）。

24　王祥齡‧周安邦‧石櫻櫻‧洪如薇‧劉萬青‧邱仕冠等著：《中國哲學專題研究──荀子篇》（台北：五南出版社，2005 年）。本書收錄王祥齡著：〈荀子的超越性思維〉，周安邦著：〈試由「聖人」一詞之概念剖析荀子之思想〉，石櫻櫻著：〈荀子對儒家聖人觀念的創造性繼承〉，洪如薇：〈荀子與莊子理想人格的通同處〉，劉萬青著：〈荀子性惡論重探〉，及邱仕冠著：〈荀子禮法思想在政治與教育方面之實踐〉等六篇論文。

性必然的超越性思維」，並且主張荀子的思想「是對儒道孔老思想及先秦諸子反省的融合與超越」。[25]魏元珪《荀子哲學思想》對荀子思想多所褒揚。[26]伍振勳《語言、社會與歷史意識——荀子思想探義》則是從「歷史詮釋與社會實踐所內涵的道德體驗」考察荀子思想，[27]並認為「荀子傾向重智、邏輯的心靈，其實本身就有普遍的意義。」[28]

　　中國大陸學者除上述廖名春外，中國北京大學哲學系注釋之《荀子新注》，[29]韓德民《荀子與儒家的社會理想》，[30]高春花《荀子禮學思想及其現代價值》，[31]陸建華《荀子禮學研究》，[32]及陳

25　《中國哲學專題研究——荀子篇》，頁 1。

26　魏元珪著：《荀子哲學思想》收於林慶彰主編：《中國學術思想研究輯刊，六編》第三冊（台北：花木蘭文化出版社，2009 年），書中言：「在我國儒家諸子中荀子特重名理之辨與科學之方法論，更重客歡經驗與實際之符驗，是為吾人當今治事所必循之條件。荀子尤不信宿命論之思想，是以極富積極的，有為的，進取的人生觀與開創精神。荀子尤重批評哲學、故治學謹嚴，一絲不苟，對於正名，析理皆有莫大之貢獻，雖其名理思想未必儘合當今之嚴密，但其在我國二千餘年前能有如此之成就，亦當受其欽崇也。」頁 273。

27　伍振勳著：《語言、社會與歷史意識——荀子思想探義》收於林慶彰主編：《中國學術思想研究輯刊，六編》第四冊（台北：花木蘭文化出版社，2009 年），頁 10。

28　《語言、社會與歷史意識——荀子思想探義》，頁 167。

29　中國北京大學哲學系·注：《荀子新注》（台北：里仁書局，1983 年）。

30　韓德民著：《荀子與儒家的社會理想》（濟南：齊魯書社，2001 年）。

31　高春花著：《荀子禮學思想及其現代價值》（北京：人民出版社，2004 年）。

32　陸建華著：《荀子禮學研究》（合肥：安徽大學出版社，2004 年）。

文洁《荀子的辨說》等，[33] 討論範圍亦多集中在荀子禮學，及荀子與儒家之關係。

　　至於期刊、會議論文方面，論述成果之質與量均有可觀。其中，2006 年國立雲林科技大學漢資料整理研究所主辦：「荀子研究的回顧與開創國際學術研討會」，《漢學研究集刊》第 3 期為「荀子研究專號」，2006 年 12 月發行即是本會議論文集。[34] 此外，雲林科技大學漢資料整理研究所與國科會人文學研究中心於同年 11 月 6 日共同舉辦：「荀子研究的回顧與前瞻系列研討會：第一次：中日荀子研究的評述，第二次：重探荀子在先秦思想中的定位」，成果亦甚豐碩，可見研究荀子之風氣日益蓬勃。

　　現代關於荀學研究重點與視域觀點，主要在「性惡」之詮釋與「主體性」有無之論述。概括而言，荀學之「性」歸於自然屬性，「惡」則是順是之「性」所造成之結果，故「性惡」乃是就發生歷程而言，而非指人之本質意義。「性」既屬自然屬性，而「心」只有認知客觀世界之能力，荀學缺乏價值根源之「主體性」，因此，

33　陳文洁著：《荀子的辨說》（北京：華夏出版社，2008 年）。

34　本期論文與荀子思想有關者，計收錄：李哲賢〈論荀子約定俗成之制名原則及其衍生之問題〉；林啟屏〈《荀子·正論》及其相關問題〉；劉又銘〈荀子的哲學典範及其在後代的變遷轉移〉；林素英〈從「修六禮明七教」之角度論荀子禮教思相之限制〉；廖名春〈20 世紀後期大陸荀子文獻整理研究〉；佐藤將之〈漢學與哲學之邂逅：明治時期日本學者之《荀子》研究〉；鄭宰相〈韓國荀子研究評述〉，及吳進安〈荀子「明分使群」觀念解析及其社會意義〉共八篇論文。

荀子宣稱聖人之「化性起偽」只是口號，「塗之人可以為禹」淪為空談，荀學理論存在著無法自圓其說之矛盾與困境。

第二節　寫作動機與目的

荀子學說之歷史評價所以日益低落，歸咎主要原因，亦可從「性惡」與「主體性」兩方面分析。其一，荀子主張「性惡」之說，違悖孔孟儒學大義，故荀學被評為儒學上之「歧途」。其二，荀學之「心」只有認知與學習能力，而非道德主體；價值根源寄託於聖人所制之禮義法度，形成一種外在權威思想；尤其，人性既惡，徒以客觀之禮義法度做為價值根源，造成荀學內在之矛盾與缺陷。荀子既主張「性惡」，看似與「性善」相反，且又公然批評孟子「性善」主張，遂被逐出儒門之外。概括荀學之歷史評價與視域觀點，主要環繞在荀子倡「性惡」學說，及其所衍生之種種問題；時至今日，此一現象似乎依然存在。[35]

自漢代揚雄以來，對於荀子「性惡」學說之負面評價，大致已經形成共識；然而，清代錢大昕在《荀子箋釋·跋》言：「宋儒所訾議者，惟性惡一篇，愚謂孟言性善，欲人之盡性而樂於善，荀言

35　日本學者佐藤將之言：「大體而言，在臺灣的荀子思想研究，以『性惡』為中心的荀子觀的大架構，到目前為止似乎並未有很大的改變。」〈從「天人之分」到「參於天地」：荀子政治思想中的「誠」〉（發表於台北大學東西哲學與詮釋學研究中心主辦之「中國古代哲學：文本與詮釋」研討會，2006 年 11 月 25~26 日）。

性惡，欲人之化性為勉於善，立言雖殊，其教人以善則一也。宋儒言性，雖主孟氏，然必分義理與氣質而二之，則已兼取孟荀二義；至其教人，以變化氣質為先，實暗用荀子化性之說。然則荀之書詎可以小疵訾之哉。」[36]宋儒雖然攻訐荀子「性惡」之說，卻不自覺步荀子「化性起偽」學說之後塵。王先謙亦早已宣示：「性惡之說，非荀子本意也」，[37]而唐君毅亦主張：「則謂荀子之思想中心在性惡，最為悖理」；換言之，荀子言「性惡」，既不是對人之本質義界，更不是荀子的理論核心與價值所在。

　　誠如廖名春所言，目前研究荀子學說，依然存在著「強荀以就我，為了自己的主觀需要不惜歪曲荀子思想」。[38]事實上，任何研究荀子思想者，不必避諱主觀判斷，此乃是詮釋文本之最大權限，亦是荀學研究發展過程中無限可能之一。然而，詮釋荀子之理論學說，仍要以《荀子》文本之合理而完整之詮釋為依歸，不能任意取捨、割離文本，造成詮釋偏頗；否則，便是廖名春所指責之對象。

　　牟宗三嘗言，中國哲學特重在「主體性」與「內在道德性」，[39]中國哲學是「以當下自我超拔的實踐方式，『存在的』方式，活

36　謝墉著：《荀子箋釋二十卷》（台北：成文出版社，1977年）。

37　【唐】楊倞注·【清】王先謙集解：《荀子集解·考證》（台北：世界書局，1955年），序文，頁1。

38　《荀子新探》，頁9。

39　牟宗三先生在《中國哲學的特質》言：「用一句最具概括性的話來說，就是中國哲學特重『主體性』（Subjectivity）與『內在道德性』（Inner-morality）。中國思想的三大主流，即儒釋道三教，都重主體性，然而中有儒思想這主流中

動于『生命』，是真切於人生的」哲學。[40] 勞思光論及中國哲學史之特殊問題時，亦以為「中國哲學一向不注重解析；既沒有邏輯研究，也沒有知識論」。[41] 換言之，中國哲學思想之特質，是透過自身對於生命之真切體會，進而將道德主體性實踐在生命歷程之中，是「知行合一」、是「坐而言之，起而可設張而可施行」之哲學，而儒學正是這種思想主流中之主流思想。牟宗三肯定：「彼諸大師皆知儒者之學未有離開人倫而空說道理」，[42] 就此而言，則儒學不應是純思辨之名實之學，而是俱有理論意義與實踐意義之思想學說。高柏園亦言：「中國哲學家少有純粹玄想思辯的興趣，而比較著力於現實生命的安頓，無論多麼高明玄遠的思想理論，最後終究是為了能讓人有個安身立命的依據罷了，這說明了中國哲學何以是以生命為中心，又何以是以實踐為優先的關懷。」[43] 孔孟儒家之心性道德學說內容，不應只是好辯使然之戲論，而是思想必須化為實踐，道德價值之心性學說必然落實成為具體可行之禮樂制度，此不

的主流，把主體性復加以特殊的規定，而成為『內在道德性』，即成為道德的主體性……它沒有西方式的以知識為中心，以理智遊戲為一特徵的獨立哲學，也沒有西方式的以神為中心的啟示宗教。它是以『生命』為中心，由此展開他們的教訓、智慧、學問、與修行。」（台北，學生書局，1990 年），頁 8~9。

40　《中國哲學的特質》：「純以客觀思辨理解的方式去活動，也是不關乎人生的，即存在主義所說的不關心的『非存在的』。以當下自我超拔的實踐方式，『存在的』方式，活動于『生命』，是真切於人生的。」頁 10。

41　《新編中國哲學史》（一），頁 17。

42　《荀學大略》，頁 7。

43　王邦雄·岑溢成·楊祖漢·高柏園等著：《中國哲學史》（上），頁 56。

僅是孔子創建儒學之動機，更是孔子學說之理論與實踐。

　　本書寫作之動機緣起，乃是基於一個問題意識，即：孔子重建周代文化制度，開立儒家之根本關懷為何？設問：孔子自喻為「待賈者」之「美玉」，即使偶遇「子畏於匡」、「在陳絕糧」、「厄於陳蔡」之頓挫，仍堅持周遊於列國之間，所為何來？至於荀子倡言「性惡」，果真以揭露人性之醜惡為目的？從此一角度思考，則孔子、荀子之言行，當與其政治理想有關，而其政治理想亦與其自身之思想主張相應。相對於中國哲學特質而言，荀學正是以「坐而言之，起而可設張而可施行」為目的之哲學，《荀子》中之〈王制〉、〈富國〉、〈王霸〉、〈君道〉、〈臣道〉、〈議兵〉、〈彊國〉、〈禮論〉、……等篇章，即已充分顯示荀子立論之宗旨與目的。

第三節　研究方法與步驟

　　研究方法之確立，是以研究目的為前提，並且考量研究文獻資料之屬性，期使有效達到研究目的。本書乃視《荀子》為一俱有完整思想體系之有機文本，透過《荀子》文本中之語詞脈絡，解析《荀子》語詞與思想內容，從而建構《荀子》之理論學說。因此，本書所採用之研究方法，擬採取文本詮釋之「語理分析」（logico-linguistic analysis），或稱「語言分析」（linguistic analysis）。[44] 在前賢研

44　所謂「語理分析」，「思考方法學的第一環節或基礎部門乃是「語理分析」（logico-linguistic analysis）。所謂語理分析，初步地說，就是『釐清主要用語

究荀子之學術成果基礎之上，貼近《荀子》文本，回歸文獻原典；且在詮釋過程中，力求文本內在之合理詮釋，避免造成文本詮釋之矛盾，從而建構其理論系統。[45]

「語理分析」方法乃是對文本之「還原」工作，將文本視為有機而獨立之作品，是理解文本最基本之態度與要求。[46] 然而，無論是理解或是詮釋文本，則必然受限於詮釋者自身之存在經驗，詮釋者之存在經驗即是詮釋者之視域觀點，或稱「視點」（perspectives）；

的意思，辨明關鍵論點的義理，由此著手去分析問題』的一種思考的方法。這種方法有時又叫做「語言分析」（linguistic analysis）。」語見《語理分析的思考方法》，李天命著（台北：鵝湖月刊雜誌社，1993 年），頁 9。勞思光稱之為「語法解析」或「語意學」。勞思光言：「用解析法研究哲學史，基本態度是較客觀的。因為，當一個研究者採取解析研究法的時候，他的主要工作只是解析已往哲學家所用的詞語及論證的確切意義；在這解析過程中，他只要整理別人的思想，而並不要去表達自己的感受，甚至材料方面，從事解析的人也不必自己去找什麼特殊材料；他只要運用當前所公認的材料就行了。」《新編中國哲學史》（一），頁 10。

45 蔡錦昌先生言：「只有進行徹底的語言分析，我們才能不受時下深受西潮滲透之思考方式所制肘，重新開啟我們以中文為媒介的先秦研究世界。」頁 43。本書之研究方法，乃以《荀子》內之意義為建構理論之文本，是一種方法論之理想；至於本書運用研究方法時，是否能不受「西潮滲透之思考方式所制肘」，則不敢斷言。

46 漢斯—格奧爾格·加達默爾（Hans-Georg Gadamer）著·洪漢鼎譯：《真理與方法——哲學詮釋學的基本特徵》，加達默爾說：「所謂理解就是在語言上取得相互一致，而不是說使自己置身於他人的思想之中並設身處地地領會他人的體驗。」（台北：時報文化出版社，1993 年），頁 493。

[47] 而「詮釋學」即是著重在以詮釋者之視域觀點與歷史視域達到「視域融合」之過程，[48] 故本書研究方法繼之以「詮釋學」（Hermeneutics）詮釋建構荀子思想。[49] 加達默爾（Hans-Georg Gadamer）在其《真理與方法》書中指出：

> 我們所指的其實乃是理解文本本身。但這就是說，在重新喚起文本意義的過程中解釋者自己的思想總是已經參與了進去。就此而言，解釋者自己的視域是具有決定性作用的，但這種視域卻又不像人們所堅持或貫徹的那種自己的觀點，它

47　林安梧言：「任何一個理解跟詮釋，它都有一個立足點；這也就是當我們去理解任何一個存在的事物的時候，都有它的『視點』（perspectives）。所以『詮釋』是站在某個『視點』展開的理解活動，由這個理解活動再給出一套語言文字符號的建構。」語見《中國人文詮釋學》（台北：臺灣學生書局，2009 年），頁 155。

48　《真理與方法──哲學詮釋學的基本特徵》，加達默爾說：「在理解過程中產生一種真正的視域融合（Horizontverschmelzung），這種視域融合隨著歷史視域的籌劃而同時消除了這視域。我們把這種融合的被控制的過程稱之為效果歷史意識的任務。」頁 401。

49　帕瑪（Richard E. Palmer）言：「詮釋學是對理解，尤其是對理解文本這一任務的研究。自然科學有理解自然客體的方法；『作品』則需要一種詮釋學，需要一門適理理解作品之為作品的『科學』。」帕瑪（Richard E. Palmer）著，嚴平譯：《詮釋學》（Hermeneutics）（台北：桂冠圖書公司，1992 年），頁 8。

乃是更像一種我們可參與遊戲或進行遊戲的意見或可能性，
並以此幫助我們真正佔有文本所說的內容。[50]

詮釋文本無寧是一種解釋者與文本間之對話，與歷史視域之對話，
更是解釋者之自我對話。詮釋文本是展現詮釋者自身之存在經驗，
詮釋者透過語言文字與文本形成對話，表現詮釋者之存在經驗，同
時也呈現文本詮釋的一種可能性；換言之，一個既定之文本作品，
可能依據詮釋者之不同存在經驗而有不同詮釋。陳榮華言：

> 詮釋經驗是開放的，它不固執己見，這是說，它容許不在它
> 預期內的知識，並且，又願意被新知識否定它原有的知識。
> 它承認自己的有限性。……它不是滿懷信心的去肯定，而是
> 如履薄冰地開放各種可能性。在這樣的開放性中，才可能得
> 到新的經驗。這種開放性本身就具有問題的結構。詮釋經驗
> 總是在問題中迎接各種可能的答案。[51]

因此，詮釋學乃是將文本視為「作品」，而非「客體」，對話是開
放的態度，其成果亦是詮釋作品的一種可能性，而且是創造性之詮

50　漢斯─格奧爾格‧加達默爾（Hans-Georg Gadamer）著，洪漢鼎譯：《真理與
　　方法──哲學詮釋學的基本特徵》（台北：時報文化出版社，1993 年），頁 499。
51　陳榮華著：《葛達瑪詮釋學與中國哲學的詮釋》（台北：明文書局，1998 年），
　　頁 159。

釋。所謂「創造性詮釋」，袁保新言：

> 「創造性詮釋」為了區別「輕率任意」的詮釋行為，其詮釋
> 方法與假定的建立，首先必須尊重各種學術史上具有客觀性
> 的資料與研究成果，並且經由這些註釋成果的反省批判，慎
> 重地加以選擇，務必使自己的方法與假定更為周延有效。也
> 就是說，「創造性的詮釋」必須透過已建立的詮釋系統的批
> 判反省，將其方法與假定提昇到歷史的客觀性層次，以有別
> 於純粹主觀的臆測。[52]

「創造性詮釋」是為了避免詮釋之獨斷氣息，同時以歷來傳統之客
觀研究成果加以批判反省，從而獲致具有客觀性之參考內容與主觀
性之詮釋系統。換言之，本書之研究方法，乃是以「語理分析」文
本詮釋為基礎，以「詮釋學」之歷史詮釋為方法，建立荀子學說之
理論與實踐。

　　本書之研究目的，旨在分析詮釋荀子之思想理論，及其理論落
實為具體可行之政治制度，展現荀子學說之精神與宗旨。本書論述
內容重點有二：其一，考據荀子其人與其書，並探討荀子所處之時
代背景。探討重點分為兩章：首先，考證荀子之生平歷程及《荀子》

52　袁保新著：《老子哲學之詮釋與重建》（台北：文津出版社，1991 年），頁
　　62。

文本；其次，重塑荀子所處時代之現實環境，特別是戰國時代國際
局勢與政治思想議題，從歷史環境中推演荀子學說之時代意義與特
殊性。本書重點其二，詮釋《荀子》文本，闡釋荀子思想之理論體
系與實踐目的，描繪荀學之思想藍圖。關於荀子之思想理論與實踐，
論述程序有三：第一，從心偽論闡釋荀學「偽善性惡」之理論基礎。
論證荀學「心偽論」之道德主體性，為荀學之「尊君隆禮」尋求道
德價值根源。第二，從歷史觀論證荀學「禮義法度」之文明價值。
人類因生存需要而群居，人群則因人性而產生既合作又競爭之依存
關係，而「禮義法度」則是維繫人群社會和諧發展之必要條件，是
人類文明發展之指標。第三，從政治學重申荀學「富國強兵」乃是
思想實踐。荀子以「尊君隆禮」為手段，以「富國強兵」為目的，
「強兵」為圖生存，以適應時代環境之挑戰；「富國」為求發展，
符合人性現實需求與理想，「富國強兵」是荀子政治目標，是思想
理論化為實踐之結果。簡言之：「心偽論」是荀學之價值根源，亦
是理論之基礎；「禮義法度」是荀學思想化為實踐之主體與工具；
「富國強兵」是荀學之目的與實踐。從建構荀子思想之理論系統過
程中，本書試圖根據《荀子》學說之理論重心與關懷焦點，凝聚荀
子學說之精神與宗旨，還原荀子學說之「基源問題」；[53] 再以其基

---

53 勞思光於《新編中國哲學史》（一）言：「所謂『基源問題研究法』，是以邏
　　輯意義的理論還原為始點，而以史學考證工作為助力，以統攝個別哲學活動於
　　一定設準之下為歸宿。」，頁 15。

源問題為中心，開展荀子思想之理論結構，及其思想理論落實在解決基源問題之有效論證。思想學說反映時代環境，時代環境則是提供思想學說之內容與條件；因此，時代環境應能印證荀學之現實關懷，而荀學之終極理想，則是荀子對應時代環境乃能成為一家之言之特殊表現。

　　為方便檢索引用，本書採用世界書局《荀子集解·考證》為主要文本，以下凡引《荀子》文本，及唐代楊倞注、清代王先謙集解，皆從此本。[54] 本書同時並參引上海中華書局【四部備要】據嘉善謝氏本校刊《荀子》，與廖吉郎校注《新編荀子》為輔助。[55]

54　【唐】楊倞注·【清】王先謙集解：《荀子集解·考證》（台北：世界書局，1955 年）。該書除王先謙作序與例略，並附錄考證上、下，王先謙說明考證文獻言：「除史志外，非關荀子書義及板本考訂者不錄。」書末並附錄劉向《荀卿敘錄》。本書凡引王先謙收錄考證文獻，皆從此本，並以隨文註腳方式註明出處。

55　廖吉郎校注：《新編荀子》（台北：國立編譯館，2002 年）。

第貳章　荀子其人與其書

　　《孟子・萬章》篇曰：「頌其詩，讀其書，不知其人可乎！是以論其世也，是尚友也。」頌讀古人詩書，當知古人身世背景，藉以求得詩書之志；又〈萬章〉篇曰：「故說《詩》者，不以文害辭，不以辭害志，以意逆志，是為得之。」學者應透過對作品之理解，並以自己之心意逆推詩人之意志。「知人論世」與「以意逆志」是中國傳統理解古人思想學說之方法與態度：「知人論世」著重在學者對於作者生平與歷史背景之材料掌握與詮釋；而「以意逆志」則是學者對於作品文本之詮釋與理解，此兩者即本書所欲涵攝運用之研究方法。本書之研究方法，是以文本詮釋為基礎，以詮釋學之歷史視域為途徑，建立荀子學說之理論與實踐；因此，對於荀子其人其書與歷史背景，乃是一種詮釋材料、途徑與方法。本書第貳章、第參章，即是以荀子生平與歷史背景為主要研究範圍，本章工作之重點與任務，即是求知荀子生平事跡與考證《荀子》文本之真偽關係，從研究荀子生平與《荀子》文本之結果，提供詮釋荀子學說之材料與基礎。

第一節　荀子姓名

《史記·孟子荀卿列傳》曰：

> 荀卿，趙人。年五十始來游學於齊。騶衍之術迂大而閎辯；
> 奭也文具難施；淳于髡久與處，時有得善言。故齊人頌曰：
> 『談天衍，雕龍奭，炙轂過髡。』田駢之屬皆已死齊襄王時，
> 而荀卿最為老師。齊尚脩列大夫之缺，而荀卿三為祭酒焉。
> 齊人或讒荀卿，荀卿乃適楚，而春申君以為蘭陵令。春申君
> 死而荀卿廢，因家蘭陵。李斯嘗為弟子，已而相秦。荀卿嫉
> 濁世之政，亡國亂君相屬，不遂大道而營於巫祝，信禨祥，
> 鄙儒小拘，如莊周等又猾稽亂俗，於是推儒、墨、道德之行
> 事興壞，序列著數萬言而卒。因葬蘭陵。

《史記》稱荀子為趙國人。趙國，戰國七雄之一，位置在黃河、周、
衛以北，齊、魯以西，北方則有林胡、東胡、樓煩等遊牧民族，約
在今之山西、河北一帶，故城邯鄲相傳是趙王如意所建。周威烈王
二十三年（B.C.403）趙烈侯與韓景侯、魏文侯三卿瓜分晉國，周
天子立趙、韓、魏三家為諸侯，開啟戰國時期扉頁。[1] 至秦始皇帝
嬴政十九年（B.C.228）秦將王翦拔趙都邯鄲，趙公子嘉逃至代城

1　宋代司馬光《資治通鑑》以此事件為戰國時期開端。

稱代王，西元前二百二十二年代王降秦，正式結束趙國約一百八十年國祚。

　　關於荀子姓氏問題，主要有三種說法。其一之說，以為荀子本姓「荀」。《史記》稱「荀卿」，司馬貞《索隱》曰：「名況。卿者，時人相尊而號為卿也。仕齊為祭酒，仕楚為蘭陵令。後亦謂之孫卿子者，避漢宣帝諱改也。」[2] 因避漢宣帝「詢」之諱，而改稱「孫」。[3] 因此，《漢書·楚元王傳》載曰：「少時嘗與魯穆生、白生、申公俱受《詩》於浮丘伯。伯者，孫卿門人也。」顏師古注曰：「孫卿姓荀名況，為楚蘭陵令，漢以避宣帝諱，改之曰孫。」[4] 又《漢書·藝文志》載曰：「《孫卿子》三十三篇。」顏師古注曰：「本曰荀卿，避宣帝諱，故曰孫。」[5] 後世注者乃承《史記》之稱與司馬貞之說法，以為荀子本姓荀，為避漢宣帝之名諱，而改稱孫。故桓寬《鹽鐵論》〈毀學〉篇稱「荀卿」，而〈論儒〉篇稱「孫卿」，[6] 兩稱互見；王充《論衡》〈對作〉篇稱「荀」，〈本性〉篇、〈別通〉篇則稱「孫」，[7] 亦復如此。

2　《史記》，卷七十四，頁 941。

3　【漢】班固撰·【唐】顏師古注：《漢書》（台北：宏業書局，1992 年），《漢書·宣帝紀》卷八，荀悅曰：「諱詢，字次卿。詢之字曰謀。」頁 235。

4　《漢書·楚元王傳》，卷三十六，頁 1921。

5　《漢書·藝文志》，卷三十，頁 1725。

6　【漢】桓寬撰·【清】張敦仁考證：《鹽鐵論》（台北：世界書局，1988 年）。《鹽鐵論》稱「荀卿」有三處：〈毀學〉第十八曰：「昔李斯與包丘子俱事荀卿。」「然而荀卿謂之不食，其罹不測之禍也。」「方李斯在荀卿之門，闖茸

謝墉反對荀、孫避諱之說。〈荀子箋釋序〉曰：

> 荀卿又稱孫卿，自司馬貞、顏師古以來，相承以為避漢宣帝
> 諱，故改荀為孫。考漢宣名詢，漢時尚不諱嫌名，且如後漢
> 李恂，與荀淑、荀爽、荀悅、荀彧，俱書本字，詎反於周時
> 人名見諸載籍者而改稱之？……蓋荀音同孫，語遂移
> 易。……然則荀之為孫，正如此比，以為避宣帝諱，當不其
> 然。[8]

謝墉考證漢時尚不諱嫌名，如後漢有李恂、荀淑、荀爽、荀悅、荀
彧，俱書本字，何獨只以周代之荀卿諱宣帝？謝墉認為，荀之為孫，
乃荀、孫同音，音同而訛，「荀」即是本姓氏，「孫」則是漢以後
因同音而誤傳也；故荀子諱宣帝名而避稱孫，此說不可信。劉師培

與之齊軫。」頁 20～21；稱「孫卿」只一處，〈論儒〉第十一曰：「而孫卿
適楚，內無良臣，故諸侯合謀而伐之。」頁 13。

7　【漢】王充著‧劉盼遂集解：《論衡集解》（台北：世界書局，1990 年），
　　如：〈對作〉篇曰：「上自孔墨之黨，下至荀孟之徒。」卷二十九，頁 574；
　　〈本性〉篇曰：「孫卿有反孟子，作〈性惡〉之篇。」卷三，頁 64；〈別通〉
　　篇曰：「鄒衍之徒，孫卿之輩。」卷十三，頁 278。

8　〈荀子箋釋序〉，見《荀子集解‧考證》，頁 15。

之見解與謝墉一致，並且例舉「荀」、「孫」二字古音同，證明「荀」方是本姓。[9]

　　其二之說，以為荀子本姓「郇」。胡元儀同意謝墉反駁避諱之說，但卻以為荀本作郇。[10]《郇卿別傳》曰：「郇卿名況，趙人也。蓋周郇伯之遺裔。郇伯，公孫之後，故以孫為氏，又稱孫卿焉。」[11] 又《郇卿別傳攷異二十二事》曰：

> 郇卿之為郇伯之後，以國為氏，無可疑矣。且郇卿趙人，故郇國在今山西猗氏縣境，其地于戰國正屬趙，故為趙人。又稱孫者，蓋郇伯公孫之後，以孫為氏也。……郇也孫也，皆氏也。戰國之末，宗法廢絕，姓氏混一，故人有兩姓并稱者，皆古之氏也。[12]

9　劉師培言：「孫者，荀字之轉音也，唐人不察，以為荀字作孫由于諱漢諱。又以卿為相尊之稱，此大誤也。近謝氏墉以為荀音同孫，語遂移易，其說近確，惟未得確證。今者，《論語・鄉黨篇》：『恂恂如也。』漢劉修碑其作於〈鄉黨〉：『遜遜如也。』孫即古遜字。此即荀、孫古通之證，故《史記》作『荀』，本書作『孫』。」《荀子斠補》，收錄於《劉申叔先生遺書》（台北：華世出版社，1975 年）第二冊，頁 1112。

10　《郇卿別傳攷異二十二事》曰：「案謝東墅駁郇卿之稱孫卿不因避諱，足破千古之惑；以為俗音不正若司徒信都，則仍非也。」見《荀子集解・考證》，頁 46~47。

11　《荀子集解・考證》，頁 37。

12　《荀子集解・考證》，頁 47。

胡元儀認為，郇（荀）卿為郇伯之後代，郇以國名為氏，郇國之地在戰國時期正屬趙國，而《史記》亦稱荀子為趙人，故荀卿即是郇伯之後，荀卿本氏為「郇」。又因郇伯為公孫之後，故以孫為氏，而戰國末期宗法廢絕，姓氏混而為一，故郇、孫兩姓並稱。胡元儀並舉證說明：

> 如陳完奔齊，《史記》稱田完；陳恆見《論語》，《史記》作田常；陳仲子見《孟子》，郇卿書陳仲、田仲互見。田騈見郇卿書，《呂覽》作陳騈。陳、田皆氏，故兩稱之。推之荊卿之稱慶卿，亦是類耳。[13]

胡元儀以為陳、田兩姓並稱，猶如荊卿稱慶卿，故郇卿、孫卿並稱並非特例。謝墉則以為，兩姓並稱之現象，應歸咎於地方俗音不同所產生之同音異字。謝墉〈荀子箋釋序〉曰：

> 蓋荀音同孫，語遂移易。如荊軻在衛，衛人謂之慶卿；而之燕，燕人謂之荊卿。又如張良為韓信都，《潛夫論》云：信

13　《荀子集解·考證》，頁47。

都者，司徒也。俗音不正，曰信都，或曰申徒，或勝屠，然
其本一司徒耳。然則荀之為孫，正如此比。[14]

《史記·刺客列傳》司馬貞《索隱》曰：「荊、慶聲相近，故隨在
國而異號耳。」[15] 即是指荊、慶互稱，乃是隨地方語音不同而產生
之不同字號。換言之，謝墉依然主張「荀」方是本姓，「孫」則是
方言語音不同所用之同音字、近音字，而非胡元儀所謂「人有兩姓
并稱」之說。廖名春亦以為：

> 荀、孫與田、陳，荊、慶一樣，並非兩姓，而只是由於方音
> 不同造成的一姓氏的兩種不同寫法而已。由 "語音之轉" 而
> 導致書寫有別，這就是荀子在先秦兩漢古籍中既被稱為
> "荀" 氏，又被稱為 "孫" 氏的原因。[16]
> 所以，孫、荀完全是一姓的同音通假，避諱說和兩姓說都是
> 不能成立的。[17]

廖名春認為，荀、孫與田、陳，荊、慶一樣，既皆是一音之轉，則
兩姓並稱之說不可信。

14　《荀子集解·考證》，頁 15。
15　《史記·刺客列傳》，卷八十六，頁 2526。
16　《荀子新探》，頁 15～16。
17　《荀子新探》，頁 16。

　　按胡元儀考證荀子本姓「郇」，此說不無可能。考《左傳·僖公·二十四年》曰：「秦伯使公子縶如晉師，師退，軍于郇。」又曰：「辛丑，狐偃及秦，晉之大夫盟于郇。」又曰：「管、蔡、郕、霍、魯、衛、毛、聃、郜、雍、曹、滕、畢、原、酆、郇，文之昭也。」下注曰：「十六國皆文王子也。」[18] 郇是文王之子，封地郇國為郇伯、郇侯也。《詩經·國風·曹·鳲鳩》曰：「四國有王，郇伯勞之。」下注曰：「郇伯郇侯也。諸侯有事，二伯述職。箋云：有王謂朝聘於天子也。郇侯文王之子，為州伯，有治諸侯之功。」[19] 又《詩經·國風·邶·旄丘》注疏曰：「經云：四國有王，郇伯勞之。傳曰：郇伯郇侯。箋云：文王之子，為州伯，則郇侯。侯爵而有賢德，亦為伯者，蓋其時多賢，故郇侯亦為伯。為伯言其正法耳，亦有侯有伯。」[20] 郇伯乃文王之子，封地在郇，古人以國名為姓氏，則郇伯為郇氏之始自無可疑。廖名春雖然同時反駁避諱說與兩姓說，然而，卻不能推翻胡元儀以為荀子本姓「郇」之考證結果。換言之，若荀子果真為周代郇伯之後，則荀子本姓應為「郇」。《史記》雖然記載荀子為趙人，然而荀子是否必然為周代郇伯之後，則尚待商榷。

18　《左傳·僖公·二十四年》，卷十五，頁 255。

19　《詩經·國風·曹·鳲鳩》，卷七之三，頁 272。

20　《詩經·國風·邶·旄丘》，卷二之二，頁 93。

　　其三之說，以為荀子本姓「孫」。劉向《孫卿書錄》曰：「所校讎中孫卿書，凡三百二十二篇，……孫卿，趙人，名況。」[21] 劉向校讎《荀子》書時，即稱「孫卿」。《漢書·藝文志》稱《孫卿子》三十三篇。孫詒讓認為：「但以全書文例校之，荀實當為孫耳。」[22] 劉向《荀子》文本之中，除〈強國〉篇稱：「荀卿子說齊相」以外，其餘如：〈強國〉、〈議兵〉、〈儒效〉等篇，俱稱「孫卿子」。楊筠如言：

> 《韓非子》《戰國策》已經稱孫卿或孫子，漢人的著作，如韓嬰的《韓詩外傳》，桓寬的《鹽鐵論》，劉向的《別錄》，班固的《漢書》，都不稱荀而稱孫。[23]

楊筠如考證戰國末期與漢人著作，皆稱荀子為「孫」，不稱「荀」，故荀子本姓「孫」。廖名春亦如是主張：

> 我們認為，荀子應該姓孫而不應姓荀。因為從先秦、兩漢的文獻記載看，除《史記》外，其它文獻多作 "孫"，鮮作 "荀"。

21　《荀子集解·考證》，頁 505。《孫卿書錄》或稱《孫卿敘錄》、《孫卿序錄》。

22　孫詒讓著：〈札逡〉收錄於《續修四庫全書》，據華東師範大學圖書館藏清光緒二十年籀廎刻二十一年正修本影印（上海：上海古籍出版社，2002 年），頁 69。

23　《荀子研究》，頁 5。

特別是《荀子》一書，都稱"孫"，這即使不全是荀子親手
所寫，至少也當是荀子弟子所記，他們的記載較司馬遷說應
更可靠。韓非為荀子學生，其著作《韓非子》稱其師之姓氏
也為"孫"，這與《荀子》一書的記載是一致的。所以，不
管根據"名從主人"的原則也好，還是根據文獻記載的時代
先後、數量的多寡也好，"孫"都應該是本姓。[24]

廖名春所持理據，大概與孫詒讓、楊筠如類似。除了《史記》稱「荀」
之外，先秦兩漢之文獻多稱「孫」，尤其是《荀子》文本之中，俱
稱「孫卿子」；因此，荀子本姓應為「孫」。

自《史記》稱「荀卿」以來，至唐代楊倞注《孫卿書》改名為
《荀子》，「荀子」一名沿用至今，已成流俗；胡元儀考證荀子本
姓「郇」，雖有定見，然而尚未有充足文獻證成此說；而孫詒讓、
楊筠如等人以為荀子本姓「孫」，則是言之成理，應可信從。

荀子名況，自無疑問；然而，對於稱「孫卿」之「卿」字，歷
來則有兩種說法：其一，「卿」是荀子之字；其二，「卿」是對荀
子之尊稱。劉向《孫卿書錄》曰：「孫卿，趙人，名況。……蘭陵
多善為學，蓋以孫卿也，長老至今稱之，曰：蘭陵人喜字為卿，蓋
以法孫卿也。」[25] 劉向認為蘭陵人喜以「卿」為字，而荀子嘗為蘭

24　《荀子新探》，頁 16。

25　《荀子集解·考證》，頁 505～507。

陵令，又家居蘭陵，「卿」應是荀子之字，故稱「孫卿」。劉師培
曾對荀子之名與字進行比較，以為「況」與「卿」在意義上「義略
相符」，故「卿」乃是荀子之字。[26] 梁啟雄採取劉師培意見，亦認
為「卿」是荀子之字。[27] 另一種說法，以為「卿」是一種尊稱。《史
記》曰：「荀卿，趙人。」司馬貞《索隱》曰：「名況。卿者，時
人相尊而號為卿也。」司馬貞認為稱「卿」者，乃是當時世人對荀
子之尊稱；[28] 又《史記》曰：「而荀卿最為老師。齊尚脩列大夫之
缺，而荀卿三為祭酒焉。」[29] 可見荀子在當時學界應享有盛名，故
以「卿」尊稱，猶如以「子」稱「荀子」。廖名春亦同意此說。廖
名春言：

> "孫卿子"、"孫卿" 等稱呼在《荀子》一書中只出現於《儒

---

26 劉師培言：「案：況為荀子之名，則卿為其字。……劉向《序》蘭陵人喜字為
   卿，蓋以法孫卿也。此即字卿名況之確證。《說文》及《廣雅·釋言》：「卿，
   章也。」況與皇同。《詩·周頌·烈文》傳：「皇，美也。」是卿、況義略相
   符，故名況字卿。若以稱卿由時人相尊，則卿與子同，非孫況所能傳，弗應蘭
   陵人競取為字也。胡元議《別傳》謂荀子曾為卿，齊、趙故稱孫卿亦非。」《荀
   子斠補》，頁 1112。

27 梁啟雄著：《荀子簡釋》（台北：木鐸出版社，1983 年），參考頁 412～413。

28 《史記》，卷七十四，頁 941。

29 司馬貞《索隱》曰：「禮食必祭先，飲酒亦然，必以席中之尊者一人當祭耳，
   後因以為官名，故吳王濞為劉氏祭酒是也。而卿三為祭酒者，謂荀卿出入前後
   三度，處列大夫康莊之位，而皆為其所尊，故云：『三為祭酒』。」《史記》，
   卷七十四，頁 941。

效》、《議兵》、《強國》、《堯問》四篇中。前三篇明顯
係荀子弟子所記錄荀子言行之作，《堯問》末尾一段駁世人
對荀子之攻擊，為荀子的遭遇鳴不平，其荀子弟子之作的痕
迹更清楚。先秦文獻中，弟子在其作品中直稱其師名字的，
恐怕不多見，一般是尊稱其為某子，如墨子、孔子等。韓非
子、李斯為荀子學生，他們皆稱荀子為 "孫卿"。足見 "卿"
非字，當為尊稱，其性質與稱子同。"孫卿子" 之稱如同稱
"子墨子"、"子宋子"。卿與子，本為官爵名，後變為尊
美之稱，故可連用。[30]

廖名春所持理由，主要在於先秦文獻中，少有弟子直呼其師名字，
而《荀子》篇章之中有 "明顯" 為荀子弟子之作者，皆稱「孫卿子」
或「孫卿」，及其學生韓非子、李斯亦稱「孫卿」，足見「卿」是
尊稱，而非荀子之字。「卿」之尊美之稱，猶如稱「子」；至於稱
「孫卿子」則如同稱「子墨子」、「子宋子」。

　　廖名春所持理由產生一個疑問：如果「卿」是尊稱，何必在「卿」
之後又加「子」，而稱「孫卿子」？若如廖名春所言，稱「孫卿子」
如同稱「子墨子」、「子宋子」，則「孫卿」應稱「子孫卿」，而
非「孫卿子」？再者，「卿」之尊稱其性質與「子」同，則與荀子
同時期之諸子，何以獨稱荀子「卿」，其餘皆稱「子」？「卿」為

荀子之字，抑或是尊稱，各有理據，未知孰是。

　　按，「荀卿」之「卿」，可能是對荀子職業身分之尊稱。對於「卿」之職業角色在周代之演變，晁福林言：

> 周代的卿起源於殷周之際周王左右的謀臣集團，最初只是某些貴族重臣的身分標識，無固定人數，也不是官職之稱。……至春秋時期，卿權開始影響和干預君權，到春秋後期，卿權世襲成為慣例，遂成世卿擅權局面，最終完成了由卿權向新的君權蛻變的過程。戰國中後期，新的君權已然鞏固確立，卿則降為君主專制制度下的官僚，與周代之卿有了本質的區別。[31]

「卿」在西周之初是屬於謀臣幕僚之一，而非官職之稱；至春秋時，「卿」之權力逐漸升高，足以影響、干預並且挑戰君權，著名的「三家分晉」，即是一例；至戰國中後期，「卿」則降至為君主制度下之官僚。《史記》稱荀子在當時最為老師，而「齊尚脩列大夫之缺」，故荀子三為祭酒，顯見荀子在齊國即享有盛名。而《史記》曰：「齊人或讒荀卿，荀卿乃適楚。」其實，荀子去齊至楚之間，乃轉至秦、趙二國。《戰國策·楚策·四》載曰：

31　晁福林著：《先秦社會形態研究》（北京：北京師範大學出版社，2003年），頁185。

客說春申君:「湯以亳,武王以鄗,皆不過百里,以有天下。今孫子,天下賢人也,君藉之以百里勢,臣竊以為不便於君,何如?」春申君曰:「善。」於是使人謝孫子。孫子去之趙,趙以為上卿。客又說春申君曰:「昔伊尹去夏入殷,殷王而夏亡。管仲去魯入齊,魯弱而齊強。夫賢者之所在,其君未嘗不尊,國未嘗不榮也。今孫子,天下賢人也,君何辭之?」春申君又曰:「善。」於是使人請孫子於趙。[32]

孫子即荀子。荀子至楚,遭春申君辭謝,入趙,趙孝成王以為上卿;復客又說春申君,春申君乃使人自趙國請回荀子。可知,荀子在齊國即享有盛名,至趙國又為上卿,至楚國,春申君以為蘭陵令,世人視之為「賢者」。因此,後世稱荀子為「荀卿」,「卿」固然是一種尊稱,卻不同於普遍稱呼之「子」,而是與「上卿」之身分有關。《史記·虞卿列傳》曰:「虞卿者,游說之士也,躡蹻擔簦,說趙孝成王。一見,賜黃金百鎰,白璧一雙;再見,為趙上卿,故號為虞卿。」《史記》稱「虞卿」者,乃因虞曾為趙國上卿,故稱號為虞卿;荀子稱「荀卿」,亦可作如是觀。

---

32 【西漢】劉向集錄·范祥雍箋證:《戰國策箋證》(北京:上海古籍出版社,2006 年),卷十七,頁 892~893。以下凡引《戰國策》,皆從此本。

第二節　荀子生卒年與遊歷

關於荀子生卒年，由於史書記載未詳，歷來眾說紛紜。依《史記》記載有關荀子年壽線索：其一，荀子年五十始來齊游學，齊襄王時最為老師，且三為祭酒；其二，荀子適楚，春申君以為蘭陵令，春申君死而荀子廢，因家蘭陵；三，李斯嘗為弟子，已而相秦，荀子因葬蘭陵。若《史記》可靠，則從荀子始來齊游學之年，可逆推其生年；亦可由李斯之相秦，順推荀子之卒年；生、卒年能定，則荀子之年壽可知。

劉向《書錄》曰：

> 孫卿，趙人，名況。方齊宣王威王之時，聚天下賢士於稷下，尊寵之。若鄒衍、田駢、淳于髡之屬甚眾，號曰列大夫，皆世所稱，咸作書刺。是時孫卿有秀才，年五十始來游學。諸子之事，皆以為非先王之法也，孫卿善為《詩》《禮》《易》《春秋》。至齊襄王時，孫卿最為老師；齊尚脩列大夫之缺，而孫卿三為祭酒焉。齊人或讒孫卿，孫卿乃適楚，楚相春申君以為蘭陵令。……春申君死而孫卿廢，因家蘭陵。[33]

33　《荀子集解·考證》，頁 505～506。

劉向所言，基本上雖較《史記》詳細，但皆在《史記》範圍之內。劉向指荀子年五十至齊，在齊宣王、威王之時；[34] 至齊襄王時，孫卿最為老師；齊尚脩列大夫之缺，而荀子三為祭酒。至楚相春申君死而荀子廢，因家蘭陵。依劉向所言，則荀子至少有一百三十七歲高齡！[35]

　　汪中《荀卿子通論》以《荀子》本書、《史記》與劉向《敘錄》三項資料考定，認為荀子「年五十始來游學於齊」，當在齊湣王廿六年，即趙惠文王、楚頃襄王元年（B.C.298）。汪中言：「荀卿生于趙，游于齊，嘗一入秦而仕于楚，卒葬于楚。故以四國為經，託始于趙惠文王楚頃襄王之元，終于春申君之死，凡六十年。」[36] 汪中製作「荀卿子年表」，[37] 認為荀子生平可考之資料，當以荀子入齊後至楚春申君死前之六十年間。意即：以荀子年五十入齊為始（B.C.298），至春申君死於楚考烈王二十五年（B.C.238），共六十年，則荀子至春申君之死時已一百一十歲矣。汪中並參考《荀子・堯問》曰：「孫卿迫于亂世，鰌于嚴刑；上無賢主，下遇暴秦。」

34　盧文弨考證曰：「案：《史記》威王在宣王之前。《風俗通・窮通篇》作齊威、宣（宣）王之時是也。」

35　汪中《荀卿子通論》言：「劉向《敘錄》，卿以齊宣王時來游稷下，後仕楚，春申君死而卿廢。《史記・六國年表》載春申君之死，上距宣王之末凡八十七年；《史記》稱卿年五十始游齊，則春申君死之年，卿年當一百三十七矣。」《荀子集解・考證》，頁36。

36　《荀子集解・考證》，參考頁35～37。

37　《荀子集解・考證》，頁28～35。

及《鹽鐵論・毀學篇》曰：「方李斯之相秦也，始皇任之，人臣無二。然而荀卿為（謂）之不食，睹其罹不測之禍也。」[38] 兩項資料，推論荀子之死，其時距春申君之死後十八年，即齊湣王之死後六十四年，則荀子年壽逾一百二十八歲！[39]

　　劉向、汪中之考證，均認為荀子有百歲以上，主要依據，乃是出於《史記》之有限記載，及劉向《書錄》推斷荀子入齊之時期；換言之，若採取《史記》與《書錄》之資料，則勢必接受荀子有百歲以上。然而，對於《史記》與《書錄》之記載與解讀，皆有人表示不同意見。

　　東漢應劭《風俗通》曰：「是時孫卿有秀才，年十五始來游學。」[40] 即將《史記》「五十」改為「十五」，意即荀子年十五始游學於

38　【漢】桓寬撰・【清】張敦仁考證：《鹽鐵論》（台北：世界書局，1988 年），〈毀學第十八〉，頁 20。

39　《荀子集解・考證》，汪中考證：「據〈李斯傳〉，斯之相在秦并天下之後，距春申君之死十八年；距齊湣王之死六十四年。是時荀卿蓋百餘歲矣。」頁 36。按：李斯在秦歷舍人、廷尉、卿等職，至秦併天下（B.C.221）始為丞相。

40　《風俗通・孟軻》曰：「齊威、宣之時，聚天下賢士於稷下。……是時孫卿有秀才，年十五始來游學，諸子之事，皆以為非先王之法也。孫卿善為《詩》《禮》《易》《春秋》。至襄王時孫卿最為老師。」【漢】應劭著：《風俗通》（台北：世界書局，《讀書劄記叢刊》第二集第一冊，據大德新刊印。）卷七，頁 3～4。

齊。晁公武《郡齋讀書志·子類·儒家類》亦從此說。[41] 胡元儀亦認為《史記》「五十」應為「十五」之誤，且荀子游學於齊在齊湣王之末年，[42] 至春申君被李園所殺，及至李斯已而相秦，荀子聞之不食，因葬蘭陵，年蓋八十餘。[43] 錢穆亦認為「年十五」之說為是：

> 何者，曰游學是特來從學於稷下諸先生而不名一師者，非五十以後學成為師之事也。曰「有秀才」，此年少英俊之稱，非五十以後學成為師之名也。曰「始來游學」，此對以後之最為老師而言，謂荀卿之始來尚年幼為從學，而其後最為老師也。且荀卿於湣王末年去齊，至襄王時復來，則始來者又對以後之一再重來而言也。據此，則荀卿之齊，其為十五之年明矣。[44]

---

41 晁公武《郡齋讀書志·子類·儒家類》亦言：「當齊宣王威王之時，聚天下賢士稷下，是時荀卿為秀才，年十五始來遊學。至齊襄王時，荀卿為老師。」《荀子集解·考證》，頁5。

42 胡元儀《郇卿別傳》曰：「卿年十五，有秀才，當齊湣王之末年，游學于齊。」《荀子集解·考證》，頁37。

43 胡元儀《郇卿別傳》曰：「春申相楚之二十五年，楚考烈王卒。春申君果被李園所殺，而郇卿遂廢蘭陵令，因家蘭陵二十餘年。秦始皇三十四年，李斯為秦相，卿聞之，為之不食，知其必敗也。後卒，年蓋八十餘矣。」《荀子集解·考證》，頁43～44。

44 錢穆著：〈荀卿攷〉，《史學雜誌》第二卷第三、四期合刊，收錄於顧頡剛著：《古史辨》（台北：藍燈文化事業，1993年），第四冊，頁115。

錢穆從史料記載之文字推敲，所謂史書稱「游學」，是指荀子從學於齊稷下諸先生，而非至齊時已成名師；「有秀才」，是指荀子之齊之時年少英俊，非指五十年以上且已成名師之人；「始來游學」，則是對比於荀子初至齊時年少英俊，復來齊時則已成名師，「秀才」與「老師」，前後來齊兩相對照，故言「始來」。

　　學者支持維持「年五十」之說者，亦不乏其人。胡適認為「始」有來遲之意，若荀子十五歲入齊，則《史記》不必言「始」，故反對本文「五十」改為「十五」。胡適解讀《史記》本文所謂：「年五十始來遊學於齊，騶衍田駢之屬皆已死齊襄王時，而荀卿最為老師。」[45]因而斷定荀子入齊大概在齊襄王之後，其「荀子年表」便以齊建王元年為始（B.C.264）。其年表如下：[46]

　　　　西曆前（二六五至二六〇。）　　荀卿年五十遊齊。
　　　　同（二六〇至二五五。）　　　　入秦，見秦昭王及應侯。
　　　　同（二六〇至二五〇。）　　　　遊趙，見孝成王。
　　　　同（二五〇至二三八。）　　　　遊楚，為蘭陵令。
　　　　同（二三〇左右。）　　　　　　死於蘭陵。

45　胡適著：《中國哲學史大綱》（台北：臺灣商務印書館，1981 年），頁 330。
46　《中國哲學史大綱》，頁 330。

胡適之推論，與汪中年表相差三十四年。胡適顯然未採取劉向言荀子入齊「方齊宣王威王之時」之說，並且不信《鹽鐵論》所言荀子見李斯為秦相方死，而推斷荀子卒於秦始皇帝十七年（B.C.230）。以最大值估計，胡適推斷西元前二六五荀子年五十入齊，死於西元前二三〇，則荀子享年約八十五歲。羅根澤亦同意荀子入齊時「五十歲」之說，並且認為荀子遊齊時，「當在齊王建的初年」。[47]

陳登元《荀子哲學》總論前代考證成果，同意胡適反對「五十」改為「十五」之說；但也認為胡適之考證，苦於約略。[48]陳登元重考荀子年代，以為「西元前二八四，當齊湣王末年，荀子始來齊遊學。是時宋已於齊湣王三十八年，見滅於齊。」齊湣王三十八年，應為西元前二八六年，[49]較胡適推論早約二十年。陳登元考證荀子至楚，「春申君以為蘭陵令，其時正楚考烈王八年，即西元前二六八年，卿年乃八十一二矣。」[50]按春申君舉荀子為蘭陵令在楚考烈

47　羅根澤著：〈荀卿遊歷考〉，收錄於顧頡剛著：《古史辨》（台北：藍燈文化事業，1993 年），第四冊，參考頁 123~136。

48　陳登元著：《荀子哲學》（上海：上海書店，1992 年，《民國叢書》據商務印書館 1928 年版影印），第四編第四冊。陳登元言：「荀子之年代，王先謙胡適之均有述及，及王氏引各家說，著《荀子考證》，述其生平事蹟，固不可謂不詳。然語無系統，且羅列各家不同之論，略閱一過，易滋人惑。學者苦之。適之先生之荀子時代考證，則又苦於約略。」頁 8。

49　《荀子哲學》，頁 10。齊湣王三十八年，即周報王二十九年，西元前二八六年。故其下云：「上自齊湣王三十八年（西元前二八六，）年五十。」

50　《荀子哲學》，頁 26。若依陳登元推論，荀子於西元前二八六始來齊遊學，則西元前二六八年，荀子應為六十八歲，至多不過七十歲，顯見陳登元推算對

王八年，應為齊王建十年，西元前二五五年。「其死也，年可百有
二三歲。在西元前二三六年前後，上自齊湣王三十八年（西元前二
八六，）年五十，至其死蓋又五十二三年也，爾時李斯方得志。」
[51] 陳登元推測荀子之死在李園殺春申君後二年內，享年百有二、三
歲。

　　此外，劉向《書錄》言荀子入齊在「方齊宣王威王之時」，廖
名春則以為此說有誤。廖名春言：「按戰國時田齊諸王的次序，應
該是齊威王之後為齊宣王，齊宣王之後為齊湣王，不應該將齊宣王
列在齊威王之前。」因此，「我們認為劉向原文應非"齊宣王威王
之時"，而是"齊宣王湣王之時"。這樣，既合乎田齊諸王的次序，
又能與《史記》關於以稷下學士為列大夫的記載吻合。」[52] 廖名春
因此考證荀子入齊時間言：「我們認為將荀子"年五十始來游學於
齊"的具體時間定在齊湣王十五年，即公元前 286 年最好。這樣，
荀子就生於公元前 336 年，正處於戰國中期。」廖名春推論荀子入
齊時間，正好與陳登元吻合。廖名春言：「前 238 年，楚考烈王卒，
李園伏死士殺死春申君。《史記·孟荀列傳》說："春申君死而荀
卿廢，因家蘭陵。"這時他年已九十八歲。」「我們假設荀子在春
申君死後又活了兩年，即至公元前 236 年才辭世，那麼，在這兩年

照西元紀年有誤。故其下云：「卿年乃八十一二矣。」又下云：「西元前二四
七，李斯入秦，卿年蓋九十許。」頁 27。

51　《荀子哲學》，頁 30。

52　《荀子新探》，頁 22。

裡，他既見到了李斯相秦，也在蘭陵寫下《成相》等著作。其年壽
高達一百歲。」[53] 廖名春考證結論，以為荀子生於周顯王三十三年
（B.C.336），至齊閔王十五年（B.C.286）始來游學於齊，而荀子
因家蘭陵在春申君死，即楚考烈王卒年（B.C.238），即令荀子在
春申君死後寫下《成相》等著作，保守估計不過二年，則荀子應卒
於秦始皇帝十一年（B.C.236）；廖名春推論荀子卒年，又與陳登
元不謀而合。相較於汪中之考證，陳登元與廖名春將荀子入齊之時
延後十二年，且將荀子之死設定在春申君死後之二年內，雖然縮短
荀子之年齡，但仍有百歲以上。

　　劉向《書錄》言「方齊宣王威王之時」，固然秩序顛倒，但是
廖名春以為應改為「齊宣王閔王之時」部分，則須再說明。考《史
記·六國表》齊王有威王、宣王、湣王、襄王至齊王建；[54]《史記·
蘇秦列傳》曰：「齊宣王卒，湣王即位。」若此說可靠，則劉向《書
錄》之「方齊宣王威王之時」，應改為荀子入齊「方齊宣王、湣王
之時」。（廖名春所謂「閔王」即是「湣王」。）此外，廖名春稱
閔王十五年（B.C.286），考《中國歷史紀年表》田齊湣王在位僅
十七年（B.C.300～B.C.284），即周赧王十五年至三十一，[55] 故湣
王十五年即周赧王二十九年，西元前二八六年。但是《史記·六國

53　《荀子新探》，參考頁 21～40。

54　《史記·六國表》，卷十五，參考頁 286～300。

55　方詩銘編：《中國歷史紀年表》（上海：上海辭書出版社，1980 年），頁 29
　　～31。

表》與汪中「荀卿子年表」則以為湣王在四十年（B.C.324～B.C.284），
即周顯王四十五年至周赧王三十一年，故西元前二八六年即周赧王
二十九年，湣王三十八年。陳登元稱：「齊滅宋在湣王三十八年，
即西元前二八六年，今定荀子至齊在湣王三十八年以後。」[56] 其說
近是；汪中考證荀子入齊在湣王二十六年，亦在其中矣。

　　關於荀子之生卒年與遊歷事蹟，目前仍未有定論，儘管《史記》
與劉向《書錄》可考材料不少，但是對於確切之紀年，則文獻不足
徵。《四庫全書總目》曰：

　　　考劉向《序錄》，卿以齊宣王時來游稷下，後仕楚，春申君
　　　死而卿廢。然《史記·六國年表》載春申君死之年，卿年當
　　　一百三十七歲，於理不近。晁公武《讀書志》謂《史記》所
　　　云年五十，為十五之偽，意其或然；宋濂荀子書後，又以為
　　　襄王時游稷下，亦未詳所本。總之，戰國時人爾，其生卒年
　　　月，已不可確考矣！[57]

如前所論，依劉向《書錄》所考，則荀子享年一百三十七歲，實不
合常理；但捨《史記》本傳與劉向《書錄》，則荀子更無可考。《四

56　《荀子哲學》，頁12。
57　《四庫全書總目·子部·儒家類》（台北：藝文書印館，1989 年），卷九十
　　一，頁1804。

庫全書總目》將荀子視為戰國時人，應無可議；至於生、卒年既不可確考，則可存而不論。今依陳登元考證荀子生平所得，製一簡表如下，帝王紀年則以《史記·六國表》為主要依據。

西元前二八六年（周赧王二十九年·齊湣王三十八年）

年五十。始來齊遊學。

西元前二八三年（周赧王三十二年·齊襄王元年）

年五十三。最為老師，三為祭酒。

西元前二六六年（周赧王四十九年·齊襄王十八年）

年七十。入秦，見應侯及昭王。

西元前二五九年（周赧王五十六年·齊王建六年）

年七十七。去秦。

西元前二五七年（周赧王五十八年·齊王建八年）

年七十九。至趙，適信陵君在。見孝成王。

西元前二五五年（秦昭王五十二年·齊王建十年）

年八十一。至楚，春申君以為蘭陵令。

西元前二三八年（秦始皇九年·齊王建二十七年）

年九十八。李園殺春申君，卿於時廢，因家蘭陵。

依史料記載推論，荀子生為趙國人，在世即享有盛名，享年近百歲。生平遊歷國家北至齊國，西至秦國，南至楚國，活動範圍以黃河流域與中原地區為主。荀子交遊對象大多是諸侯國君，而趙、

齊、秦、楚四國，皆為當時之大國，可見荀子思想學說與當時之國際政治局勢有關。

第三節　《荀子》文本與辨偽

《荀子》一書，最早在西漢由劉向整理而成。劉向序錄《孫卿新書》曰：

> 所校讎中孫卿書，凡三百二十二篇，以相校除復重二百九十篇，定著三十二篇，皆以定殺青，簡書可繕寫。[58]

依劉向記錄，所謂「凡三百二十二篇」是指意義單位之篇章，或是指數量單位之篇卷，指意未明。只就數量而言，《荀子》之最初文獻叢稿總數有三百二十二篇，定本只存最初資料十分之一，百分之九十多為重複者。由於最初三百二十二篇內容為何，無法確知，因此，劉向之校讎工作，是僅止於刪除重複者而成三十二篇，或是經過訂偽艾複、集結離析三百二十二篇叢稿之內容而成三十二篇，亦無從稽核。再者，叢稿內容既不可考，則劉向校本之篇第是遵循舊第，或是從新編次，亦無從判別。

58　《荀子集解·考證》，頁 505。

　　《漢書·藝文志第十》卷三十載：「《孫卿子》三十三篇。」
王應麟《漢書藝文志考證》曰：「當云三十二篇。」[59]唐代楊倞於
憲宗元和十三年（818）注《荀子》序曰：

> 以文字繁多，故分舊十二卷三十二篇為二十卷，又改《孫卿
> 新書》為《荀卿子》。其篇第亦頗有移易，使以類相從云。[60]

可知以《荀卿子》之命名，始自楊倞。楊倞注《荀子》三十二篇時，
不僅更改劉向所定書名，同時也異動篇目次第，並且因為「文字繁
多」，故分舊本十二卷為二十卷。《荀卿新書》盧文弨注曰：「宋
本新書下有十二卷三字，或疑是二十卷，皆非也；但作三十二篇為
是。今本《漢書·藝文志》作三十三篇，誤也。」[61]宋本新書「十
二卷」或是「二十卷」，皆是指計量單位，無關文本內容之多少與
真偽；而「三十二篇」則是指文本之意義單位，自無可疑。今依劉
向《孫卿書錄》與楊倞《荀子注》二書目錄次第作一比較。

59　《荀子集解·考證》，頁6。
60　《荀子集解·考證》，頁2。
61　《荀子集解·考證》，頁504。

劉向《孫卿書錄》		楊倞《荀子注》	
篇 名	次 第	篇 名	次 第
勸學篇	第一	勸學篇	同
脩身篇	第二	脩身篇	同
不苟篇	第三	不苟篇	同
榮辱篇	第四	榮辱篇	同
非相篇	第五	非相篇	同
非十二子篇	第六	非十二子篇	同
仲尼篇	第七	仲尼篇	同
成相篇	第八	儒效篇	第八
儒效篇	第九	王制篇	第九
王制篇	第十	富國篇	第十
富國篇	第十一	王霸篇	第十一
王霸篇	第十二	君道篇	第十二
君道篇	第十三	臣道篇	第十三
臣道篇	第十四	致仕篇	第十四
致仕篇	第十五	議兵篇	第十五
議兵篇	第十六	彊國篇	第十六
彊國篇	第十七	天論篇	第十七
天論篇	第十八	正論篇	第十八
正論篇	第十九	禮論篇	第十九
樂論篇	第二十	樂論篇	同
解蔽篇	第二十一	解蔽篇	同
正名篇	第二十二	正名篇	同
禮論篇	第二十三	性惡篇	第二十三
宥坐篇	第二十四	君子篇	第二十四
子道篇	第二十五	成相篇	第二十五
性惡篇	第二十六	賦篇	第二十六
法行篇	第二十七	大略篇	第二十七
大略篇	第二十九	子道篇	第二十九
堯問篇	第三十	法行篇	第三十
君子篇	第三十一	哀公篇	第三十一
賦篇	第三十二	堯問篇	第三十二

劉向校定之荀卿舊本，已不可知，則劉向之篇第是否從新編次，亦不可考；而楊倞注《荀子》之篇第，雖是「以類相從」為原則，不循劉向舊本，則劉、楊兩者，不知孰是？梁啟超《要籍解題及其讀法》言：

> 楊倞所改編是否愜當，另為一問題。但劉向舊本，亦不過就中秘所藏三百餘篇之叢稿訂訛芟複，從新編次，原非必荀卿時之舊。故改編亦不必指為紊古也。[62]

梁啟超所言極為合理。三百餘篇叢稿樣貌既不可求，則劉向校本篇第亦無古本可循，故無所謂紊古問題；而楊倞改易劉向篇第，亦未必違背「荀卿之舊」。

其次，探究關於《荀子》各篇之真偽問題。劉向校讎自謂「以相校除復重二百九十篇」，則劉向校讎三十二篇內容應是原三百餘篇叢稿之最大值，理當無真偽問題。至楊倞注《荀子》時，即指出〈大略〉、〈宥坐〉、〈堯問〉等篇，大約出於荀子弟子之辭，[63] 但未曾質疑《荀子》文本有後人偽作之問題。梁啟超言：

62　梁啟超著：《要籍解題及其讀法》，收於《梁啟超全集》（北京：北京出版社，1999 年），頁 4640。

63　〈大略〉篇楊倞注曰：「此篇蓋弟子雜錄荀卿之語，皆略舉其要，不可以一事名篇，故總謂之大略也。舊第二十七。」頁 443；〈宥坐〉篇楊倞注曰：「此

蓋《荀子》書亦由漢儒各自傳寫，諸本共得三百餘篇，未必本本從同。劉向將諸本冶為一爐，但刪其重複，其曾否懸何種標準以鑑別真偽，則向所未言也。楊倞將〈大略〉、〈宥坐〉、〈子道〉、〈法行〉、〈哀公〉、〈堯問〉六篇降附於末，似有特識。〈宥坐〉以下五篇，文義膚淺。〈大略〉篇雖間有精語，然皆斷片。故此六篇宜認為漢儒所雜錄，非《荀子》之舊。[64]

梁啟超認為，三百餘篇叢稿是漢儒各自傳寫，故未必本本相同。至於劉向校讎時，除去其重複者之外，是否曾另立標準以「訂偽芟複」，則劉向未言。至於楊倞重新編次，除明言質疑〈大略〉、〈宥坐〉、〈堯問〉三篇出於弟子之外，將〈大略〉以下六篇列於書末，梁啟超認為楊倞此舉，乃是表現對此末六篇之存疑態度，故宜將此六篇視為漢儒雜錄之作。

胡適雖然懷疑《荀子》全書是後人雜湊而成，但是〈天論〉、〈解蔽〉、〈正名〉與〈性惡〉四篇代表荀子思想精華所在；至於其他篇章，則無關緊要。[65] 楊筠如明確舉出《荀子》內容四點可疑：

以下皆荀卿及弟子所引記傳雜事，故總推之於末。」頁 471；〈堯問〉篇末楊倞注曰：「自為說者已下，荀卿弟子之辭。」頁 503。

64　《要籍解題及其讀法》，頁 4641。

65　胡適《中國哲學史大綱》言：「今本《荀子》三十二篇，連賦五篇、詩兩篇在內。大概今本仍係後人雜湊成的。其中有許多篇，如〈大略〉、〈宥坐〉、〈子

「一、體裁的差異」、「二、思想的矛盾」、「三、篇章的雜亂」、「四、其他的旁證」，證明《荀子》書為後人雜湊成功。[66] 並且斷言：「我們如果要概認為荀子的著作，豈不是一個極大的錯誤？」[67] 因此，楊筠如主張：「（一）與大小《戴記》《韓詩外傳》相同的文字，暫時只得割愛。（二）與前面所舉幾篇中主要思想矛盾的地方，最好不采。（三）凡是稱孫卿子的各條，為慎重起見，也最好不要用為荀子學說的資料。」[68]

楊筠如之考證並非無理，但是其結果與主張則可以再商榷。就楊筠如所舉《荀子》內容四點而言，依劉向《孫卿書錄》所記述，《荀子》由三百多篇纂集成三十二篇，重複多餘者十之八九，可知抄錄文獻紊亂之情形，故「體裁的差異」、「篇章的雜亂」、及所謂「其他的旁證」等現象，是三百二十二篇叢稿本身已經存在之問題，抑或是劉向訂偽芟複過程所產生之結果，史料不足徵。但是對於「二、思想的矛盾」一項，則可再斟酌。楊筠如舉「天」、「偽」二例證明《荀子》思想矛盾。楊筠如舉〈天論〉篇中之「天」，「表示一種激烈的反對天命的精神」，[69] 這是合理推論；但是楊筠如又

道〉、〈法行〉等，全是東拉西扯拿來湊數的。……大概〈天論〉〈解蔽〉〈正名〉〈性惡〉四篇全是荀卿的精華所在。其餘的二十餘篇，即使真不是他的，也無關緊要了。」頁 330～331。

66　《荀子研究》，參考頁 14～21。

67　《荀子研究》，頁 21。

68　《荀子研究》，頁 31。

69　《荀子研究》，頁 16。

舉〈天論〉中之「故人之命在天」，及〈修身〉中之「人有此三行，雖有大禍，天其不遂乎？」與荀子反對天命之精神相互矛盾。其實，荀子視「天」為自然義，固無疑義，然而《荀子・天論》篇曰：「故人之命在天，國之命在禮。」「天」表自然之義，言人之命受限於自然，下句則言國家之命實以禮為根基，「天」表自然之義，「禮」表人文之義，恰巧突顯荀子「天人之分」之思想，故此「天」與自然義並不非矛盾。再者，《荀子・修身》篇曰：「老老，而壯者歸焉；不窮窮，而通者積焉；行乎冥冥而施乎無報，而賢不肖一焉。人有此三行，雖有大過，天其不遂乎。」荀子稱讚「老老」、「不窮窮」與「行乎冥冥而施乎無報」三者之美德，人有此三行，則縱使有過錯，亦無大害；此「天」僅能表現荀子之感歎、抒情，亦不能證明此「天」具有人格意志之「天命」。楊筠如另一例證「偽」，以為〈性惡〉篇中之「偽」是「人為之義。一切禮義都生於偽」，卻又在〈樂論〉篇中言「著誠去偽，禮之經也」，「把偽變為詐偽之偽」，荀子前後如此說法，「固然與〈性惡篇〉矛盾，也與〈正名篇〉的『心慮而能動謂之偽。慮積焉，能習焉而後成，謂之偽。』大相反對，明明是把《荀子》變為《中庸》派的『唯天下至誠為能盡其性』了。」[70] 其實，荀子〈性惡〉篇曰：「今與不善人處，則所聞者欺誣詐偽也。」此「偽」，是指「虛假」、「偽作」之義。「偽」字意指「詐偽」或「虛假」，是傳統習慣用法，荀子沿用，

70　《荀子研究》，頁 17。

固不足奇；然而荀子以「偽」指「人為之義」，「一切禮義都生於偽」，此乃是荀子學說之特色，故〈正名〉篇曰：「心慮而能動謂之偽。慮積焉，能習焉而後成，謂之偽。」即是重申此意。一個詞語本來就涵有諸多不同指涉之「字典義」，作者運用文字當然無法避免文字之歧義；然而，全書之思想是否矛盾，理應順應語言文字之「脈絡義」討論，而不能以一個詞語在書中同時使用不同涵意，即指其書矛盾。換言之，楊筠如以「天」、「偽」二例證明《荀子》「思想的矛盾」，理由並不充分。

　　再就楊筠如三項主張而言，第二項之「（二）與前面所舉幾篇中主要思想矛盾的地方，最好不采。」如上所論，楊筠如所舉《荀子》思想矛盾之例，不能成立。第一項之「（一）與大小《戴記》《韓詩外傳》相同的文字，暫時只得割愛。」關於《荀子》與《戴記》、《韓詩外傳》之文本關係，汪中早有說明：

　　　　由是言之，《魯詩》，荀卿子之傳也。《韓詩》之存者，《外
　　　　傳》而已；其引荀卿子以說《詩》者四十有四，由是言之，
　　　　《韓詩》，荀卿子之別子也。[71]
　　　　由是言之，曲臺之《禮》，荀卿之支與餘裔也。蓋自七十子
　　　　之徒既歿，漢諸儒未興，中更戰國暴秦之亂，六藝之傳賴以

71　《荀子集解·考證》，頁 23。

不絕者，荀卿也。周公作之，孔子述之，荀卿子傳之，其揆
一也。[72]

汪中認為《荀子》之中有類似《戴記》、《韓詩外傳》之文句者，
是《戴記》、《韓詩外傳》傳鈔於《荀子》，而非如楊筠如所言，
後人傳鈔《戴記》、《韓詩外傳》而摻雜在《荀子》之中。張西堂
考證亦認為：「我們從《戴記》、《外傳》之本身為纂輯他書而成，
由其著作時代之晚，由其文字之不盡與《荀子》相同，很顯明地不
是《荀子》各篇有由《戴記》、《外傳》混入。」[73] 因此，楊筠如
第一點主張亦無法成立。至於第三項主張，「（三）凡是稱孫卿子
的各條，為慎重起見，也最好不要用為荀子學說的資料。」楊筠如
認為，《荀子》中有稱「荀卿子」之文句，即可證明此文句非出於
荀子之口，既非荀子之言，則不得視為荀子之學說。汪中意見可以
做為楊筠如之反證：

> 今攷其書始於〈勸學〉，終於〈堯問〉，篇次實仿《論語》。
> 《六藝論》云：「《論語》子夏、仲弓合撰。」《風俗通》
> 云：「《穀梁》為子夏門人。」而〈非相〉、〈非十二子〉、
> 〈儒效〉三篇，每以仲尼、子弓並稱，子弓之為仲弓，猶

72　《荀子集解·考證》，頁 24。
73　張西堂著：《荀子真偽考》（台北：明文書局，1994 年），頁 26～27。

子路之為季路，知荀卿子之學，實出於子夏、仲弓也。〈宥
坐〉、〈子道〉、〈法行〉、〈哀公〉、〈堯問〉五篇，
雜記孔子及諸弟子言行，蓋據其平日之聞於師友者，亦由
淵源所漸，傳習有素而然也。故曰荀卿之學出於孔氏，而
尤有功於諸經。[74]

荀子之學出於子夏、仲弓，而子夏、仲弓之學又源自孔子，故荀子
實傳孔子之學，而《荀子》之體例篇次亦仿效《論語》。因此，《荀
子》中有稱「荀卿子」者，當可視為弟子門人「蓋據其平日之聞於
師友者」，記錄老師荀子之言行，故此部分亦得視為荀子之學說。
簡而言之，楊筠如認為《荀子》全書乃是後人雜湊成功，各篇之雜
湊，大概可以視為劉向校讎《孫卿書》三百二十二篇叢稿過程所產
生之現象；但是，反對將《荀子》全書視為荀子學說之著作，則可
能矯枉過正。

關於《荀子》文本的真偽問題，廖名春《荀子新探》言：

具體說來，我們認為《荀子》各篇大約可分為三類：第一類
是荀子親手所著；第二類是荀子弟子所記錄的荀子言行；第
三類是荀子所整理、纂集的一些資料，其中也插入了弟子之
作。這裡的第一類和第二類都是研究荀子思想和學說的主要

74　《荀子集解·考證》，頁24～25。

依據，第三類則只是間接材料。但不管哪一類，它們都不存在 "偽" 的問題。[75]

《荀子》全書各篇文本，可以確信並非完全出於荀子之手，《荀子》一部分是出於弟子門人之記錄荀子言行，一部分則是弟子門人之作摻入其中；然而，《荀子》文本內在之思想表現內在一致性，則未有明顯爭議。換言之，是荀子親手所著固不必論，但是對於弟子之記錄，或是弟子闡釋荀子之作，除非是文本內容之思想存在明顯矛盾或衝突，否則，應亦可視為荀子學說之引伸，而不必逕自視為「偽作」。

75　《荀子新探》，頁 55。

第參章　戰國政治形態與儒家思想

　　「知人論世」之研究方法，是透過對作者生平與時代背景之理解，從而掌握作者之存在經驗與生存環境，並依此詮釋作品可能隱含之意義；換言之，對於作者生平與時代背景之掌握，是詮釋作品可能意義之材料。本章試圖根據史料記載荀子所處時代之歷史為背景，重塑荀子生存之時代環境，探索荀子學說之重心與關懷焦點，凝聚荀子學說之精神與宗旨，還原說明荀子學說之「基源問題」。本書以荀子之基源問題為中心，開展荀子思想之理論系統，及其思想理論落實於解決基源問題之有效性；因此，探討荀子生平與時代背景，是提供詮釋《荀子》思想理論與實踐有效途徑。

　　依據上章考證所得，荀子生年約莫在西元前三三六年，至西元前二三八年之間，其後荀卿因家蘭陵，並葬於蘭陵，卒年則不可確考。保守估計，荀子生年當在戰國中、晚期，此時期正是群雄割據、各自為政之時代，亦是歷史上政治極為混亂之時期。荀子為趙國人，

在齊即享有盛名，生平曾與趙、齊、秦、楚等大國諸侯交遊，顯見
荀子對於政治實務與議題饒富興趣，態度積極。本章即從荀子所處
戰國時期之政治形態與政治思想，探討荀子思想關懷之議題，推測
荀子學說之基源問題。

第一節　政治形態與國際局勢

一、先秦政治之意涵

　　「政治」一辭，在不同時空背景中，擁有不同之涵意，不同之
定義與不同之論述。西文所謂「政治」（politics），意指政治主權者
管理眾人事務之行為總稱。中國「政治」一詞，雖然出現極早，然
而，其指涉意義與現代西方概念有所不同。《尚書·畢命·第二十
六》曰：「三后協心，同底于道。道洽政治，澤潤生民。」孔穎達
疏曰：「道至普洽，政化治理，其德澤惠施，乃浸潤生民，言三君
之功不可不尚。」意指周公、君陳與畢公三位君主，管理之方法與
原則，始終一貫，皆能合乎正道，德澤廣被，造福人群。其中「政
治」者，分而言之：「政」是「政化」，政道教化；而「治」是「治
理」，即是管理，「政」、「治」兩詞各自獨立、意涵互有相通。

　　先秦時代「政」、「治」兩字，其涵意可以分別隸屬不同概念，
亦有互通之處。所謂「政」，意指政治主權，或是主政者對於管理
對象所訂定之制度與法律。《左傳·昭公·二十五年》曰：「政在季

氏三世矣，魯君喪政四公矣。」此「政」者，即指政治主權；《左傳‧隱公‧十一年》曰：「失政刑矣！政以治民，刑以正邪。既無德政，又無威刑，是以及邪。」「政」與「刑」對舉，「刑」是刑罰，用以正邪；「政」是教化，用以治民；「政以治民」，即是指教化與管理民眾之方式或制度。所謂「治」，則是指主政者依制度法律管理民眾之活動過程，或是政權管理下之社會狀態。《周易‧乾‧象辭》曰：「乾元用九，天下治也。」此「治」即是指主政者所屬之社會和諧狀態；《尚書‧虞書‧大禹謨》曰：「明于五刑，以弼五教。期于予治，刑期于無刑。民協于中，時乃功，懋哉。」孔安國注曰：「弼輔，期當也。歎其能以刑輔教，當於治體。」此「治」則是主政者之管理方式；《尚書‧虞書‧大禹謨》又曰：「帝曰：俾予從欲以治，四方風動，惟乃之休。」孔安國注曰：「使我從心所欲而政以治民，動順上命，若草應風，是汝能明刑之美。」「治」即是指主權者之管理行為。因此，古代言「治」者，著重在主政者之管理方法，及落實在具體之政策與命令。諸如《周禮》曰：「遂人掌邦之野，……帥而至，掌其政治禁令。」[1] 又如《周禮》曰：「凡相

1　《周禮‧地官‧司徒‧遂人》曰：「遂人掌邦之野，以土地之圖，經田野。造縣鄙形體之灋：五家為鄰，五鄰為里，四里為酇，五酇為鄙，五鄙為縣，五縣為遂。皆有地域溝樹之使，各掌其政令刑禁，以歲時稽其人民，而授之田野，簡其兵器，教之稼穡，凡治野以下劑。……凡事致野役，而師田作野民，帥而至，掌其政治禁令。」

犬牽犬者屬焉,掌其政治。」[2] 此「政治」連稱,是指政權分配下之職務所涵蓋之責任範圍,偏向指涉政治權力下之政策規範與命令。牟宗三區分「政」、「治」之概念,[3] 認為古代中國「政」「治」兩詞,分別指涉政道之政治與治道之吏治,政治隸屬於國君,吏治則是國君依其政治權力管理眾人之事。相應於政治之權力,即是政權,「政權」強調名分,代表國家完整主權之抽象概念;相應於吏治之權力,則是治權,「治權」強調實質,代表對於管理眾人之事之實質權力。因此,先秦「政」與「治」兩辭之涵意,可以分別隸屬於獨立之不同概念,亦可以有互通互補之處。「政」、「治」兩辭之涵意,適可用以說明戰國時期國際局勢與政治型態。

二、戰國時期政治型態

殷人與周武王於牧野戰役之後,殷商宣告滅亡,周武王隔年旋即過世,由於武王太子成王年幼,政權由武王之弟周公輔佐。周公有鑑於殷商滅亡之歷史教訓,制定周朝禮樂制度,以鞏固周朝政權之穩定與發展。《尚書·泰誓》曰:「天佑下民,作之君,作之師。」注曰:「言天佑助下民,為立君以政之,為立師以教之。」天為保佑人民,立君王以為執政,立師長以為教化,故禮樂制度乃是出於

2　《周禮·秋官·司寇·犬人》曰:「犬人掌犬牲,凡祭祀共犬牲,用牷物,伏瘞亦如之。凡幾珥沈辜,用駹可也。凡相犬牽犬者屬焉,掌其政治。」

3　牟宗三言:「政道是相應政權而言,治道是相應治權而言。……吏治相應治道而言,政治相應政道而言。」《政道與治道》(台北:臺灣學生書局,1991年),頁1。

天佑助人民而有。「天」又稱「帝」或「上帝」，《尚書·泰誓》曰：「惟受罔有悛心，乃夷居弗事上帝神祇，遺厥先宗廟弗祀。」「天」或「帝」具有人格意志，代表最高之人格神，故「天」有命令，即是「天命」。《尚書·泰誓》曰：「商罪貫盈，天命誅之，予弗順天，厥罪惟鈞。予小子夙夜祗懼，受命文考，類于上帝。」商之滅亡，乃天命所誅；周武王伐紂是替天行道，否則，便是與紂同罪。周天子王天下，乃是天命所賜，能王天下者，即是「天子」，故《尚書·洪範》曰：「曰：天子作民父母，以為天下王。」天命所受予者為天子，天子統治天下乃是遂行天命。故天子是天命實現於天下之職務執行者，天子之政權即受天命之授權，擁有上帝神祇般之神聖使命，確保天子政權之正當性與合理性。《尚書·周書》內容，大致反映出周公，乃至於周人之政治思想。[4]

「政」指「政權」，是相應於政治主權；「治」指「治權」，是相應於政治主權所行使之權力。西周成王之後，周王即尊為「天子」，天子既是天命所受，則天子政權所及，當以天下為範圍。周公制禮作樂之初，即依宗法制度將天下土地劃分為若干國，分封賜予王室親族及有功大臣，由此分封建國，形成「家天下」之政治型態；封建制度，一則以為周室屏障，再則可以藉此擴大並宣示周室

4　劉澤華言：「《周書》中的《大誥》、《康誥》、《酒誥》、《梓材》、《召誥》、《洛誥》、《多士》、《無逸》、《多方》、《立政》諸篇，同周公都有直接的關係，很多學人認為屬周公之作。」劉澤華主編：《中國古代政治思想史》（天津：南開大學出版社，1992 年），頁 6～7。

之勢力範圍。所謂「天下」，原無一定之疆界與疆域，周人用「天下」表達由天子所受領管轄之土地範圍。《詩經·小雅·北山》曰：「溥天之下，莫非王土，率土之濱，莫非王臣。」即是反映出以周人觀點所展現之世界觀。春秋時，《左傳》亦有引用此詩句，[5]至戰國時期，《戰國策》載「溫人之周」故事，亦反映出周天子曾為天下共主之歷史記憶。[6]

自周平王元年遷都洛邑（B.C.770），至秦嬴政統一天下以前（B.C.221）五百五十年間，史學家稱為東周時期；東周又分為「春秋」與「戰國」兩個時期。「春秋」之名，取自孔子據魯國史所纂修之《春秋》。《春秋》上起魯隱公元年（B.C.722），歷桓公、莊公、閔公、僖公、文公、宣公、成公、襄公、昭公、定公、哀公十四年（B.C.481），凡魯國十二國公，二百四十二年。「戰國」之名，則取自西漢劉向校錄之《戰國策》。劉向《書錄》曰：「臣向以為戰國時游士輔所用之國，為之策謀，宜為《戰國策》。其事繼春秋以後，訖楚、漢之起，二百四十五年間之事，皆定以殺青書，

5　《左傳·昭公·七年》。

6　《戰國策·東周·溫人之周》：「溫人之周，周不納。客即對曰：『主人也。』問其巷而不知也，吏因囚之。君使人問之曰：『子非周人，而自謂非客何也？』對曰：『臣少而誦《詩》，《詩》曰：「普天之下，莫非王土；率土之濱，莫非王臣。」今周君天下，則我天子之臣，而又為客哉？故曰主人。』君乃使吏出之。」【西漢】劉向集錄·范祥雍箋證：《戰國策箋證》（上海：上海古籍出版社，2006年），頁38。

可繕寫。」[7]「戰國策」乃劉向所命名，其書記載春秋以後東周、西周、秦、齊、楚、趙、魏、韓、燕、宋、衛、中山等十二國，歷時二百四十五年；或以《戰國策》書中記載歷史事件為限，自周貞定王十六年（B.C.453），至秦始皇二十六年齊王建被虜（B.C.221），歷時二百三十四年。[8]

春秋與戰國之分界年代，史學家有兩種說法：其一，以《史記》記載為準。司馬遷《史記・六國年表》曰：「悲夫！余於是因《秦記》，踵《春秋》之後，起周元王，表六國時事。」司馬貞《索隱》曰：「按此表起周元王元年。」顯見司馬遷以春秋之後，六國紀年

7　《戰國策箋證》卷一，頁 1。

8　劉向稱《戰國策》歷二百四十五年並不正確。范祥雍考證《戰國策》所記歷史事件推論言：「……遍稽《國策》全書，其上限最早年代為趙、魏、韓三家破智伯而分其地（〈衛策〉智伯欲伐衛，遺衛君野馬白璧事，在三家滅智伯之前，但乏確切年代可考，不計於內），在周貞定王十六年（前四五三）。下限則最遲於齊王建被虜而餓死事（〈齊策〉六。〈燕策〉三雖有高漸離以筑擊秦皇帝事，乃由荊軻事而附及之，非專記也），在秦始皇二十六年（前二二一）。總計前後為二百三十四年（首尾二年并記在內）。數亦不合。」范祥雍進一步推論：「（劉向）其所據資料今無從詳，惟司馬遷之〈六國年表〉必居重要地位。〈六國表〉列三晉滅智伯於周貞定王十六年（前四五三），而〈表〉終於秦二世三年（前二〇七），正『楚、漢之起』時，如此計算為二百四十六年，僅相差一年，此或為計算稍歧（如首尾少算一年），或文字之微誤所致。或者將謂《策》文止於六國之亡，無及楚、漢之文，不能強作牽合附會。此語誠然。」《戰國策箋證》，頁 5。范祥雍考證以為，劉向所言之年限與《戰國策》所記歷史事件之年限為二百三十四年不符。劉向宣稱二百四十五年，可能是附會於《史記・六國表》之紀年；然而《戰國策》與〈六國表〉明為二事，不得以〈六國表〉之紀年為《戰國策》之年限。

為戰國時期,自周元王元年為始(B.C.475)。其二,以歷史事件「三家分晉」為準。「三家分晉」有其發展歷程:

周定王十一年(B.C.458),晉國知卿與趙、韓、魏三卿共分范卿與中行卿之土地以為采邑。

周定王十六年(B.C.453),趙、韓、魏三卿聯合消滅知卿,並瓜分知卿土地。隔年,晉出公出奔至楚國。

周考王七年(B.C.434),晉敬公僅存絳、曲沃等地,反而向趙、韓、魏三卿朝見。

周威烈王二十二年(B.C.404),魏文侯迫使齊侯會同三家之君朝見周王,要求周王命三家為諸侯。隔年,周王追認命韓、趙、魏三家為諸侯。[9]北宋《資治通鑑》即以此事件為發端,至秦統一中國前,稱為戰國時期。以上兩說,各有理據,難分孰是;然而,《史記》以周元王元年為始,不僅與《春秋》銜接,並且涵蓋較多重要之歷史事件,故可從《史記》分法。春秋、戰國兩時期,只是一種方便通稱,其實並未有一明確之紀年為界;然而,春秋、戰國

9　《史記·晉世家》曰:「當是時,晉國政皆決知伯,晉哀公不得有所制,知伯遂有范、中行地最強。哀公四年,趙襄子、韓康子、魏桓子共殺知伯,盡并其地。十八年,哀公卒,子幽公柳立。幽公之時,晉畏,反朝韓、趙、魏之君。獨有絳、曲沃,餘皆入三晉。十五年,魏文侯初立。十八年幽公淫婦人,夜竊出邑中,盜殺幽公。魏文侯以兵誅晉亂,立幽公子止是為烈公。烈公十九年,周威烈王賜趙、韓、魏,皆命為諸侯。」卷三十九,頁664。

在政治上所表現出兩種不同之政治形態，實與周室制約諸侯之政治權力之消長，互為因果表裡。

王夫之曰：「戰國者，古今一大變革之會也。侯王分土，各自為政，而皆以放恣漁獵之情，聽耕戰刑名殄民之說，與《尚書》孔子之言，背道而馳，勿暇論其存主之敬怠仁暴；而所行者，一令出而生民即趨入於死亡。」[10] 顧炎武比較春秋與戰國之差異曰：

> 如春秋時，猶尊禮重信，而七國則絕不言禮與信矣；春秋時猶宗周王，而七國則絕不言王矣；春秋時猶嚴祭祀，重聘享，而七國則無其事矣；春秋時猶論宗姓氏族，而七國則無一言及之矣；春秋時猶宴會賦詩，而七國則不聞矣；春秋時猶有赴告策書，而七國則無有矣。邦無定交，士無定主，此皆變於一百三十三年之間，史之闕文，而後人可以意推者也，不待始皇之并天下，而文武之道盡矣！[11]

春秋之時，諸侯尚且尊重周室為天下共主，諸侯間之往來，悉依周禮。「據有關統計，春秋三百餘年間，各種外交活動編一百八十一次，其中盟八十一次，會五十六次，朝十一次，赴四次，聘使問告

10　王夫之著：《讀通鑑論》（台北：臺灣商務印書館，1979 年），下冊，頁 793～794。

11　顧炎武著：《日知錄》（台北：臺灣商務印書館，1978 年），卷十三 「周末風俗」，頁 38。

二十九次。」[12] 春秋之時，國際交流尚能維持在以周室為中心之統
一制度中，諸侯所爭，只在爭霸主地位頭銜。至戰國之後，周禮制
度急遽崩解，周室已名存實亡，禮樂無法規範諸侯行為，周王無力
干涉國際爭端，任由諸侯各自為政，孔子曰：「天下有道，則禮樂
征伐自天子出；天下無道，則禮樂征伐自諸侯出。」或許是對春秋
戰國世代交替所產生之社會亂象有感而發。趙翼曰：

> 蓋秦漢間為天地一大變局。自古皆封建諸侯，各君其國，卿
> 大夫亦世其官，成例相沿，視為固然。其後積弊日甚，暴君
> 荒主，既虐用其民，無有底止。強臣大族，又篡弒相仍，禍
> 亂不已。再并而為七國，益務戰爭，肝腦塗地，其勢不得不
> 變，而數千年世侯世卿之局，一時亦難遽變。於是先從在下
> 者起，游說則范睢、蔡澤、蘇秦、張儀等，徒步而為相；征
> 戰則孫臏、白起、樂毅、廉頗、王翦等，白身而為將。此已
> 開後世布衣將相之例，而兼并之力，尚在有國者。天方藉其
> 力以成混一，固不能一旦掃除之，使匹夫而有天下也。於是
> 縱秦皇盡滅六國，以開一統之局。[13]

12　張彥修著：《縱橫家書》（河南：河南大學出版社，1998 年），頁 3。

13　趙翼著：《廿二史劄記》（台北：洪氏出版社，1974 年），卷二，「漢初布衣將相之局」，頁 21。

趙冀稱西周封建制度，諸侯與卿大夫皆世襲制，周天子乃是天下共主，是諸侯國之大宗，對於諸侯仍有相對之政治權力。至戰國時，周王徒具天子虛名，諸侯并為七國，東周淪為無足輕重之小國，天下之政治權力，由諸侯各國分裂分治。天下既分裂為七大國，各自為政之結果，造成諸侯莫不以兼并他國壯大自己，於是國際間之交流與衝突，日益頻繁，而彼此之利害關係，越趨緊張。在國際關係日益密切與複雜時期，專門協調國際事務之縱橫家，如范雎、蔡澤、蘇秦、張儀者流，可以突破傳統，徒步而為相；而專門以攻伐征戰聞名之軍事家，如白起、樂毅、廉頗、王翦等人，亦可以白身而為將，開啟後世「布衣卿相」之先例。

三、戰國七雄疆域與國力

　　周人用「天下」一辭表達由天子所受領管轄之土地範圍，原無固定之疆界與疆域。《呂氏春秋》稱：「天有九野，地有九州。」[14] 則是時人根據現有之天文地理知識，並加以想像所形成對於天地宇宙之整體觀念。對於地理觀念，先秦時人以為陸地以外，四面環海，故天下之地，即四海之內。[15] 所謂四海之內，應是指人類可能

14　【後漢】高誘註：《呂氏春秋・集解》三冊（台北：世界書局，1975 年），〈有始覽〉，卷十三，中冊，頁 1。

15　《呂氏春秋・有始覽》曰：「凡四海之內，東西二萬八千里，南北二萬六千里。水道八千里，受水者亦八千里，通谷六，名川六百。陸注三千，小水萬數，凡四極之內，東西五億有九萬七千里，南北亦五億九萬七千里，眾星與天俱遊，而極星不移。」《呂氏春秋・集解》卷十三，中冊，頁 5。

居住之全幅地域環境，《詩經》所謂：「溥天之下，莫非王土，率土之濱，莫非王臣。」即指此意。所謂地有九州，《呂氏春秋》曰：

> 何謂九州？河漢之間為豫州，周也；兩河之間為冀州，晉也；河、濟之間為兗州，衛也；東方為青州，齊也；泗上為徐州，魯也；東南為揚州，越也；南方為荊州，楚也；西方為雍州，秦也；北方為幽州，燕也。[16]

此段文獻，記錄春秋戰國時期各國疆域地理位置大致輪廓：周在豫州，晉在冀州，衛在兗州，齊在青州，魯在徐州，越在揚州，楚在荊州，秦在雍州，燕在幽州；九州即指九大區域範圍，分別隸屬於九個國家。春秋時期，周平王遷都洛邑，周天子已名存實亡，尤其是「周鄭交質」事件發生之後，周室地位嚴重下降，周只是徒具虛名之小國而已。是時齊桓公、宋襄公、晉文公、秦穆公、楚莊王相繼稱霸，史稱「春秋五霸」。[17] 至戰國時期，晉國之韓、趙、魏三卿聯合消滅智伯瑤，並瓜分晉國，晉國國君反淪為三家卿之附庸，史稱「三家分晉」，從此揭開戰國時期序幕；幾經彼此消長，形成

16　《呂氏春秋·有始覽》，卷十三，中冊，頁2。

17　一說「春秋五霸」是齊桓公、晉文公、楚莊王、吳王闔閭與越王勾踐。或謂是時宋乃殷之後代，未成氣候；而秦在西域，亦不足以稱霸王。

齊、秦、楚、韓、趙、魏與燕七個大國，史稱「戰國七雄」。[18] 以下略述戰國七雄之疆域與國力。

秦國。《戰國策·秦策一》曰：

> 蘇秦始將連橫說秦惠王曰：「大王之國，西有巴、蜀、漢中之利，北有胡貉、代馬之用，南有巫山、黔中之限，東有殽、函之固。田肥美，民殷富，戰車萬乘，奮擊百萬，沃野千里，蓄積饒多，地勢形便，此所謂天府，天下之雄國也。以大王之賢，士民之眾，車騎之用，兵法之教，可以并諸侯，吞天下，稱帝而治，願大王少留意，臣請奏其效。」[19]

又《戰國策·秦策三》曰：

> 范睢曰：「大王之國，北有甘泉、谷口，南帶涇、渭，右隴、蜀，左關、坂，戰車千乘，奮擊百萬。以秦卒之勇，車騎之多，以當諸侯，譬若馳韓盧而逐蹇兔也，霸王之業可致。」[20]

18　戰國時期除七雄之外，尚有周、宋、衛、中山、魯、滕、鄒、費等小國。

19　《戰國策·秦策一》「蘇秦始將連橫說秦惠王」章，卷三，頁 141。

20　《戰國策·秦策三》「范睢至」章，卷五，頁 313。

秦國疆域約今之甘肅東南部，及陝西部分，東有殽山、函關之天險，西至四川、陝西一帶，南至四川巫山、湖南，北至山西。秦國地處六國最西邊陲，東與東周、韓、魏為鄰，南有楚國為界。范睢稱秦有當諸侯、成霸王之業；蘇秦則稱秦國田肥美，民殷富，地勢形便，沃野千里，可謂天府，戰車萬乘，奮擊百萬，天下之雄國，可以併諸侯，吞天下，稱帝而治。

齊國。《戰國策‧齊策一》曰：

> 蘇秦為趙合從說齊宣王曰：「齊南有太山，東有琅邪，西有清河，北有渤海，此所謂四塞之國也。齊地方二千里，帶甲數十萬，粟如丘山。齊車之良，五家之兵，疾如錐矢，戰如雷電，解如風雨，即有軍役，未嘗倍太山，絕清河，涉渤海也。……」[21]
> 張儀為秦連橫說齊王曰：「天下強國，無過齊者；大臣父兄，殷眾富樂，無過齊者。然而為大王計者，皆為一時說，而不顧萬世之利。從人說大王者，必謂齊西有強趙，南有韓、魏，負海之國也。地廣人眾，兵強士勇，雖有百秦，將無奈我何。大王覽其說，而不察其至實。」[22]

21　《戰國策‧齊策一》「蘇秦為趙合從說齊宣王」章，卷八，頁 538～539。
22　《戰國策‧齊策一》「張儀為秦連橫說齊王」章，卷八，頁 547。

齊國疆域約今之山東北部，及河北東南部。蘇秦稱齊國為四塞之國，
乃因齊地東有琅邪山，西有清河，南有泰山，北有渤海等山川地勢
以為屏障；縱使五國兵士輕疾，亦不能越泰山，渡清河，過渤海。
齊國地方二千里，東部臨海，西與趙國為鄰，南有韓、魏兩國為界，
北與燕國接壤。齊國國力帶甲者數十萬，粟米堆積如山，地廣民眾，
兵強士勇，張儀稱天下強國無過齊者，雖是縱橫家誇飾之辭，仍透
露齊為當時強國之一。

　　楚國。《戰國策·楚策一》曰：

　　　蘇秦曰：「楚，天下之強國也。大王，天下之賢王也。楚地
　　西有黔中、巫郡，東有夏州、海陽，南有洞庭、蒼梧，北有
　　汾陘之塞、郇陽。地方五千里，帶甲百萬，車千乘，騎萬匹，
　　粟支十年，此霸王之資也。」[23]

楚國疆域約今之湖北全部，東至安徽北部，西至四川東部，南至湖
南東北部、江西北部，北至陝西、河南南部。楚國幅員遼闊，佔地
五千里，位置在六國最南，北與秦、韓接壤。楚國國力甲兵百萬，
車千乘，騎萬匹，粟米充裕。

　　趙國。《戰國策·趙策二》曰：

23　《戰國策·楚策一》「蘇秦為趙合從說楚威王」章，卷十四，頁787。

> 蘇秦從燕之趙，始合從，說趙王曰：「……當今之時，山東
> 之建國，莫如趙強。趙地方二千里，帶甲數十萬，車千乘，
> 騎萬匹，粟支十年，西有常山，南有河、漳，東有清河，北
> 有燕國。燕固弱國，不足畏也。且秦之所畏害於天下者，莫
> 如趙。然而秦不敢舉兵甲而伐趙者何也？畏韓、魏之議其後
> 也。然則韓、魏，趙之南蔽也。秦之攻韓、魏也，則不然，
> 無有名山大川之限。稍稍蠶食之，傅之國都而止矣。」[24]

趙國疆域約今之東起陝西東北部，至山西中部，河北東南部，至山
東西部。趙國東與齊國為鄰，西南與韓、魏接壤，東北與燕國相接。
蘇秦分析，趙國邊境與多國為鄰，是交通各國之要道樞紐，具有重
要之戰略地位；且秦若欲攻趙，必顧忌韓、魏之反制，韓、魏乃是
趙國防禦秦國之屏障。

魏國。《戰國策·魏策一》曰：

> 蘇子為趙合從說魏王曰：「大王之地，南有鴻溝、陳、汝南，
> 有許、鄢、昆陽、邵陵、舞陽、新郪，東有淮、潁、沂、黃、
> 煮棗、海鹽、無胥，西有長城之界，北有河外、卷、衍、燕、
> 酸棗。地方千里，地名雖小，然而廬田廡舍，曾無所芻牧牛

馬之地；人民之眾，車馬之多，日夜行不休已，無以異於三
軍之眾。」[25]

張儀為秦連橫說魏王曰：「魏地方不至千里，卒不過三十萬
人。坐四平，諸侯四通，條達輻湊，無有名山大川之阻。從
鄭至梁，不過百里；從陳至梁，二百餘里。馬馳人趨，不待
倦而至。梁南與楚境，西與韓境，北與趙境，東與齊境，卒
戍四方，守亭障者參列。粟糧漕庾，不下十萬。魏之坐勢，
故戰場也。魏南與楚而不與齊，則齊攻其東；東與齊而不與
趙，則趙攻其北；不合於韓，則韓攻其西；不親於楚，則楚
攻其南。此所謂四分五裂之道也。」[26]

魏國疆域約今之陝西，延伸至山西西南部，及河南北部。魏國東以
懸隔宋、衛兩國與齊國連接，西與韓境交接，南與楚國為鄰，北與
趙國分界；魏國地處六國中央，南來北往，四通八達，是交通六國
之樞紐。然而，魏國地方不至千里，境內無名山大川之關塞天險以
為屏障，是古戰場之一；且魏國東與齊國為敵，西與韓國不合，南
與楚國不親，北又與趙國作對，故張儀形容魏國處境是「四分五
裂」。

　　韓國。《戰國策·韓策一》曰：

25　《戰國策·魏策一》「蘇子為趙合從說魏王」章，卷二十二，頁 1262～1263。
26　《戰國策·魏策一》「張儀為秦連橫說魏王」章，卷二十二，頁 1272～1273。

> 蘇秦為楚合從說韓王曰：「韓北有鞏、洛、成皋之固，西有
> 宜陽、常阪之塞，東有宛、穰、洧水，南有陘山，地方千里，
> 帶甲數十萬。天下之強弓勁弩，皆自韓出。……夫以韓之勁
> 與大王之賢，乃欲西面事秦，稱東藩，築帝宮，受冠帶，祠
> 春秋，交臂而服焉，夫羞社稷而為天下笑，無過此者矣。」[27]

韓國疆域約今之山西東南部與河南中部。韓國東與魏國銜接，西與
秦國為鄰，南與楚國為界，北與趙國臨近，東周國境疆域全在韓國
之中。韓國地處六國最西邊，適與秦國為鄰，就戰略地位而言，不
論是六國合從抗秦，或是秦國兼併六國，韓國皆首當其衝，處境最
為險惡。

　　燕國。《戰國策·燕策一》曰：

> 蘇秦將為從，北說說燕文侯曰：「燕，東有朝鮮、遼東，北
> 有林胡、樓煩，西有雲中、九原，南有呼沱、易水。地方二
> 千餘里，帶甲數十萬，車七百乘，騎六千疋，粟支十年。南
> 有碣石、雁門之饒，北有棗栗之利，民雖不由田作，棗栗之

27　《戰國策·韓策一》「蘇秦為楚合從說韓王」章，卷二十六，頁 1479～1480。

實，足食於民矣。此所謂天府也。夫安樂無事，不見覆軍殺
將之憂，無過燕矣。」[28]

　　燕國疆域約今之山西東北部，河北北部，北至遼寧西南部。燕國地
處六國最北，東北與東胡為界，西與趙國、中山國接界，南部臨海
且與齊國為鄰，北部則有林胡、樓煩異族。燕國地方二千里，帶甲
數十萬，粟支十年，足食於民；復由於燕國地處偏北，遠離中原戰
火，安樂無事，蘇秦譽之為「天府」。

　　就戰國七雄國家領土面積大小而言，楚國最大，其次趙國、齊
國、秦國、燕國、魏國，韓國最小。就歷史之結果而言，則國家之
生存與發展，顯然不與國家領土面積成正比。國家為求生存與發展，
需要富國而強兵，富國強兵固然可以憑藉本國努力達成；然而，在
戰爭頻仍之時代中，群雄經常依賴國際外交為手段，達到兼并他國
土地，壯大本國勢力範圍之目的，秦國在戰國中崛起，即是最佳例
證。

第二節　戰爭兼并與合從連橫

　　從歷史結果而言，一個國家能生存與發展，基本上需要兩項條
件：其一，強兵，強兵則能鞏固國家安全，維護國家基本生存權利；

28　《戰國策‧燕策一》「蘇秦將為從北說燕文侯」章，卷二十九，頁 1643～1644。

其二，富國，富國則是增進國家經濟富裕，國家在既有之基礎上富裕民生。強兵是富國之前提，富國則是強兵之發展；因此，強兵乃是國家求生存與發展之基本條件。所謂「強兵」，即是指國家軍事力量，是包含國家自我防衛機制與征服他國之攻擊能力。然而，強兵並非意味只是窮兵黷武一途，而且是包含外交折衝與國際關係之互動。

戰國時期群雄割據，各自為政，各國國君為維護本國安全與利益，無不竭盡所能，創造富國強兵之國家；如何致富強，乃成國君最關心之議題。因此，如何在紛亂之戰國之中，先立國家於不敗之地，乃是現實之環境要求，亦是國君當務之急。為確保國家政權與領土完整，各國紛紛進行政治革新，著名之秦孝公用公孫鞅實施變法，齊威王用鄒忌，楚悼王用吳起，趙烈侯用公仲連，魏文侯用李悝，及韓昭侯用申不害進行政治革新，在強化與改善國家內政與外交方面，獲得極大之效果，皆是歷史上著名之典故。

正因為諸侯致力於政治革新，國家建設需要注入更多、更新之人才資源，於是所謂遊說之客與養士風氣應運而生。戰國時期「養士」風氣盛行，著名之養士者，如：秦國文信侯呂不韋、齊國孟嘗君、楚國春申君、趙國平原君、魏國信陵君等，養士規模多者達三千人以上。養士之性質，不一而足，主要是提供人才資源與諮詢；而養士之主要目的，即在輔佐人主，鞏固既有之政治權力，甚至在國際社會稱霸稱王。荀子本為趙國人，年五十入齊遊學，年七十入

秦見應侯與昭王，年七十九至趙見孝成王，年八十一至楚見春申君，可見荀子生平之遊歷與活動內容，與當時之政治風氣息息相關。[29]

　　戰國時期，顧名思義，即是以戰爭解決國際爭端為主要手段之時代特色，故戰國時期兵家之術尤其盛行，如：《孫子兵法》、《孫臏兵法》、《尉繚》、《六韜》等，[30]皆是戰國之產物，兵家思想涉及戰爭之戰略與戰術，是諸侯關切之議題。《漢書‧藝文志》列「兵權謀十三家，二百五十九篇。」所謂：「權謀者，以正守國，以奇用兵，先計而後戰，兼形勢，包陰陽，用技巧也。」[31]兵權謀家是兼採形勢、陰陽與技巧等兵家之術，研究戰略戰術之整體作戰，是兵家最重要之一派。〈藝文志〉列：「兵形勢十一家，九十二篇，圖十八卷。」所謂：「形勢者，靁動風舉，後發而先至，離合背鄉，變化無常，以輕疾制敵者也。」[32]兵形勢家是專門研究作戰戰術，運用戰場上之地形地貌，指揮軍隊作戰應對進後，確保軍隊能立於不敗之地，並能以最少戰力獲得最大戰利。〈藝文志〉列：「陰陽

<hr>

29　張麗珠言：「荀子生約當齊宣王至襄王之時，其學說的問題意識，也是緣自解決此一各國以戰功為追求的人文價值低落、禮樂崩壞時代課題。」《中國哲學史三十講》（台北：里仁書局，2007年），頁69。

30　《戰國會要》歸納「兵法」類：文種七術、吳起教戰法、商君戰法、尉繚子兵法、孫臏兵法、臨武君兵法與魏公子等七家兵法；此外，尚有「雜錄」一項，內舉：《呂氏春秋‧論威》、《呂氏春秋‧決勝》與《戰國從橫家書》二六「見田儀於梁南章」等三條。楊寬‧吳浩坤主編：《戰國會要》（上海：上海古籍出版社，2005年），參考卷一百二十一「兵九」，頁1175～1192。

31　《漢書‧藝文志》，卷三十。

32　《漢書‧藝文志》，卷三十。

十六家,二百四十九篇,圖十卷。」所謂:「陰陽者,順時而發,推刑德,隨斗擊,因五勝,假鬼神而為助者也。」[33] 兵陰陽家講究利用天時與自然環境,促使戰場上之自然條件有利於軍隊作戰,獲得勝利猶如鬼神相助。〈藝文志〉列:「兵技巧十三家,百九十九篇。」所謂:「技巧者,習手足,便器械,積機關,以立攻守之勝者也。」[34] 兵技巧家則是專門以訓練軍隊之作戰技能,包含戰士體能訓練,學習與操作使用器械與機關,使學習技能運用於實際戰爭之中,成為能攻善守之軍隊。概括而言,所謂兵家,是以戰爭為手段,以克敵致勝為目的之軍事專家,兵陰陽家著重戰爭之時機問題,兵形勢家強調作戰之空間環境,兵技巧家則專注於人為條件,而兵權謀家,則是統合以上時間、空間與人為素質三者而成之戰爭權術與謀略。

由於戰國時期國際糾紛不斷,而每次軍事戰爭往往造成參戰國之國力嚴重損失,甚至危及國家生存;因此,能以「不戰而屈人之兵,決勝於千里之外」之交外途徑,愈加頻繁。周威烈王二十一年(B.C.403)任命韓、趙、魏三家為諸侯之後,戰國七雄更憑藉外交手段,在國際間挑起衝突戰端,進而達到兼并土地之目的。戰國七雄最多運用之國際外交手段與策略,以「合從」、「連橫」最為常見。「合從」又稱「合縱」,「連橫」又稱「連衡」,「合從」、

---

33 《漢書·藝文志》,卷三十。
34 《漢書·藝文志》,卷三十。

「連橫」又合稱為「縱橫」；而從事從橫之術者，即稱為從橫家。《韓非子・五蠹》篇曰：「從者，合眾弱以攻一強也；而衡者，事一強以攻眾弱也。皆非所以持國也。」[35]「合從」是指聯合若干弱小國家以防禦攻擊強國，防止強國之兼并侵略；而「連衡」則是弱國與強國聯盟，以強國為中心攻擊其他國家，以此換取自身安全，並可獲得若干戰果利益。無論是合從或連衡，皆是試圖依賴外交手段維持國家安全。韓非子認為，若將國家安全置於國際間不可靠之締盟合約，或者是實際從事外交折衝而從中謀利之從橫家，不僅無法保證必然有效，而且未見其利，先受其害。[36]然而，戰國七雄之國際關係複雜，瞬息萬變，各國以本國利益為優先，合從或連橫交叉運用，並不固執於一方。楊寬總結戰國時期之外交政策言：

> 最初，合縱是各弱國聯合抵禦強國的行動，例如公孫衍的合從攻秦，主要由於三晉遭受秦的壓迫。到齊、秦兩國大強國對峙的形勢形成後，齊、秦兩大國就往往利用合縱來作為壓倒對方和謀取進一步進行兼并的工具了。每當對方威勢太逼

35　【周】韓非著・【清】王先慎撰：《韓非子集解》（台北：藝文印書館，2004 年）〈五蠹〉，卷十九，頁 701～702。

36　《韓非子・五蠹》篇曰：「今則不然。士民縱恣於內，言談者為勢於外，外內稱惡，以待強敵，不亦殆乎！故群臣之言外事者，非有分從衡之黨，則有仇讎之忠，而借力於國也。……今人臣之言衡者，皆曰：『不事大則遇敵受禍矣。』事大未必有賞，則舉圖而委，效璽而請兵矣。獻國則地削，效璽則名卑，地削則國削，名卑則政亂矣。事大為衡未見其利也，而亡地亂政矣。」頁 701～702。

人時，其中一方就利用其他各國和對方之間的矛盾，發動合縱來向對方進攻。等到對方屈服或失敗，它就肆無忌憚地進行兼并，還要迫使某些弱國作為僕從，幫助自己進行兼并。齊、秦兩大強國在對峙的局面下，隨著形勢的變化，是合縱、連橫兼施的。如果合縱不利，就改為連橫；如果連橫發生阻礙，又變為合縱。秦國在戰國中期，隨著合縱、連橫形勢的變化，通過兼并戰爭取得一片又一片的土地。[37]

《漢書·藝文志》曰：「從橫家者流，蓋出於行人之官。孔子曰：『誦《詩》三百，使於四方，不能專對，雖多亦奚以為？』又曰：『使乎，使乎！』言其當權事制宜，受命而不受辭，此其所長也。及邪人為之，則上詐諼而棄其信。」[38] 從橫家即是周遊於列國從事政治外交之專業人士。以七國之戰略地位而言，基本上，合從之精神，是以秦國以外之六國為戰略聯盟，形成南北串聯之「縱向」防衛陣線，聯合抵禦秦國之東侵；而連橫之精神，則是六國分別與秦國締約，以秦為主軸，東西「橫向」聯繫，協助秦國攻打他國，遂行秦國意志，並從中獲取本國安全與參戰利益。但是，無論是合從或是連橫，均只是國際間之聯盟合約，各國未必專一於某種盟約形式；而國際間亦會隨形勢改變，進而影響本國利益，故與他國保

---

37 楊寬著：《戰國史》（上海：上海人民出版社，2003 年），頁 422。

38 《漢書·藝文志》，卷三十。

持時友時敵之緊張狀態。周慎靚王二年，齊宣王元年（B.C.318），魏相公孫衍主張合從，是合從政策之首創者，並取得趙、韓、燕與楚國同意，聯合五國攻伐秦國，並推楚懷王為從長，有效防止秦國侵略諸侯野心。《漢書・藝文志》將《蘇子》三十一篇、《張子》十篇列為從橫家，《蘇子》即是蘇秦，《張子》則是張儀，蘇秦擅於合從，張儀則以連橫見長，蘇秦與張儀是從橫家之代表人物。[39]

一、蘇秦合從政策

《史記・蘇秦列傳》曰：「蘇秦者，東周雒陽人也。東事師於齊而習之於鬼谷先生。」[40] 蘇秦受學於鬼谷子，以提倡合從政策聞名。起初，蘇秦之遊說事業並不順遂，求說於周顯王，顯王弗信；西至秦國，適逢秦孝公卒，惠王繼位亦不錄用蘇秦；至燕國，時當燕國國尚弱，時受制於趙、齊、秦三強國之威脅，蘇秦得見燕文侯，始有機會展現政治外交手腕。《史記》記載蘇秦遊說六國國君締盟合從之過程，大致如下。蘇秦說燕文侯曰：

> ……且夫秦之攻燕也，踰雲中九原，過代上谷彌地數千里，雖得燕城，秦計固不能守也，秦之不能周燕亦明矣。今趙之

39　《論衡・答佞》篇曰：「蘇秦約六國為從，強秦不敢窺兵於關外。張儀為橫，六國不敢同攻於關內。六國約從，則秦畏而六國強；三秦稱橫，則秦強而天下弱。」卷十一，頁239～240。

40　《史記・蘇秦列傳》，卷六十九。

攻燕也，發號出令，不至十日而數十萬之軍軍於東垣矣，渡
嘑沱涉易水不至四、五日而距國都矣！故曰秦之攻燕也，戰
於千里之外；趙之攻燕也，戰於百里之內。夫不憂百里之患，
而重千里之外，計無過於此者，是故願大王與趙從，親天下
為一，則燕必無患矣。[41]

蘇秦從戰略地位分析，秦國與燕國相距甚遠，攻固費力，守亦不易。
因此，秦國直接攻打燕國之機會不高；反之，趙國鄰近於燕國，不
出五日即可揮軍迫近燕國都矣。因此，蘇秦建議燕文侯與趙國合從，
並與他國保持友好關係，始能保全燕國免於受害。燕文侯以為然，
[42] 於是資助蘇秦車馬金帛，至趙國遊說。

適時趙國奉陽君已死，蘇秦即因說趙肅侯。蘇秦曰：

……臣竊以天下之地圖案之，諸侯之地五倍於秦，料度諸侯
之卒十倍於秦，六國為一并力，西向而攻秦，秦必破矣！……
故竊為大王計，莫如一韓、魏、齊、楚、燕、趙以從親以畔
秦。今天下之將相，會於洹水之上，通質，刳白馬而盟。要
約曰：「秦攻楚，齊、魏各出銳師以佐之，韓絕其糧道，趙

41　《史記·蘇秦列傳》，卷六十九。

42　《史記·蘇秦列傳》，卷六十九，燕文侯曰：「子言則可，然吾國小，西迫彊趙，
　　齊、趙彊國也，子必欲合從以安燕，寡人請以國從。」

涉河、漳，燕守常山之北；秦攻韓、魏，則楚絕其後，齊出
銳師而佐之，趙涉河、漳，燕守雲中；秦攻齊，則楚絕其後，
韓守成皋，魏塞午道，趙涉河、漳、博關，燕出銳師以佐之；
秦攻燕，則趙守常山，楚軍武關，齊涉勃海，韓、魏皆出銳
師以佐之；秦攻趙，則韓軍宜陽，楚軍河外，齊涉清河，燕
出銳師以佐之。諸侯有不如約者，以五國之兵共伐之。」六
國從親以賓秦，則秦甲必不敢出於函谷以害山東矣。如此，
則霸王之業成矣。[43]

此段說辭，充分說明蘇秦提倡六國合從之理念與理想。是時韓、趙、
魏、楚、燕、齊六國，領地總面積比秦國大五倍，軍卒數量比秦國
多十倍。按蘇秦合從之理念，若能促使六國結盟以合從，則六國團
結一致，西進攻秦，必能破秦；反之，就消極之作用而言，秦國若
欲攻打六國其中之一，則其他五國得依盟約，彼此照應，相互支援，
共同抵禦秦軍，達到六國結盟之目的；若違盟約者，則五國共伐之。
此計果得趙王信任，允諾參與合從，並賜予蘇秦「飾車百乘，黃金
千鎰，白璧百雙，錦繡千純」。[44]

　　時值「秦惠王使犀首攻魏」，「且欲東兵」，蘇秦耽心秦國攻
趙，便轉向韓王遊說。蘇秦曰：

43　《史記·蘇秦列傳》，卷六十九。
44　《史記·蘇秦列傳》，卷六十九。

……夫以韓之勁與大王之賢，乃西面事秦，交臂而服，羞社稷而為天下笑，無大於此者矣！是故願大王孰計之。大王事秦，秦必求宜陽、成皋。今茲效之，明年又復求割地；與則無地以給之，不與則棄前功而受後禍。且大王之地有盡，而秦之求無已，以有盡之地而逆無已之求，此所謂市怨結禍者也。不戰而地已削矣！臣聞鄙諺曰：「寧為雞口，無為牛後。」今西面交臂而事秦，何異於牛後乎？夫以大王之賢，挾彊韓之兵而有牛後之名，臣竊為大王羞之。[45]

蘇秦之說辭，語帶譏諷，固然是有意激怒韓王，但亦顯示韓與秦之關係並不對等。韓國與其事秦，不如參與六國合從，始能脫離秦國無盡之剝削，保有韓國之領地與尊嚴。蘇秦此話一出，韓王果結受用，誓言不再事秦，並參與合從聯盟。

蘇秦又說服魏襄王曰：

……臣竊量大王之國不下楚，然衡人怵王，交彊虎狼之秦以侵天下，卒有秦患，不顧其禍。夫挾彊秦之勢以內劫其主，罪無過此者。魏，天下之彊國也，王，天下之賢王也，今乃有意西面而事秦，稱東藩，築帝宮，受冠帶，祠春秋，臣竊為大王恥之。……今乃聽於羣臣之說，而欲臣事秦，夫事秦

45　《史記·蘇秦列傳》，卷六十九。

必割地以効實，故兵未用而國已虧矣。凡羣臣之言事秦者，
皆姦人，非忠臣也。夫為人臣，割其主之地以求外交，偷取
一時之功而不顧其後，破公家而成私門，外挾強秦之勢以內
劫其主，以求割地，願大王孰察之。……大王誠能聽臣，六
國從親，專心并力壹意，則必無彊秦之患。故敝邑趙王使臣
効愚計，奉明約，在大王之詔詔之。[46]

蘇秦說服魏王結盟六國合從之理由，亦不外申明事秦必割地虧國，
同時養秦國虎狼之心，自遺禍患；蘇秦同時批評凡是勸國君與秦連
衡之臣，並非為國家謀福利之忠臣，而是欲挾外秦之勢力，在國內
劫持人主之姦人也。魏王答應魏國參與六國合從。蘇秦轉而東進說
服齊宣王曰：

……且夫韓、魏之所以重畏秦者，為與秦接境壤界也，兵出
而相當，不出十日而戰勝存亡之機決矣！韓、魏戰而勝秦，
則兵半折，四境不守；戰而不勝，則國已危亡隨其後。是故
韓、魏之所以重與秦戰而輕為之臣也。今秦之攻齊則不然。
倍韓、魏之地，過衛陽晉之道，徑乎亢父之險，車不得方軌，
騎不得比行，百人守險，千人不敢過也。秦雖欲深入則狼顧，
恐韓、魏之議其後也，是故恫疑虛喝，驕矜而不敢進，則秦

46　《史記・蘇秦列傳》，卷六十九。

之不能害齊亦明矣！夫不深料秦之無奈齊何，而欲西面而事之，是羣臣之計過也。今無臣事秦之名，而有彊國之實，臣是故願大王少留意計之。[47]

蘇秦藉韓、魏兩國與秦國之關係譬喻，論說韓、魏兩國因為地緣與秦國為鄰，決戰勝負不出十日，兩國處境如何險峻，猶未輕言事秦。今齊國與秦國之間，尚有韓、趙、魏等多國以為緩衝，中途險峻，齊國易守而秦難攻；縱使秦國欲攻打齊國，必要設想韓、魏對秦國之威脅，投鼠忌器。並且，秦國距齊國征途遙遠，對於齊國並無立即而明顯之威脅，秦國只能虛張聲勢，故作姿態而已；故齊國實無理由，亦無須西面而事秦。齊宣王聽從蘇秦之計。

蘇秦欲合從六國抗秦之事業，即將大功告成，轉進西南遊說楚威王。蘇秦曰：

……秦之所害莫如楚，楚彊則秦弱，秦彊則楚弱，其勢不兩立，故為大王計，莫如從親以孤秦。……大王誠能用臣之愚計，則韓、魏、齊、燕、趙、衛之妙音美人，必充後宮；燕、代橐駝良馬，必實外廄。故從合則楚王，衡成則秦帝。今釋霸王之業，而有事人之名，臣竊為大王不取也。夫秦，虎狼之國也，有吞天下之心；秦，天下之仇讎也，衡人皆欲割諸

47　《史記‧蘇秦列傳》，卷六十九。

侯之地以事秦，此所謂養仇而奉讐者也。……故從親，則諸
侯割地以事楚；衡合，則楚割地以事秦，此兩者，相去遠矣！
二者大王何居焉？故敝邑趙王使臣効愚計，奉明約，在大王
詔之。[48]

蘇秦威脅、利誘雙管齊下遊說楚威王。楚之與秦，勢不兩立，楚若
與五國立約合從，則能從五國中獲取利益，且能孤立秦國，擺脫秦
國長期威脅，可以稱霸於南方。換言之，楚參與合從，可以稱王；
若參與連橫，則割地以事秦，合從或連橫，利弊得失，楚王了然於
心，應之曰：「今主君欲一天下，收諸侯，存危國，寡人謹奉社稷
以從。」[49]

　　蘇秦努力結果，終於使六國并力合從，蘇秦則「并相六國」，
「佩六國相印」，且受「趙肅侯封為武安君」。六國將合從之事向
秦國宣示，維持「秦兵不敢闚函谷關十五年」之暫時平靜。由於蘇
秦所倡導之合從聯盟，是建立在聯盟六國共同抵禦強秦之基礎上，
各國參與聯盟之初衷，無非是為維護本國利益之政治考量，一旦合
從之約束力量無法持續，或是合從與本國利益衝突時，各國私下片
面毀約，反而參與秦國之連橫，則合從聯盟便宣告瓦解。

48　《史記·蘇秦列傳》，卷六十九。
49　《史記·蘇秦列傳》，卷六十九。

二、張儀連橫政策

《史記·張儀列傳》曰:「張儀者,魏人也。始嘗與蘇秦俱事鬼谷先生,學術,蘇秦自以不及張儀。」周顯王四十年,齊威王二十八年(B.C.329)張儀至秦國,適楚國攻魏國,張儀勸秦惠王助魏,魏克楚,秦因而接受河西地區。隔年,秦惠王封張儀為相,開啟秦國連橫策略。張儀為秦相,又至魏為相,促使「魏先事秦而諸侯效之」,[50]因此,張儀首先遊說魏國。《史記》記載蘇秦遊說六國國君締盟連橫之過程,大致如下。張儀說魏哀王曰:

> 魏地方不至千里,卒不過三十萬,地四平,諸侯四通輻湊。……所謂四分五裂之道也。且夫諸侯之為從者,將以安社稷尊主彊兵顯名也。今從者,一天下,約為昆弟,刑白馬以盟洹水之上以相堅也。而親昆弟同父母,尚有爭錢財,而欲恃詐偽反覆蘇秦之餘謀,其不可成亦明矣。大王不事秦,秦下兵攻河外,據卷衍、酸棗,劫衞、取陽晉,則趙不南,趙不南而梁不北,梁不北則從道絕,從道絕則大王之國欲毋危不可得也。秦折韓而攻梁,韓怯於秦,秦韓為一,梁之亡可立而須也。此臣之所為大王患也。為大王計,莫如事秦。事秦則楚、韓必不敢動;無楚、韓之患,則大王高枕而臥,國必無憂矣。且夫秦之所欲弱者莫如楚,而能弱楚者莫如梁。

50　《史記·張儀列傳》,卷七十。

楚雖有富大之名而實空虛；其卒雖多，然而輕走易北，不能
堅戰。悉梁之兵南面而伐楚，勝之必矣。割楚而益梁，虧楚
而適秦，嫁禍安國，此善事也。大王不聽臣，秦下甲士而東
伐，雖欲事秦，不可得矣。[51]

張儀遊說魏王，首先分析魏國國力相對薄弱，戰略地理位置險惡，
必須要有堅強之聯盟以為依靠；其次，雖然魏國已經參與當時諸侯
所熱衷之合從聯盟，以為聯盟合從可以保障國土免於戰爭禍害，但
是，合從國際信任不足，而且蘇秦為人詐偽反覆，不足取信，合從
其事必敗。因此，魏王應及早與秦相約連橫，方能確保魏國不受楚、
韓等鄰國之威脅，魏王才能高枕無憂。否則，秦國一旦採取戰爭行
動，勢必對魏國產生極大壓力，處境更加危險，反悔莫及。最後，
張儀表明秦國與魏連橫，目的在削弱楚國，與魏國無直接利害關係，
解除魏王心防；換言之，魏國與秦王連橫，只有利得而無弊失。張
儀遊說策動魏哀王，「哀王於是乃倍從約而因儀請成於秦」，[52] 張
儀遊說成功返回秦國，回復相秦。

　　周赧王二年，齊宣王七年（B.C.313），秦欲伐齊，齊楚從親，
於是張儀往相楚。張儀說楚懷王曰：

51　《史記·張儀列傳》，卷七十。
52　《史記·張儀列傳》，卷七十。

> 大王誠能聽臣，閉關絕約於齊，臣請獻商於之地六百里，使
> 秦女得為大王箕帚之妾，秦楚娶婦嫁女，長為兄弟之國。此
> 北弱齊而西益秦也，計無便此者。

秦國欲攻打齊國，而楚國與齊國友好，耽心楚國阻礙，於是張儀從中破壞兩國友好，獻上土地與美人，並與楚締為兄弟之國。其中有陳軫從中作梗，以為秦國與楚友好，只是為分離楚齊關係，贈與之地故不可得，因此反對張儀建議。[53] 楚懷王同意張議建議，遂與齊國絕交，授予張儀相印，並贈送厚禮賄賂。

《史記》記載，楚懷王履行約定，與齊絕交，派使者至秦國接收「商於之地六百里」，結果，張儀竟說當時只允諾六里。此事固然激怒楚懷王發兵攻打秦國，反而招至「秦、齊共攻楚，斬首八萬」，殺楚將軍屈匄，奪取丹陽、漢中之地。楚王不甘心，再度出兵襲秦，大軍至藍田大戰，結果楚軍又大敗，割地求和。

至蘇秦死，張儀乃說楚王曰：

53　《史記·張儀列傳》曰：「陳軫對曰：『不然。以臣觀之，商於之地不可得，而齊、秦合。齊、秦合，則患必至矣！』楚王曰：『有說乎？』陳軫對曰：『夫秦之所以重楚者，以其有齊也，今閉關絕約於齊則楚孤，秦奚貪夫孤國而與之商於之地六百里？張儀至秦必負王，是北絕齊交，西生患於秦也。而兩國之兵必俱至。善為王計者，不若陰合而陽絕於齊，使人隨張儀，苟與吾地，絕齊未晚也；不與吾地，陰合謀計也。』楚王曰：『願陳子閉口，毋復言，以待寡人得地。』」卷七十，頁914。

秦地半天下，兵敵四國，被險帶河，四塞以為固。虎賁之士
百餘萬，車千乘，騎萬匹，積粟如丘山。法令既明，士卒安
難樂死，主明以嚴，將智以武，雖無出甲，席卷常山之險，
必折天下之脊，天下有後服者先亡。且夫為從者，無以異於
驅羣羊而攻猛虎，虎之與羊不格明矣！今王不與猛虎，而與
羣羊，臣竊以為大王之計過也。凡天下彊國，非秦而楚，非
楚而秦，兩國交爭，其勢不兩立。大王不與秦，秦下甲據宜
陽，韓之上地不通。下河東，取成皋，韓必入臣，梁則從風
而動。秦攻楚之西，韓、梁攻其北，社稷安得毋危？且夫從
者聚羣弱而攻至彊，不料敵而輕戰，國貧而數舉兵，危亡之
術也。……秦兵之攻楚也，危難在三月之內；而楚待諸侯之
救，在半歲之外，此其勢不相及也。夫待弱國之救，忘彊秦
之禍，此臣所以為大王患也。……凡天下而以信約從親相堅
者蘇秦，封武安君，相燕，即陰與燕王謀伐破齊而分其地；
乃詳有罪出走入齊，齊王因受而相之；居二年而覺，齊王大
怒，車裂蘇秦於市。夫以一詐偽之蘇秦，而欲經營天下，混
壹諸侯，其不可成亦明矣。今秦與楚接境壤界，固形親之國
也。大王誠能聽臣，臣請使秦太子入質於楚，楚太子入質於
秦，請以秦女為大王箕帚之妾，效萬室之都以為湯沐之邑，
長為昆弟之國，終身無相攻伐。臣以為計無便於此者。[54]

54　《史記·張儀列傳》，卷七十。

張儀首先宣揚秦軍之壯盛，紀律之嚴明，足以席捲天下；凡是參與合從之國，試圖與秦抗衡者，無異是群羊對抗猛虎。再者，張儀分析天下情勢與楚國處境，楚國若試圖合從諸侯對抗秦國，一旦楚秦開戰，秦國揮軍南下不待三月，勝負立判；而諸侯之救援則需半年，緩不濟急，欲藉合從貧弱之國以對抗強秦，兩者相差懸殊。況且，倡導合從之蘇秦，為人詐偽，已遭車裂，諸侯欲合從統一天下，無異是緣木求魚。最後，張儀提出建議，希望秦、楚兩國以太子交換人質，彼此互信，祈求兩國永無戰事。此事又有屈原表示反對，但是楚王似已被張儀說服，不聽屈原意見，同意與秦締盟。[55]

張儀遊說楚王成功，又順勢說韓王。張儀說韓王曰：

韓地險惡山居，五穀所生，非菽而麥，民之食大抵飯菽藿羹。一歲不收，民不饜糟糠；地不過九百里，無二歲之食，料大王之。卒悉之不過三十萬，而厮徒負養在其中矣。……大王不事秦，秦下甲據宜陽，斷韓之上地，東取成皋、滎陽，則鴻臺之宮、桑林之苑非王之有也。夫塞成皋，絕上地，則王之國分矣。先事秦則安，不事秦則危。夫造禍而求其福報，計淺而怨深，逆秦而順楚，雖欲毋亡，不可得也。故為大王

---

55 《史記·張儀列傳》曰：「於是楚王已得張儀而重出黔中地與秦，欲許之。屈原曰：『前大王見欺於張儀，張儀至，臣以為大王烹之；今縱弗忍殺之，又聽其邪說，不可。』懷王曰：『許儀而得黔中，美利也。後而倍之，不可。』故卒許張儀，與秦親。」卷七十，頁916。

計，莫如為秦。秦之所欲莫如弱楚，而能弱楚者如韓。非以韓能彊於楚也，其地勢然也。今王西面而事秦以攻楚，秦王必喜。夫攻楚以利其地，轉禍而說秦，計無便於此者。[56]

張儀指出，戰國七雄之中，韓國疆域最小，土地貧瘠，國軍不過三十萬，國力最弱。在戰略地位上，韓國緊鄰秦國，無論是諸侯合從對抗秦國，或是秦國兼并諸侯，韓國皆首當其衝；一旦秦國發動戰爭，韓國固然無法幸免於難。韓國與其順從楚國，等待秦國發動戰爭而事後抗戰，不若事先與秦締約，則可避禍而得福報。況且，秦國目的在於削弱楚國，韓國雖然弱於楚國，但是在地理位置上利於防守楚國；因此，韓國不必順從楚國而與秦國為敵。韓國若與秦國聯合攻打楚國，不但可以避免秦國戰禍，而且可以從中獲取楚國戰利。韓王果然聽從張儀計策，秦惠王則封張儀五邑之地，號曰武信君。

秦惠王又使張儀東說齊湣王。張儀曰：

天下彊國無過齊者，大臣父兄殷眾富樂。然而為大王計者，皆為一時之說，不顧百世之利。從人說大王者，必曰「齊西有彊趙，南有韓與梁。齊，負海之國也，地廣民眾，兵彊士勇，雖有百秦，將無奈齊何」。大王賢其說而不計其實。夫

56　《史記·張儀列傳》，卷七十。

從人朋黨比周，莫不以從為可。臣聞之，臣聞之，齊與魯三
戰而魯三勝，國以危亡隨其後，雖有戰勝之名，而有亡國之
實。是何也？齊大而魯小也。今秦之與齊也，猶齊之與魯也。
秦、趙戰於河、漳之上，再戰而趙再勝秦；戰於番吾之下，
再戰又勝秦。四戰之後，趙之亡卒數十萬，邯鄲僅存，雖有
戰勝之名而國已破矣。是何也？秦彊而趙弱。今秦、楚嫁女
娶婦，為昆弟之國。韓獻宜陽；梁效河外；趙入朝澠池，割
河閒以事秦。大王不事秦，秦驅韓、梁攻齊之南地，悉趙兵
渡清河，指博關，臨菑、即墨非王之有也。國一日見攻，雖
欲事秦，不可得也。是故願大王孰計之也。[57]

張儀首先肯定齊國乃是富庶之強國，然而，合從聯盟政策乃是一時
之說，非長久之計，齊王聽信合從者之言，無助於齊國之富強。張
儀舉齊、魯兩國交戰為例，說明小國勝戰大國，不能保證國家安全；
反之，小國與大國交戰，未蒙其利，先受其害。秦國與趙國交戰，
趙國雖有戰勝之名，然終究卒亡而國破，其結果一如齊、魯。今秦
之與齊，猶如齊之與魯，秦之與趙。如今秦國已與楚國締結兄弟之
邦，韓、梁與趙國皆割地事秦，齊王若不事秦，則秦國一旦發動連
橫，率韓、梁、趙國圍攻齊國，屆時，恐怕齊王後悔未能事秦。張
儀因此說服齊湣王成功。

57　《史記·張儀列傳》，卷七十。

張儀繼之西向遊說趙武靈王。張儀曰：

……凡大王之所信為從者恃蘇秦。蘇秦熒惑諸侯，以是為非，以非為是，欲反齊國，而自令車裂於市。夫天下之不可一亦明矣。今楚與秦為昆弟之國，而韓、梁稱為東藩之臣，齊獻魚鹽之地，此斷趙之右臂也。夫斷右臂而與人鬪，失其黨而孤居，求欲毋危，豈可得乎？今秦發三將軍：其一軍塞午道，告齊使興師渡清河，軍於邯鄲之東；一軍軍成皋，驅韓、梁軍於河外；一軍軍於澠池。約四國為一以攻趙，趙服必四分其地。是故不敢匿意隱情，先以聞於左右。臣竊為大王計，莫如與秦王遇於澠池，面相見而口相結，請案兵無攻。願大王之定計。[58]

張儀嚴詞批評蘇秦合從之說，乃是顛倒是非，迷惑諸侯；且蘇秦已死，合從之事恐怕功敗垂成，天下欲統一聯盟，已不可得。如今楚與秦結成兄弟，韓、梁已向秦稱臣，復以齊國又獻地求和，國際情勢宛如切斷趙國右臂，置趙國於孤立之境。倘秦國欲攻趙，相約楚、韓、梁與齊四國圍攻，兵分三路，國際局勢對趙國極為不利，趙國難逃四分五裂之下場。張儀建議趙王，趁時機不晚，不如與秦王在澠池見面相約，停戰求和。趙王聽從張儀之議，允諾求和。

58　《史記‧張儀列傳》，卷七十。

張儀成功遊說趙王，又北向說燕昭王。張儀曰：

> 大王之所親莫如趙。昔趙襄子嘗以其姊為代王妻，欲并代，
> 約與代王遇於句注之塞。乃令工人作為金斗，長其尾，令可
> 以擊人。與代王飲，陰告廚人曰：「即酒酣樂，進熱啜，反
> 斗以擊之。」於是酒酣樂，進熱啜，廚人進斟，因反斗以擊
> 代王，殺之，王腦塗地。其姊聞之，因摩笄以自刺，故至今
> 有摩笄之山。代王之亡，天下莫不聞。夫趙王之狼戾無親，
> 大王之所明見，且以趙王為可親乎？趙興兵攻燕，再圍燕都
> 而劫大王，大王割十城以謝。今趙王已入朝澠池，效河間以
> 事秦。今大王不事秦，秦下甲雲中、九原，驅趙而攻燕，則
> 易水、長城非大王之有也。且今時趙之於秦猶郡縣也，不敢
> 妄舉師以攻伐。今王事秦，秦王必喜，趙不敢妄動，是西有
> 彊秦之援，而南無齊、趙之患，是故願大王孰計之。[59]

張儀遊說燕昭王，首先挑撥燕、趙兩友好關係，並以歷史恩怨辯說
趙王不足以親信；再者，趙國曾出兵攻打燕國，燕國割地十城謝罪；
趙國事奉秦國，與秦國聯盟，形勢對燕國已構成威脅。今燕國若不
與秦國聯盟，則秦、趙聯手攻燕，則燕必敗；反之，若燕國能與秦
國友好，則不僅可以將秦國當做西部邊境之依靠，而南部邊境之趙

59　《史記·張儀列傳》，卷七十。

國與齊國，不敢對燕國輕舉妄動；如此，則燕國安全無虞，燕王可
以獲得偏安矣。結果燕王亦聽從張儀計策。

依《史記》記載，張儀遊說燕昭王之後，諸侯參與連橫大勢底
定，然而，張儀自燕返秦之際，適逢秦惠王卒，武王立，因武王在
太子之時已與張儀不合，即位後，群臣又讒張儀為人無信，秦若用
之，則貽笑天下。秦武王與張儀不合之事，在諸侯間流傳，張儀既
與秦武王不合，則張儀之盟約，必不為秦武王認定，於是諸侯群起
違背與秦連橫盟約，又回復參與合從聯盟。[60]

蘇秦合從策略之理念，是「合眾弱以攻一強」。是時韓、趙、
魏、楚、燕、齊六國，無論是領地總面積，或是軍卒之總數量，均
優越於秦國；雖然六國彼此之間，早已存在若干嫌隙，然而，面對
來至西部日益強大之秦國挑戰，彼此產生共存共榮之依存關係，六
國唯有共同結盟，一致對抗秦國，始能保持諸侯國之生存發展，維
持國際間既有之均衡局勢。合從六國聯盟，從積極作用而言，可以
西進攻秦；就消極之作用而言，秦國若欲攻打六國，則諸侯國得依
盟約，彼此支援，共同抵禦，達到六國抗秦之結盟目的。因此，蘇
秦遊說六國之內容與方式，大致是向國君分析國際局勢，闡明當前
國際間錯綜複雜之聯盟關係，強調六國與秦國連橫，未蒙其利，先

60　《史記·張儀列傳》曰：「燕王聽儀。儀歸報，未至咸陽而秦惠王卒，武王立。
　　武王自為太子時不說張儀，及即位，群臣多讒張儀曰：『無信，左右賣國以取
　　容。秦必復用之，恐為天下笑。』諸侯聞張儀有卻武王，皆畔衡，復合從。」
　　卷七十，頁918。

受其害，並且破壞六國防禦秦國之組織結構，六國唯有統一聯盟，共同一致對外，始能鞏固本國利益與維持國際均衡。

張儀倡導連橫之策略理念，則是「事一強以攻眾弱」。是時秦國國力固然日益壯大，然而欲東侵諸侯各國，仍有相當程度之阻撓與困難；唯有透過與諸侯間之彼此連橫，始能瓦解六國合從之團結力量，各個擊破，達到兼并他國土地之目的。因此，張儀試圖拉攏諸侯與秦國相互締約，增加秦國勢力擴張，減少攻伐諸侯阻力，遂行秦國東侵諸侯之目的。而張儀遊說諸侯之內容，主要宣示秦國國力之強大，並且挑撥諸侯間之利益衝突，破壞六國合從之信任基礎；遊說中不斷強調，與其消極抵抗，疲於奔命，不如參與秦國連橫，如此，可以確保本國免於秦國之強大壓力，並且可以秦國為屏障，免除來自其他鄰國之威脅與騷擾。

從橫家是時代產物，原生於戰國紊亂之國際形勢，從橫家無寧是穿梭遊走於國際間之政治說客。王充《論衡》曰：「蘇秦約六國為從，強秦不敢窺兵於關外；張儀為橫，六國不敢同攻於關內。六國約從，則秦畏而六國強；三秦稱橫，則秦強而天下弱。」[61] 從橫家在戰爭頻仍之時代中，確實發揮極大影響力。然而，從橫家遊說國君，乃是以維護國家之生存發展勸誘國君，遊說內容與精神是從現實利益著眼；而從橫家則是從遊說過程中，獲取個人實質利益與名聲。諸侯國君所以接受從橫家之建議，亦是以維護本國之生存與

61　《論衡・答佞》，卷十一，頁 239～240。

發展為前提，純然是講求富國強兵之現實利益。因此，戰國時代充斥著權力矛盾與利益衝突，國際之間無所謂道德或是誠信可言。

　　荀子雖身處於戰國時代，然而卻以禮為治國之本，且以仁義為禮制之價值根源，故對於當時以武力戰爭兼并他國之行為，表示反對。況且，荀子認為，以武力兼并他國土地與人民，非但不能凝聚有效管理，更無法永久經營。至於合從連橫之國際外交政策，荀子亦不以為然。《荀子·王制》曰：「殷之日，案以中立，無有所偏，而為縱橫之事，傿然案兵無動，以觀夫暴國之相卒也。」意指國家富強之時，應保持中立，無所偏袒，亦不參加合從連橫之國際外交事務，按兵不動，觀暴國間之相互攻伐。戰國從橫之術，原非定則，端賴各國對於國際變化所採取之應對辦法，若合從有利則合從，連橫有利則連橫，國際之間只求國家利益，毫無誠信仁義可言。故《荀子·賦篇》曰：「公正無私，反見從橫。」楊倞注曰：「言公正無私之人，反見謂從橫反覆之志也。」將從橫之術喻為心志反覆之人，顯見荀子對於當時合從連橫之國際外交手段，抱持否定之立場。尤有甚者，荀子將提倡從橫之術者，稱之為「態臣」，視為「權謀傾覆之人」。《荀子·臣道》曰：「故齊之蘇秦，楚之州侯，秦之張儀，可謂態臣者也。」又〈臣道〉篇曰：「內不足使一民，外不足使距難，百姓不親，諸侯不信；然而巧敏佞說，善取寵乎上，是態臣者也。」[62] 楊倞注曰：「以佞媚為容態。」蘇秦、張儀等從橫之

62　《荀子集解·考證》，頁 227。

人，容態佞媚，專事阿諛奉承，易於博得國君寵幸。然而，其人對
國家境內無法統一民眾，對國家境外不能抵禦敵人；且百姓既不與
其人親近，諸侯亦不信其為人。荀子稱從橫家即是「權謀傾覆之人」，
從橫之術即是「權謀傾覆之術」，從橫家利用國際衝突，穿梭於國
際之間，從中獲取個人利益與名聲，不僅無助於國際和平，反而在
戰爭頻仍之時代中推波助瀾，製造更大矛盾與衝突。

第三節　百家爭鳴與儒家政治思想

一、百家爭鳴與諸子政治思想

　　春秋戰國之際，興起諸子百家之言。《荀子·儒效》篇曰：「百
家之說，不及後王，則不聽也。」楊倞注曰：「百家雜說不及後王
之道，妄起異端，則君子不聽也。」[63]百家是一種概稱，泛指當時
興起而流行之學術思想。先秦諸子典籍之中，諸如：《孟子·滕文
公》篇曰：「聖王不作，諸侯放恣，處士橫議，楊朱、墨翟之言盈
天下。天下之言，不歸楊，則歸墨。」記錄當時以楊朱、墨翟之學
說興盛於戰國時代；《莊子·天下》篇列舉：墨翟、禽滑釐、宋鈃、
尹文、彭蒙、田駢、慎到、關尹、老聃、莊周、惠施、桓團與公孫

63　又《荀子·解蔽》篇曰：「今諸侯異政，百家異說，則必或是或非，或治或亂。」
　　又〈正名〉篇曰：「是故邪說不能亂，百家無所竄。」

龍等諸子學說，[64] 並稱：「天下之治方術者多矣，皆以其有為不可加矣。」[65] 顯示各家學說各據學術一方；《荀子‧非十二子》篇評論：它囂、魏牟，陳仲、史鰌，墨翟、宋鈃，慎到、田駢，惠施、鄧析，子思、孟軻，等六組十二子學說，[66] 並稱：「六說者不能入也，十二子者不能親也。」批評六派十二子學說不能深入人心，亦無助於經世濟俗；戰國末期《韓非子‧顯學》篇曰：「世之顯學，儒墨也。」[67] 當時堪稱顯學者，唯儒、墨二家。以上諸子之言，雖然未必全然描繪當時學術全貌，卻也反映出部分實況。自孔子之後，促使百家諸子風雲際會，春秋戰國政治型態之轉變是一大誘因；復加以國際外交政策詭譎多變，國君養士風氣方興未艾，顯示國家社會對於各種學術人才之需求殷切。

　　《漢書‧藝文志》整理先秦百家學說，以為：儒家出於司徒之官，墨家出於清廟之官，道家出於史官，法家出於理官，名家出於禮官，縱橫家出於行人之官，農家出於農稷之官，陰陽家出於羲和之官，小說家出於稗官，雜家出於議官，故諸子出於王官。[68] 蓋孔子私家講學之前，學術資源由王室官府職掌，而諸子百家能爭鳴

64　王叔岷著：《莊子校詮》（台北：中央研究院歷史語言研究所，1988 年），參考頁 1293～1371。

65　《莊子校詮》，頁 1293。

66　《荀子‧非十二子》，參考頁 78～83。

67　《韓非子‧顯學》。

68　《漢書‧藝文志》，卷三十，頁 1728～1745。

於一時，且均能顯現成熟之知識理論，理應各有其淵源；然而，胡適推翻此一傳統舊說。[69] 其實，〈藝文志〉此說尚有一缺點，即將諸子學說視為王官學術之發揮與延伸，無法彰顯各家學術特色與價值，而且忽略百家爭鳴之精神宗旨。

《漢書·藝文志》曰：「諸子十家，其可觀者九家而已。皆起於王道既微，諸侯力政，時君世主，好惡殊方，是以九家之術鋒出並作，各引一端，崇其所善，以此馳說，取合諸侯。」由於周室既衰，諸侯各自為政，先秦諸子百家之言，雖然未必悉數與政治理念有關，但是大部分學說乃是為適合諸侯治國需求，而提供治國之道；故戰國時期百家所以爭鳴於一時，應與當時之政治型態與國際關係有關。其實，〈藝文志〉此說實承司馬談〈論六家要旨〉之意而來。司馬談曰：

> 《易·大傳》：「天下一致而百慮，同歸而殊途。」夫陰陽、儒、墨、名、法、道德，此務為治者也，直所從言之異路，有省不省耳。嘗竊觀陰陽之術，大祥而眾忌諱，使人拘而多所畏；然其序四時之大順，不可失也。儒者博而寡要，勞而少功，是以其事難盡從；然其序君臣父子之禮，列夫婦長幼

69　胡適言：「第一、劉歆以前之論周末諸子學派者，皆無此說也。」「第二、九流無出於王官之理也。」「第三、〈藝文志〉所分九流。乃漢儒陋說，未得諸家派別之實也。」《中國哲學史大綱》（台北：台灣商務印書館，1981 年），附錄：〈諸子不出於王官論〉，頁 429～436。

之別，不可易也。墨者儉而難遵，是以其事不可偏循；然其彊本節用，不可廢也。法家嚴而少恩；然其正君臣上下之分，不可改矣。名家使人儉而善失真；然其正名實，不可不察也。道家使人精神專一，動合無形，贍足萬物。其為術也，因陰陽之大順，采儒墨之善，撮名法之要，與時遷移，應物變化，立俗施事，無所不宜，指約而易操，事少而功多。[70]

司馬談指出，陰陽、儒、墨、名、法、道德等六家學說，雖然各家主張之治國理念，及其具體之倫理規範與政治命令，各自不同；然而，各家學說要旨乃為有益於治世，則是各家共同目的。雖然六家要旨務為治者，但是，並非各家之學術理念必然與政治思想有直接關聯。

〈論六家要旨〉中所謂「陰陽家」，司馬談稱：「然其序四時之大順，不可失也。」《漢書·藝文志》曰：「陰陽家者流，蓋出於羲和之官，敬順昊天，歷象日月星辰，敬授民時，此其所長也。」陰陽家原指研究天文歷法之專門技術，類似天文學家，陰陽家之知能，有助於改善生活經濟，亦是治世之方術，但是與實際之政治思想無直接關聯。此外，所謂「名家」，係以惠施、公孫龍等人所代表之學說流派。司馬談認為，名家之思想旨趣以語言為中心，名家可取之處，在於教導人們注意日常所使用之語言符號之特性；然而，

70　《史記·太史公自序》，卷一百三十，頁 1349。

亦由於過度專注於語言之精確性，講究語言規則，反而在使用日常
語言中，因拘謹於規則而喪失語言本意。《漢書·藝文志》曰：「名
家者流，蓋出於禮官。古者名位不同，禮亦異數。……及警者為之，
則苟鉤（破）析亂而已。」晉灼曰：「警，訐也。」[71] 名家專注於
語言符號之使用，反而喪失使用日常語言之自由性，專注於語言規
則之結果，反而流於語文戲論。若從廣義之「名實」論政治之權利
與義務，則先秦諸子自孔子以降至韓非子學說，皆與其政治思想有
關，論「名」是先秦諸子之共同議題，並非「名家」專利。並且，
從邏輯學與形上學而言，則「名家」學說之特色，在於建立知識理
論與邏輯學，且以詭辯見長；因此，先秦之「名家」是否成為一支
獨立之學術流派，一直是個疑問。[72] 此外，名家之哲學旨趣，重在
邏輯學與認識論，大旨與政治思想關係較遠。因此，司馬談所舉六
家之中，與政治思想有直接關係者，屬儒、墨、法與道德等四家。

　　司馬談形容所謂「道德家」或是「道家」，是指「使人精神專
一，動合無形，贍足萬物。」以此形容道家之個人修養境界，固無
可議；然而司馬談稱道家：「其為術也，因陰陽之大順，采儒墨之

71　《漢書·藝文志》，卷三十，頁 1737。

72　胡適《中國哲學史大綱》言：「古無名家之名也。凡一家之學，無不有其為學
　　之方術。此方術即是其『邏輯』。是以老子有無名之說，孔子有正名之論，墨
　　子有三表之法，別墨有墨辯之書，荀子有正名之篇，公孫龍有名實之論，尹文
　　子有刑名之論，莊周有齊物之篇，皆其名學也。古無有無『名學』之家，故『名
　　家』不成為一家之言。」頁 432。

善，撮名法之要，與時遷移，應物變化。」所謂「道家」，是指加
入黃帝思想，及兼採各家優點而成之「黃老之學」，顯然是戰國後
期之思想，故司馬談稱道家之優點功效是：「立俗施事，無所不宜，
指約而易操，事少而功多。」道家已然成為一套具有明確意向之政
治思想與理論；司馬談如此描述「道家」，實與先秦老、莊思想迴
異。至於《漢書·藝文志》曰：「道家者流，……然後知秉要執本，
清虛以自守，卑弱以自持，此君人南面之術也。」亦是將道家視為
人君南面之術，轉化老、莊個人修養工夫而成政治思想。

　　司馬談稱六家與政治思想直接相關之「務為治者」，應是指儒、
墨、法三家。司馬談稱儒家要旨是「序君臣父子之禮，列夫婦長幼
之別。」儒家精神著重建構政治權分與人倫秩序；《漢書·藝文志》
曰：「儒家者流，蓋出於司徒之官，助人君順陰陽明教化者也。」
儒家是輔佐國君治國之學說。墨家要旨在「彊本節用」，墨家精神
在鞏固國家基礎，規勸國君量入為出；《漢書·藝文志》曰：「墨
家者流，蓋出於清廟之守。茅屋采椽，是以貴儉；養三老五更，是
以兼愛；選士大射，是以上賢；宗祀嚴父，是以右鬼；順四時而行，
是以非命；以孝視天下，是以上同：此其所長也。」墨家教導國君
治國之具體事務，展現務實致用之思想精神。至於法家要旨在「正
君臣上下之分」，法家重視國家之政治倫理，主張確立政治之權利
與義務；《漢書·藝文志》曰：「法家者流，蓋出於理官，信賞必
罰，以輔禮制。」亦是強調以法治國之精神。儒、墨、法三家之學

術要旨，在實質上提供國君治國之方術與理想。故司馬談所舉先秦
六家學說要旨，比較能反映戰國政治概況，且能表現出各家之政治
主張與思想者，應是指儒、墨、法三家。

　　荀子對於儒、墨、法三家之態度與評價非常明確。《荀子·非
十二子》篇中批評墨家之墨翟、宋鈃，以為兩子「不知壹天下建國
家之權稱，上功用，大儉約，而僈差等，曾不足以容辨異，縣君臣。」
〈非十二子〉篇亦批評法家之慎到、田駢，以為兩子「尚法而無法，
下脩而好作，上則取聽於上，下則取從於俗，終日言成文典，反紃
察之，則倜然無所歸宿，不可以經國定分。」荀子顯然反對墨、法
二家之學說。至於荀子批評子思、孟軻，〈非十二子〉篇曰：

　　　略法先王而不知其統，猶然而猶材劇志大，聞見雜博。案往
　　舊造說，謂之五行，甚僻違而無類，幽隱而無說，閉約而無
　　解。案飾其辭，而祇敬之，曰：此真先君子之言也。子思唱
　　之，孟軻和之。世俗之溝猶瞀儒、嚾嚾然不知其所非也，遂
　　受而傳之，以為仲尼子弓為茲厚於後世：是則子思、孟軻之
　　罪也。

荀子批評子思、孟子二子之說是「略法先王而不知其統」，楊倞注
曰：「言其大略雖法先王，而不知體統。統謂紀綱也。」荀子雖然
大致肯定孟子法先王之精神，但是批評孟子不知做為治國綱紀之

「禮義之統」。荀子在〈儒效〉篇中評論：「略法先王而足亂世術」者，為「俗儒」，而「俗儒」是僅優於「不學問，無正義，以富利為隆」之「俗人」，而遠遜於「雅儒」與「大儒」，[73] 顯見荀子對於孟子之學說評價甚低。至於荀子批評子思、孟子之「五行」說，頗有爭議。楊倞注曰：「案前古之事而自造其說，謂之五行。五行，五常：仁、義、禮、智、信是也。」若依楊倞所注「五行」之義，則荀子豈不是反對「仁義禮智信」？如此則亦是同時反對孔子立儒家之精神？況且，孟子所繼承之儒學，在當時仍屬「顯學」，若荀子反對孟子之「仁義禮智信」，並譏「仁義禮智信」為僻違無類、幽隱無說、閉約無解之學說，則顯然與歷史事實不符；因此，荀子批評孟子之「五行」，不應是楊倞所稱之「仁義禮智信」。章太炎即駁楊倞之注，言：「五常之義舊矣；雖子思始唱之亦無損，荀卿何譏焉」？可知，楊倞注釋荀子是以「五行」批評孟子之「仁義禮智信」，應是誤解。以子思、孟子之言，並無沾染五行說氣息，荀子為何批評孟子之「五行」？此一問題，顧頡剛考證並提出五點可能因素與結果，[74] 推測荀子〈非十二子〉篇中批評子思、孟子之「五

73　《荀子・儒效》篇曰：「故有俗人者，有俗儒者，有雅儒者，有大儒者。」

74　顧頡剛考證推測：一、騶衍為儒家；二、孟子與騶衍皆鄒人；三、騶衍是齊彩色之儒家，把儒家之仁義加上齊國之怪誕，遂造成一新學派；四、後人傳訛，以為騶衍新學說為孟子之說，因以騶衍之五行說成孟子之五行；五、因孟子受業於子思，遂將孟子之五行說成子思之五行。〈五德終始說下的政治和歷史〉，顧頡剛著，本文收錄於《古史辨》第五冊，「五行說的起源」一節，參考頁404~410。

行」，乃是騶衍之五行說，荀子誤認騶衍學說以為孟子所言，遂批評子思與孟子是「僻違而無類，幽隱而無說，閉約而無解」。顧頡剛解說，應可改正楊倞之注釋。且就《史記》載騶衍之傳，附於〈孟子荀卿列傳〉之中，傳中又稱騶學所歸「必止乎仁義節儉，君臣上下六親之施」，可見《史記》乃將騶衍列為儒家之一。雖然荀子於〈非十二子〉篇中批評孟子思想，雖然未必正確、有效，但是荀子對於孟子主張性善，及其由性善主張所展現之政治思想，亦是極力駁斥，言論批評散見於《荀子》之中。此外，荀子極力推崇以孔子為宗之儒家，另一方面則是貶抑孟子，可見荀子在個人主觀判斷上，並未將孟子視為正統之儒者；至少，孟子思想不能代表孔子之儒學正統，此乃荀子尊孔抑孟之主張與態度。

二、荀子之理想典範

　　荀子批評當時流行六家十二子學說，但是對於孔子之儒家思想，則是極力推崇。《荀子·非十二子》篇曰：

> 若夫總方略，齊言行，壹統類，而群天下之英傑而告之以大古，教之以至順；奧窔之間，簟席之上，斂然聖王之文章具焉，佛然平世之俗起焉；六說者不能入也，十二子者不能親也。無置錐之地，而王公不能與之爭名；在一大夫之位，則一君不能獨畜，一國不能獨容；成名況乎諸侯，莫不願以為臣。是聖人之不得埶者也，仲尼、子弓是也。一天下，財萬

物，長養人民，兼利天下，通達之屬莫不從服，六說者立息，
十二子者遷化，則聖人之得埶者，舜、禹是也。

荀子認為孔子、子弓之學說，是概括一切治國方針，整齊一切言論
行為，統一一切事理綱要，能聚集天下之英傑而上告於古代之聖王，
揭櫫治國之善；聖王之典章制度完備，無一遺漏，世俗社會之風俗
民情，勃然興起；凡此，皆是孔子、子弓學術獨到之處，是六家學
派無法企及，十二子思想不能接近之優點。孔子是荀子理想中之聖
王形象，縱使無立錐之地，王侯諸公亦不能與之爭名；即便僅有大
夫之位，亦非一君一國所能容納；名聲盛於諸侯，諸侯莫不願以為
臣；孔子與子弓，乃是不得權勢之聖人。至於得勢之聖人，如舜、
禹者，便可統一天下，管理天地萬物，養育人民，兼善天下，普天
之下，莫不服從；而諸子百家之言，皆可棄而不用。孔子、子弓之
言行，即是聖王之模範；孔子、子弓之學術，即是國君邁向聖王境
界之藍圖。荀子〈非十二子〉篇批評六家十二子學說雖各有所長，
亦各有所缺失，唯孔子、子弓學說才是治國、一天下之正道。故〈非
十二子〉篇曰：「今夫仁人也，將何務哉？上則法舜、禹之制，下
則法仲尼、子弓之義，以務息十二子之說，如是則天下之害除，仁
人之事畢，聖王之跡著矣。」仁者當務之急，上則效法舜、禹典章
制度，近則學習孔子、子弓仁義，息滅十二子之說如除天下之弊害，
此仁者之事畢，聖王之事跡自然顯露無遺。

　　荀子景仰孔子思想，積極肯定儒家，稱聖人為「大儒」，「大儒」是能集思想與實踐於一身之理想典範。〈儒效〉篇曰：

> 法先王，統禮義，一制度；以淺持博，以古持今，以一持萬，
> 苟仁義之類也，雖在鳥獸之中，若別白黑；倚物怪變，所未
> 嘗聞也，所未嘗見也，卒然起一方，則舉統類而應之，無所
> 儗怍；張法而度之，則晻然若合符節，是大儒者也。

荀子所謂「大儒」者，是能效法先王，總括義禮之統類，整齊制度，用淺執其博，以古為訓，以簡御繁，以仁義辨別黑白是非。凡未聞之事，未見之物，突發之奇物怪事，則能以統類原則處置之，而無任何存疑；繼之以禮法推度，均能符合禮義之規範，如此者，即是大儒。大儒是指以禮義之統規範政治倫理，以仁義之類整齊人倫秩序，以禮義之統、仁義之類做為治國綱領之人；荀子以「大儒」稱能以儒學治國之人。

　　所謂「大儒」，可從二方面說明：其一，是指能以儒術輔佐天子國君之人臣，荀子以大儒指稱理想之政治家。〈儒效〉篇曰：「故人主用俗人，……用大儒，則百里之地久，而後三年，天下為一，諸侯為臣；用萬乘之國，則舉錯而定，一朝而伯。」人主用大儒，則百里之地不過三年便整齊天下為一貫，諸侯服從稱臣；萬乘大國用之，則施政舉措確定，一朝即可稱伯。〈儒效〉篇曰：「大儒之

效：武王崩，成王幼，周公屏成王而及武王，以屬天下，惡天下之
倍周也。」武王初崩之時，周公唯恐天下背叛，故輔佐成王統治天
下。周公對周朝之貢獻，可謂大儒之效能，故荀子以大儒讚揚周公
之功德。〈儒效〉篇曰：「因天下之和，遂文、武之業，明主枝之
義，抑亦變化矣，天下厭然猶一也。非聖人莫之能為，夫是之謂大
儒之效。」周公輔佐成王統一天下，完成文王、武王大業，彰顯確
立宗法之嫡支大義，天下太平，周公之功德形同聖人，亦是大儒最
理想之代表人物。〈儒效〉篇曰：

> 彼大儒者，雖隱於窮閻漏屋，無置錐之地，而王公不能與之
> 爭名；在一大夫之位，則一君不能獨畜，一國不能獨容，成
> 名況乎諸侯，莫不願得以為臣。用百里之地，而千里之國莫
> 能與之爭勝；笞棰暴國，齊一天下，而莫能傾也；是大儒之
> 徵也。其言有類，其行有禮，其舉事無悔，其持險應變曲當；
> 與時遷徙，與世偃仰，千舉萬變，其道一也；是大儒之稽也。
> 其窮也，俗儒笑之；其通也，英傑化之，嵬瑣逃之，邪說畏
> 之，眾人媿之。通則一天下，窮則獨立貴名。天不能死，地
> 不能埋，桀、跖之世不能汙，非大儒莫之能立，仲尼、子弓
> 是也。[75]

75　此段文字部分與〈非十二子〉篇重述。

大儒之特徵，能以治百里之地，而千里之國莫能爭勝，打擊暴政之國，統一天下，莫能傾覆之也。大儒之考稽，其言善於比類，其行有禮，其行事必成，處理危機突發事故莫不適當；與時變化，俱世發展，千變萬化，皆歸於治世。[76] 大儒窮困之時，俗儒譏笑；大儒通達之際，英雄與豪傑順從之，奸作之人逃避之，邪說之人畏懼之，眾人愧疚之。大儒通達時則能統一天下，窮困時則能明哲保身。天不能使之身死，地不能使之名埋，桀、跖亂世不能使之沾汙，凡此非大儒莫能成就，而孔子與子弓即是大儒之屬。荀子同時讚頌周公與孔子為大儒，表達對於二者尊崇之意，亦是荀子學習與效法之對象。

荀子言「大儒」另一項涵意，是指能用儒術治國之王者。〈儒效〉篇曰：

> 造父者，天下之善御者也，無輿馬，則無所見其能；羿者，天下之善射者也，無弓矢，則無所見其巧；大儒者，善調一天下者也，無百里之地，則無所見其功。

造父雖善於駕御，無車馬，則不能見造父之能；后羿雖善於射箭，無弓矢，則不能見后羿之巧；同理，大儒雖善於協調統一天下，若無百里之地，則不能見大儒之效能。所謂「百里之地」，是指諸侯

---

76 楊倞注曰：「其道一，謂皆歸於治也。故禹湯文武事跡不同，其於為治一也。」

國君最基本之政治主權，亦是國君統一協調天下之必要條件，故〈儒效〉篇曰：「用百里之地而不能以調一天下，制彊暴，則非大儒也。」大儒之效能，即在於能以儒學統一天下。換言之，荀子所以主張儒學，即著眼於儒學在政治上之效能；能以儒學輔佐國君之臣稱大儒，能以儒學治國之國君亦稱大儒。〈儒效〉篇曰：

> 秦昭王問孫卿子曰：「儒無益於人之國？」孫卿子曰：「儒者法先王，隆禮義，謹乎臣子而致貴其上者也。人主用之，則埶在本朝而宜；不用，則退編百姓而愨，必為順下矣。雖窮困凍餧，必不以邪道為貪；無置錐之地，而明於持社稷之大義。嗚呼而莫之能應，然而通乎財萬物，養百姓之經紀。埶在人上，則王公之材也；在人下，則社稷之臣，國君之寶也。雖隱於窮閻漏屋，人莫不貴之，道誠存也。」

秦昭王問荀子儒學何用，即著眼於儒學在政治上之效能；而荀子亦以儒學在政治之效能回應秦昭王。儒學效法先王，崇隆禮義，謹守臣子本份並致力尊貴國君。國君用儒者為臣，則必能稱職；不用儒者，則可做良民。〈儒效〉篇曰：「儒者在本朝則美政，在下位則美俗。」即是此意。儒者縱使窮困凍餧，亦不以邪道做惡；即使無立身之地，亦能曉諭國家社稷大義。儒學雖未必為世人所知，然而儒學是貫通裁理萬物，養長百姓之綱紀。儒者之權勢在人之上，則

是王公之才；權勢在人之下，則是國家之臣，是國君之寶藏。儒者
縱使隱於窮鄉僻壤之處，而世人皆知其貴，乃因儒者之於治道，確
實有其可取之處。總之，「大儒」固然是指用儒學治國之人，無論
是王公之材，或是社稷之臣，皆是用儒學而達到治世之目的；因此，
「大儒」與其說是大儒之效，亦可稱之為儒之效大。

　　荀子尊崇孔子及其儒家思想，一項重要因素，乃在於儒家思想
符合荀子理想之治國理念。荀子認為，由儒術所建構之天下國家，
是理想之政治態型；由儒術所經營之社會型態，是最適合人類生存
之生活型態。〈王霸〉篇曰：「論德使能而官施之者，聖王之道也，
儒之所謹守也。」聖王是荀理想之人君，聖王治國之道，在選賢與
能，量能任職，聖王之道亦是儒學治國之術。〈子道〉篇曰：「入
孝出弟，人之小行也。上順下篤，人之中行也；從道不從君，從義
不從父，人之大行也。若夫志以禮安，言以類使，則儒道畢矣。雖
堯舜不能加毫末於是矣。」儒者之道，小自入孝出悌，順上而篤下，
大至從道、從義，以禮義為志，以禮義為言；[77] 雖堯舜聖人，亦復
如此。儒家以堯舜聖人為理想人格，聖人言行是人倫日用之準式，
故儒道即是建設人道之範本。〈禮論〉篇曰：「大象其生以送其死，
使死生終始莫不稱宜而好善，是禮義之法式也，儒者是矣。」禮義
之法式，是人倫秩序之客觀軌道，禮義之極致，是養生送而無憾，

77　楊倞注曰：「志安於禮，不妄動也；言發以類，不怪說也。如此則儒者之道畢
　　矣。」

儒者是禮義之創制者，亦是禮義之實踐者，故儒者能提供最理想之
生活型態。〈富國〉篇曰：

> 故先王聖人為之不然，知夫為人主上者，不美不飾之不足以
> 一民也，不富不厚之不足以管下也，不威不強之不足以禁暴
> 勝悍也。……故儒術誠行，則天下大而富，使而功，撞鐘擊
> 鼓而和。

先王、聖人知為人君主必有一番作為，國君與國家不美善、不文飾，
不能整齊萬民；國家不富裕、風俗不淳厚，不能治理臣下；國君不
威嚴、國家不強壯，不能禁止殘暴、克服凶悍。國君欲使天下安泰
而富裕，百姓可使而有功，鐘鼓和鳴，必以儒術治國。儒學是先王、
聖人必行之道，是使民養生送死無憾，使國富裕威強之不二法門。
荀子尊崇孔子之儒學，即著眼於儒學是禮義之創制者，亦是禮義之
實踐者，儒學能成就最理想之人類生活型態，並促進國家富裕、國
力威強，是聖王治國之道。

三、孔子之政治思想

　　荀子思想以孔子學說為學習對象，在政治上主張以儒學治國。
《荀子·解蔽》篇曰：

孔子仁知且不蔽，故學亂術足以為先王者也。一家得周道，
舉而用之，不蔽於成積也；故德與周公齊，名與三王垃，此
不蔽之福也。

荀子稱孔子仁智且不蔽，是讚譽孔子以仁智為道德根源，且能以仁
智做為治國之方術，可以媲美道德與政治兼備之先王。[78] 孔子作《春
秋》成一家之言，得周之治道舉而用之，而不蔽於舊習成積，[79] 故
孔子之功德與周公同，其美名與三王齊，此乃孔子不蔽於舊習成積
之福報。荀子如此讚揚孔子，可見孔子在荀子心目中之崇高地位，
荀子對於孔子孺慕之情，不言而喻。雖然現代學界對於孔子與荀子
二家學說上詮釋上存在若干分歧，然而，荀子在主觀上以繼承孔子
志業為心願，且就荀子尊崇孔子之態度而言，孔子學說理應影響荀
子甚深。以下即以孔子之政治思想，分析荀子學說尊崇孔子儒學之
意義與目的。

（一）禮之意涵

　　《史記·孔子世家》曰：

78　楊倞注曰：「亂，雜也，言其多才藝足以及先王也。」

79　楊倞注曰：「一家得，謂作《春秋》也。周道舉，謂刪《詩》、《書》，定禮樂。
　　成積，舊習也，言其所用不滯於眾人舊習，故能功業如此。」王先謙案曰：「言
　　孔子為《春秋》一家之言，而得周之治道，可以舉而用之，是匹夫而有天子之
　　道，由其不蔽於成積也。」頁363。

孔子生魯昌平鄉陬邑，其先宋人也。……魯襄公二十二年而
孔子生。……孔子為兒嬉戲，常陳俎豆，設禮容。……孔子
年七十三，以魯哀公十六年四月己丑卒。

《史記》載孔子生於魯襄公二十二年(周靈王二十一年)(B.C.551)，
卒於魯哀公十六年（周敬王四十一年）（B.C.479），[80]孔子生平
約當春秋末世，適周代禮樂制度急速崩解之際。如前所述，中國哲
學之特色重在實踐，因此，孔子之學說，不應只是生命哲學之純思
辯，而是有實踐之可能與價值。高柏園言：「中國哲學家少有純粹
玄想思辯的興趣，而比較著力於現實生命的安頓，無論多麼高明玄
遠的思想理論，最後終究是為了能讓人有個安身立命的依據罷了，
這說明了中國哲學何以是以生命為中心，又何以是以實踐為優先的
關懷，這也說明了孔子思想何以是以『周文疲弊』為其根本關懷。」
[81]「周文疲弊」是孔子之基源問題，「周文」簡言之即是「禮」，
如何賦予形式之禮具有內在意義，如何使禮成為道德生命之實踐目
的，乃是孔子學說之根本關懷。

　　《說文》曰：「禮，履也，所以事神致福也。從示從豐，豐亦
聲。」又曰：「豐，行禮之器也。從豆象形，凡豐之屬皆從豐，讀

80　《史記·孔子世家》卷四十七。司馬貞索隱曰：「若孔子以魯襄二十一年生，
　　至哀十六年，為七十三；若襄二十二年生，則孔子年七十二。經傳生年不定，
　　使夫子壽數不明。」頁773。
81　王邦雄·岑溢成·楊祖漢·高柏園等著：《中國哲學史》（上），頁56。

與禮同。」「禮」之本義，係指一種近似敬事神明以求福報之祭祀
儀式。《左傳·昭公·二十五年》曰：「夫禮，天之經也，地之義也，
民之行也。天地之經，而民實則之。」「禮」是天經地義之事，是
人類一切行為活動之綱紀準則，俱有一種道德價值之判斷。《禮記·
哀公問》曰：「民之所由生，禮為大。非禮無以節事天地之神明也，
非禮無以辨君臣上下長幼之位也，非禮無以別男女父子兄弟之親、
婚姻疏數之交也。」「禮」不僅是人類行為之準則，而且更具體落
實為行為之規範，無論是祭祀天地神明，定君臣、上下、長幼之人
倫秩序，或者區別男女與父子兄弟之血緣親情，甚至婚姻儀式禮節，
皆必需仰賴「禮」之規範。[82]「禮」由早期宗教意味之祭祀儀式，
擴大引申為人類一切行為規範之總稱，以「禮」規範倫理關係，再
落實為政治上之權利與義務關係。中國文化賦予「禮」極大之人文
意義，儼然成為中國特有之文明標誌。

　　一般分析「禮」之涵義，多分廣、狹兩義。勞思光言：

　　　所謂「禮」，原有廣狹二義。狹義之禮，即指儀文而言；廣
　　　義之禮，則指節度秩序。前者亦即世俗禮生所知之禮，後者

82　錢穆言：「今約而言之：則凡當時列國君大夫所以事上、使下、賦稅、軍旅、
　　朝覲、聘享、盟會、喪祭、田狩、出征、一切以為政事、制度、儀文、法式者
　　莫非『禮』。」錢穆著：《國學概論》（台北：臺灣商務印書館，1931 年），頁
　　36。

為理論意義之禮。[83]

狹義之禮，指俱有固定形式之儀式、典禮，亦即是世俗之禮，先秦時或單稱「儀」；[84] 廣義之禮，則是指不俱有固定形式之「節度秩序」，這些「節度秩序」合於道德規範，俱有理論意義。王保玹言：

> 在中國傳統文化裡，「禮」的概念有廣義狹義之分。就其廣義而論，「禮」可說是中國傳統文化的總名，中國古代的一切制度都可說是禮制，中國古代一切法定的社會關係都可說是禮的關係。就其狹義而論，「禮」僅僅指某種儀式，而且主要指宗教的或帶有宗教色彩的儀式。[85]

狹義之禮，主要是指俱有宗教性質之儀式；而廣義之禮，則是指俱有法定關係之一切制度。傳統論述狹義之禮，是有關禮之起源本義，意即指俱有固定形式之典禮儀式；然而，廣義之禮，勞思光著眼於

83　《新編中國哲學史》（一），頁 108~109。

84　《左傳·昭公·五年》載：「晉侯謂女叔齊曰：魯侯不亦善於禮乎？對曰：魯侯焉知禮。公曰：何為？自郊勞至於贈賄，禮無違者，何故不知？對曰：是儀也，不可謂禮。禮所以守其國，行其政令，無失其民者也。」又如《左傳·昭公·二十五年》曰：「子大叔見趙簡子，簡子問揖讓周旋之禮焉。對曰：是儀也，非禮也。」

85　王保玹著：《今古文經學新論》（北京：中國社會科學出版社，1997 年），頁 284~285。

俱有理論意義之節度秩序，而王保玹則是強調俱有法定關係之禮制，兩說存在明顯不同之處。

廣義之禮，乃指一切合於「義」之行為活動者，或單稱「禮」，或合稱之為「禮義」。依勞思光所言，由於涵義包羅萬象，而一切行為活動是否合於禮，易流於主觀判斷，缺乏一套可供依循之客觀規範。因此，「禮」由抽象之正當性原則，落實為客觀化之行為規範，此即是「制度」，或稱之為「禮制」，而此一法定關係之禮制，正是王保玹所欲強調之特點。可知，廣義之禮，勞思光強調主觀性之「禮義」之理論概念，而王保玹則強調客觀性之「禮制」之行為規範。因此，為突顯禮之文明象徵，應可將「禮義」與「禮制」分別獨立論述，以彰顯禮之人文精神。

就「禮義」而言，可以彰顯禮之主觀性原則。《左傳・桓公・二年》曰：「夫名以制義，義以出禮，禮以體政，政以正民。是以政成而民聽，易則生亂。」「名」既有其「義」，則以其「義」制「禮」，禮即為政治之本體，以禮為政體則可以正民。因此，制禮之基礎，乃是建立在政治「名」「義」之上；「名」是政治作用上之意義，「義」則是指「正當」之「道理」。[86]《禮記・郊特牲》曰：

---

[86] 勞思光言：「所謂『義』，在《論語》中皆指『正當』或『道理』。偶因語脈影響，意義稍有變化，但終不離此一意義。」《新編中國哲學史》（一），頁110。

禮之所尊，尊其義也。失其義，陳其數，祝史之事也。故其數可陳也，其義難知也。知其義而敬守之，天子之所以治天下也。

禮可區分為儀式形式之「禮數」，與內容本質之「禮義」，禮之尊重在於「義」。行「禮數」是祝史之事，可以不知其「禮義」；能行「禮數」，且能知「禮義」者，方是天子之所以治天下之具。《禮記·禮運》曰：

何謂人情？喜、怒、哀、懼、愛、惡、欲七者，弗學而能；何謂人義？父慈、子孝、兄良、弟弟、夫義、婦聽、長惠、幼順、君仁、臣忠十者，謂之人義；講信脩睦謂之人，利爭奪相殺謂之人患。故聖人之所以治人七情，脩十義，講信脩睦，尚辭讓、去爭奪，舍禮何以治之。

聖人設禮之目的在節人情、去人患，而禮之基礎在於人有義，義是設禮之基礎，禮是義之實踐，捨禮無以言義，捨禮無以言治。是故，禮是政治之本體，而義是禮之本質。孔子曰：「君子義以為質，禮以行之。」[87]《禮記·禮運》曰：「故禮也者，義之實也。」君子行「禮」，乃以正當之道理之「義」為本質。

87　《論語·衛靈公》。

就「禮制」而言，是為彰顯禮之客觀性規範。《禮記·仲尼燕居》曰：「制度在禮。」制度即是禮。儀式是制度一部分，制度是禮一部分，意即：禮包括制度與儀式，制度包括人倫秩序與儀式規則。儀式規則既屬狹義範疇，而「禮制」又包涵制度與儀式規則，故「禮制」是屬於廣義之禮。因「禮」一字多義，而古人使用時，亦常以一字表多義，特別是在指涉「禮制」方面，往往與「禮儀」互代。如《周禮·春官》曰：「凡國之大事，治其禮儀，以佐宗伯；凡國之小事，治其禮儀而掌其事，如宗伯之禮。」其所謂「禮儀」，概指國家之典禮儀式，其義近「禮制」；又如《史記·禮書》曰：「至秦有天下，悉內六國禮儀，采擇其善，雖不合聖制，其尊君抑臣，朝廷濟濟，依古以來。」指秦時悉納六國之「禮儀」，又與「聖制」相比較，故「禮儀」亦是指六國之「禮制」。由此可知，「禮儀」與「禮制」兩者，只是指涉意義之範圍有廣狹不同，在使用上並未嚴格區分。先秦以前，古人往往以「禮儀」一詞指涉包括「儀式」與「制度」在內之一切行為規範，殊少用「禮制」一詞指涉政治制度，[88] 此中固然是古人無意將「禮制」從禮之中剝離成一獨立個

88　《史記》僅有一處言「禮制」，〈樂書〉篇曰：「五帝殊時，不相沿樂；三王異世，不相襲禮。樂極則憂，禮粗則偏矣。及夫敦樂而無憂，禮備而不偏者，其唯大聖乎？天高地下，萬物散殊，而禮制行也；流而不息，合同而化，而樂興也。」頁1193。張守節《正義》曰：「禮以節制為義，故云禮制。」頁1194。《史記》此處稱「禮制」者，與「樂」對舉，乃指狹義之禮節儀文；而後世之「禮制」概念，雖亦是狹義之禮，但仍包括樂在內之成文法典。

體；[89] 實際上，廣義之禮已涵蓋「制度」，以「禮」直接指涉「禮制」，乃是順理成章之事。因此，所謂「禮制」，乃專指俱有節制約束之實質作用，且以建立制度為主之成文法典，[90] 中國古代一切制度，皆可稱為「禮制」。

　　先秦「禮」之意涵，大致可分三個層次：一，禮儀：即禮之儀文，指俱有固定形式之典禮儀式；二，禮義：即禮之道義，指一切正當行為之道理；三，禮制：即禮之制度，指具體落實為政策命令之政治制度。從歷史發展而言：「禮儀」是最早思想原型之表現，與傳統信仰有關；至孔子後，將固定形式之禮儀，賦予仁義為內在本質，以仁義說明行禮之正當性，使一切人文活動皆有正當性；「禮義」落實為具體可行之法典制度，使禮義成為可供依循之客觀規範，此即是「禮制」之功能與目的。

89　顧希佳《禮儀與中國文化》言：「先秦時代的人們⋯⋯那時侯，"禮"的範疇極其寬泛，包括了國家政治制度，諸如官制、法律等內容在內，和我們今天一般的理解有較大歧異。大概到了秦、漢以後，官制、法律才逐漸從"禮"的範疇裡剝離出來，而"禮"則主要是指儀式和各種行為規範，開始與今天人們的理解接近起來。」（北京：人民出版社，2001 年 8 月），頁 16。

90　顧希佳《禮儀與中國文化》言：「國家的統治者出于統治的需要，往往會對民間早已存在著的這一系列行為方式作出統一的規定，要求大家按統一的規範去做，先是國君要這樣做，逐步往下推行。這樣一種統一的規範，具有國家法典制度的性質，通常稱之為禮制。」，頁 27。

（二）以禮治國

　　《史記》稱孔子自幼嬉戲，「常陳俎豆，設禮容」，或是傳聞；然而孔子以「儒」為本業，以知禮聞名，並創立「儒學」一派，則是不爭事實。儒生以執典禮儀式為專業，故唯有儒生最謹記禮，亦最重視禮。孔子主張以禮治國，可從典禮儀式之「禮儀」與政治制度之「禮制」二個面向分析探討。《論語・八佾》篇曰：「子貢欲去告朔之餼羊。子曰：『賜也，爾愛其羊，我愛其禮。』」[91]展現孔子維護禮儀之精神。〈八佾〉篇曰：「子入大廟，每事問。或曰：『孰謂鄹人之子知禮乎？入太廟，每事問。』子聞之曰：『是禮也。』」孔子助魯君祭於周公廟，凡禮必問；人或譏其不知禮儀，孔子則以為問禮儀之事，表現出對禮儀之謹慎態度，亦是禮之表現。[92]傳統禮儀有固定度數儀式，然而，禮儀是表現內心情感之形式，必要與內在之情義互為表裡；因此，孔子並非一昧遵循古禮。〈八佾〉篇曰：「林放問禮之本。子曰：『大哉問！禮與其奢也，寧儉；喪與其易也，寧戚。』」林放「見世之為禮者，專事繁文而疑其本之不在是也」，[93]故問孔子行禮之本意為何；孔子則以禮儀之文與行禮者之情兩相對照，主張禮儀應配合情意而行，禮儀是以表現行禮者

91　【宋】朱熹集注：《四書集注》（台北：世界書局，1999 年）。

92　朱子注曰：「太廟，魯周公廟。此蓋孔子始仕之時，入而助祭也。鄹，魯邑名。孔子父叔梁紇嘗為其邑大夫，孔子自少以知禮聞，故或人因此而譏之。孔子言是禮者，敬謹之至，乃所以為禮也。」

93　朱子注。

內心之情意為本意，否則，禮儀易流於徒具形式之虛文。又〈子罕〉篇曰：「子曰：『麻冕，禮也，今也純，儉，吾從眾；拜下，禮也，今拜乎上，泰也，雖違眾，吾從下。』」冕用麻織則繁，用絲則省，麻冕雖是古禮，孔子寧可選用絲冕。古禮臣子先拜於堂下，今則簡化登堂再拜，孔子以為今拜乎上，顯示臣子驕慢態度；雖然違反現行之禮，孔子寧可先拜於堂下，始能表現對君主尊敬之意。可知，孔子對於禮儀之規定，並非一昧遵循古或俗，行禮之目的，在於表現行禮者內在之情意，行禮之際，唯問是否合於義。[94]

　　傳統禮儀之度數形式，是用以表現行禮者之情意，因此，禮儀之規定，是對行禮者之規範。由禮儀之規定延伸至人倫日常之行為規範，亦是禮之範圍，此即是廣義之禮，包含不成文之習俗禮節與成文之法律制度。《論語·述而》篇曰：

> 陳司敗問：「昭公知禮乎？」孔子曰：「知禮。」孔子退。揖巫馬期而進之曰：「吾聞君子不黨，君子亦黨乎？君取於吳為同姓，謂之吳孟子。君而知禮，孰不知禮？」

陳司敗問孔子魯國君昭公是否知禮，孔子曰知禮。陳司敗語巫馬期，謂魯昭公娶吳國吳孟子為夫人，按古禮不娶同姓，魯昭公已違反禮

94　程頤曰：「君子處世之無害於義者，從俗可也；害於義，則不可從矣。」《四書集注》，頁 116。

俗；孔子竟稱知禮，故陳司敗以為孔子相助匿非。[95]〈季氏〉篇曰：「天下有道，則禮樂征伐自天子出；天下無道，則禮樂征伐自諸侯出。」朱子注曰：「先王之制，諸侯不得變禮樂、專征伐。」禮樂制度與征戰攻伐合稱，可知此禮著重政治制度。又〈子路〉篇曰：「名不正，則言不順；言不順，則事不成；事不成，則禮樂不興；禮樂不興，則刑罰不中；刑罰不中，則民無所措手足。」禮樂作用之一在於刑罰，禮樂刑罰規定攸關百姓生活，此禮亦是著重政治制度之義。

　　「禮制」是禮之一環，包含國家一切制度。《論語·八佾》篇曰：「子曰：『夏禮，吾能言之，杞不足徵也；殷禮，吾能言之，宋不足徵也。文獻不足故也，足，則吾能徵之矣。』」[96]一個朝代之禮，固然包含一切成文與不成文之制度儀文，需藉由典籍與秉禮之賢能者得以保存；若文獻不足徵，則朝代之禮湮沒無所徵驗。〈為政〉篇曰：「子曰：『殷因於夏禮，所損益可知也；周因於殷禮，所損益可知也；其或繼周者，雖百世可知也。』」殷商因襲夏代禮制，而有所損益；周代因襲殷商禮制，亦有所損益；其後繼周代者，亦因襲周代而有所損益；由制度之沿革，可以窺知百世之後。孔子

95　朱子注曰：「相助匿非曰黨。禮不娶同姓，而魯與吳皆姬姓，謂之吳孟子者，諱之，使若宋女子姓者然。」

96　朱子注曰：「文，典籍也；獻，賢也。言二代之禮，我能言之，而二國不足取以為證，以其文獻不足故也；文獻若足，則我能取之以證吾言矣。」

認為禮節制度是一個發展整體，具有延續性，唯不同朝代而有因革損益；換言之，客觀之禮節制度，會隨時代不同而遞變。

　　禮樂制度是一個歷史發展之整體，是人類文明之表徵與具體成果。周公制禮作樂，整合歷代先王遺緒，落實為客觀之禮節制度，成為周代歷代國君之政治藍圖，是孔子既讚嘆、且嚮往之理想制度。[97]《論語・里仁》篇曰：「子曰：『能以禮讓為國乎，何有？不能以禮讓為國，如禮何？』」朱子注曰：「讓者，禮之實也。……言有禮之實以為國，則何難之有！」國君須以禮讓治國，能以禮讓治國，則治國何難之有？若不能以禮讓治國，則禮徒具虛文而已。〈泰伯〉篇曰：「子曰：『恭而無禮則勞，慎而無禮則葸，勇而無禮則亂，直而無禮則絞。』」大凡治國者，若只求恭敬而不合於禮，則徒勞；只求謹慎而不合於禮，則畏懼；只求勇力而不合禮，則作亂；只求勁直而不合於禮，則急切。故禮之消極作用，可以防止行為產生勞、葸、亂、絞等流弊。[98]孔子貴禮，因為禮是規範民眾行為最佳方式，禮可以達到治國之目的。〈學而〉篇曰：「有子曰：『禮之用，和為貴，先王之道，斯為美，小大由之。有所不行，知和而和，不以禮節之，亦不可行也。』」禮之運用，以從容合節為上，此乃先王之道美好所在，凡大、小事皆以和之禮為原則。然而，只知從

97　《論語・八佾》篇曰：「子曰：『周監於二代，郁郁乎文哉！吾從周。』」
98　朱子注曰：「無禮則無節文，故有四者之弊。」

容合節之和,而不知節制之禮,亦不可行。[99] 換言之,以禮治國固然以和為貴,但是禮節具有優先性。〈憲問〉篇曰:「上好禮,則民易使也。」國君崇尚禮,以禮為客觀規範,則人民易於守約。〈子路〉篇曰:「子曰:『小人哉,樊須也!上好禮,則民莫敢不敬;上好義,則民莫敢不服;上好信,則民莫敢不用情。夫如是,則四方之民襁負其子而至矣!焉用稼?」孔子認為,國君崇尚禮,則民必恭敬;崇尚義,則民必服從;崇尚信,則民必誠實。國君能以禮治國,營造一個以禮、義、信為基礎之社會國家,則能吸引四方之民投向以禮治國之國家。以禮為治是人民期待之制度,以禮治國可以使民守約、民易使之現實目的。

禮制固然含有法制禁令,然而孔子貴禮,重在禮之道德意識與教化。以道德教化治國,非但可以使「四方之民襁負其子而至」,而且可以積極創造理想之生活型態,是以禮治國之積極目的與效用。《論語·學而》篇曰:「子貢曰:『貧而無諂,富而無驕,何如?』子曰:『可也。未若貧而樂,富而好禮者也。』」子貢以為人要能安貧而不卑屈,處富而不矜肆,如此即可;孔子則以為,以上兩者只知自守,未能超越貧富之外;不如安貧而樂道,富貴而好禮,忘卻貧富之所拘。〈顏淵〉篇曰:「季康子問政於孔子,曰:

---

99 朱子注曰:「禮者,天理之節文,人事之儀則也。和者,從容不迫之意。蓋禮之為體雖嚴,然皆出於自然之理,故其為用必從容而不迫,乃為可貴。先王之道,此其所以為美,而小事、大事無不由之也。」

『如殺無道，以就有道，何如？』孔子對曰：『子為政，焉用殺？
子欲善，而民善矣！君子之德風，小人之德草，草上之風，必偃。』」
季康子主張用刑罰懲治違法亂紀之人，孔子則以為，執政者應以身
作則，以德性感化民眾，如風行草偃，民眾自然上行下效。故〈顏
淵〉篇曰：「政者，正也。子帥以正，孰敢不正！」亦是此意。〈衛
靈公〉篇曰：「子曰：『知及之，仁不能守之；雖得之，必失之。
知及之，仁能守之；不莊以涖之，則民不敬。知及之。仁能守之，
莊以涖之，動之不以禮，未善也。』」居上位者以智治國，能堅守
仁道，保持莊重態度處理政事，若不以禮治國，則未能稱盡善；故
禮，是國君治國臻於完善境界之必要條件。

（三）禮合於仁義之道

　　孔子思想以仁為核心，仁是道理價值之根源主體。《論語·里
仁》篇曰：「君子去仁，惡乎成名？」[100] 君子之名，乃有仁之實；
無仁，則無以為君子。〈里仁〉篇曰：「君子無終食之間違仁，造次
必於是，顛沛必於是。」有德之君子行仁，行仁必要持續而無間斷。
〈述而〉篇曰：「仁遠乎哉？我欲仁，斯仁至矣。」朱子注曰：「仁
者，心之德，非在外也。放而不求，故有以為遠者；反而求之，則
即此而在矣！夫豈遠哉？」仁在人心之內，非外在之客觀規範，求
則得之，捨則失之，故曰我欲仁，斯仁至矣。〈述而〉篇曰：「求

100　朱子注曰：「言君子所以為君子，以其仁也。若貪富貴而厭貧賤，則是自離其
　　仁而無君子之實矣！何所成其名乎？」

仁而得仁，又何怨！」人既有仁，則求仁是人應然之價值判斷判，
求仁是出於人道德主體之要求，求仁而得仁，適合於道德要求，何
怨之有！仁是內在之道德性主體，是人異於禽獸之特質。

　　仁是主觀性之道德意志，落實為外在之客觀規範，即成禮樂，
禮樂是人之內在道德外化為客觀規範之具體成果。仁是禮樂之根本，
禮樂是仁外化之成果，兩者互為表裡。從理論而言，人先有仁，而
後有禮樂制度，故仁具有優先性；有仁，始能論禮儀與禮制之意義
與目的。[101]《論語·陽貨》篇曰：

　　　宰我問：「三年之喪，期已久矣！君子三年不為禮，禮必壞；
　　　三年不為樂，樂必崩。舊穀既沒，新穀既升，鑽燧改火，期
　　　可已矣！」子曰：「食夫稻，衣夫錦，於女安乎？」曰：「安。」
　　　「女安則為之！夫君子之居喪，食旨不甘，聞樂不樂，居處
　　　不安，故不為也。今女安，則為之！」宰我出。子曰：「予
　　　之不仁也！子生三年，然後免於父母之懷。夫三年之喪，天
　　　下之通喪也，予也有三年之愛於其父母乎？」

101　《論語·八佾》篇曰：「子曰：『人而不仁，如禮何？人而不仁，如樂何？』」
　　〈陽貨〉篇曰：「子曰：『禮云，禮云，玉帛云乎哉？樂云，樂云，鐘鼓云乎
　　哉？』」

宰我以為守三年喪禮，禮樂「恐居喪不習而崩壞也」，[102] 不如改守一年。孔子以為，形式之禮是表現內在之仁，初為人子女三年，始能免於父母之懷抱，守三年之喪，表現愛親之切、喪親之慟，故親喪三年，為人子女者，「食旨不甘，聞樂不樂，居處不安」。今宰我以為期年即可，乃「由其不仁，故愛親之薄如此也」，[103] 表示宰我不能體仁，不能踐仁。〈雍也〉篇曰：

> 子貢曰：「如有博施於民，而能濟眾，何如？可謂仁乎？」
> 子曰：「何事於仁，必也聖乎！堯舜其猶病諸。夫仁者，己欲立而立人，己欲達而達人，能近取譬，可謂仁之方也已。」

子貢問孔子，能廣施恩惠、且能救助大眾之人，可配稱為「仁」乎？孔子以為，何止是「仁」，亦可稱「聖」矣！聖人如堯舜，尚未能如此，且以此為缺憾。所謂「仁」，譬如己欲立道，亦助使他人立道；己欲達道，亦助使他人達道；推己及人，即是行仁方法。行仁可得「博施於民，而能濟眾」之客觀成效。〈顏淵〉篇曰：

102　朱子注。
103　朱子注曰：「宰我既出，夫子懼其真以為可安而遂行之，故深探其本而斥之。言由其不仁，故愛親之薄如此也。懷抱也，又言君子所以不忍於親，而喪必三年之故，使之、聞之，或能反求而終得其本心也。」

　　顏淵問仁。子曰：「克己復禮為仁，一日克己復禮，天下歸
　　仁焉。為仁由己，而由人乎哉？」顏淵曰：「請問其目。」
　　子曰：「非禮勿視，非禮勿聽，非禮勿言，非禮勿動。」

仁是道德之主體，故孔子言「為仁由己」。所謂「克己復禮」，是
克勝己身之私欲，返回禮節規範，亦是仁之全德之應然表現之一。
蓋仁是道德主體，仁心全德即是天理，禮則是天理之節度儀文；然
而，人受形軀所拘，不能不壞於私欲，故需克勝私欲，返回禮之形
式規範，如此，亦是仁之表現。[104] 仁者能克己復禮，則天下之人
必歸向於仁者。朱子注曰：「又言一日克己復禮，則天下之人皆與
其仁。極言其效之甚速而至大也。」仁施之於政事，則為禮，天下
歸向仁者，顯示以仁施政可收至大、甚速之實質成效。至於行仁之
具體事項，舉凡視、聽、言、動等一切行為活動，無非以禮為依歸，
[105] 禮是一切行為之客觀規範。

104　朱子注曰：「仁者，本之全德；克，勝也；己，謂身之私欲也；復，反也；禮
　　者，天理之節文也。為仁者，所以全其心之德也。蓋心之德，莫非天理，
　　而亦不能不壞於人欲，故仁者，必有以勝私欲而復於禮，則事皆天理，而本
　　心之德復全於我矣。」或曰，克者，盡也，克盡自己虛靈不昧之本性，即是
　　仁。禮既出於仁，則仁與禮合一，克己即是復禮，故曰克己復禮。

105　《論語・為政》篇曰：「孟懿子問孝。子曰：『無違。』樊遲御，子告之曰：『孟
　　孫問孝於我，我對曰：無違。』樊遲曰：『何謂也？』子曰：『生事之以禮，
　　死葬之以禮，祭之以禮。』」

　　勞思光標舉仁、義、禮三觀念，詮釋孔子之基本理論，以「攝禮歸義」、「攝禮歸仁」概括孔子「禮」學理論。[106] 禮是出於主觀仁義之要求，故禮必涵有仁義之內容。《論語·衛靈公》篇曰：「子曰：『君子義以為質，禮以行之，孫以出之，信以成之，君子哉！』」朱子注曰：「義者，制事之本，故以為質幹；而行之必有節文，出之必以退遜，成之必在誠實，乃君子之道也。」義乃君子為人處世之原則，故義是制事之根本，制事則是義之實踐；且用謙遜言語表達，以誠信態度完成，此即君子之道。換言之：禮是義之形式，義是禮之本質；禮是出於義，義是入於禮。禮以義為本質，則一切禮制規範，皆合於義之原則；故以禮為規範，即是要求行為合於義。禮是出於仁義之心，是仁義客觀化之成果，於是禮便具有規範客觀行為之正當性，孔子言「克己復禮」即是此意。《論語·雍也》篇曰：「子曰：『君子博學於文，約之以禮，亦可以弗畔矣夫！』」[107] 朱子注曰：「守欲其要，故其動必以禮，如此則可以不背於道矣！」孔子言君子以禮約束自己，使自己行為不致背離正道，此禮是指日常行為之禮節，故孔子以禮教導門生。[108]

106　《新編中國哲學史》（一），頁 109。

107　《論語·顏淵》篇曰：「子曰：『博學於文，約之以禮，亦可以弗畔矣夫！』」

108　《論語·子罕》篇曰：「顏淵喟然歎曰：『仰之彌高，鑽之彌堅，瞻之在前，忽焉在後。夫子循循然善誘人，博我以文，約我以禮。欲罷不能，既竭吾才，如有所立卓爾，雖欲從之，末由也已。』」

　　「道」是孔子對於理想境界之指稱，從個人之立志行事，到國家、天下之理想型態，凡是符合理想之人與事，孔子皆稱之為「道」。客觀之禮是約束個人行為之準則，凡合於禮之規範之行為者，孔子亦稱之為「道」。就個人立志行事之原則而言，內在之仁義，外化為客觀之禮，禮既合於仁義，即是合於道；道通仁義，則道是個人立身處世之原則。《論語·述而》篇曰：「子曰：『志於道，據於德，依於仁，遊於藝。』」所謂「志於道」，朱子注曰：「志者，心之所之之謂，道則人倫日用之間所當行者是也。」人心自覺即是仁義，人倫日用所當行者即是道，唯人有仁義，且能以仁義行於人倫日用之間，故人心自覺之發用即是人道。[109]〈衛靈公〉篇曰：「人能弘道，非道弘人。」事在人為，人應行之事，即是人道，唯有人方能表現人之自覺能力，實踐於行為之中，彰顯人之尊嚴與可貴。[110]

　　仁是總體而抽象之概念，具體表現在行為上，即是人道；[111]能實踐人道者，即是君子，故孔子曰：「君子去仁，惡乎成名？」君子之道即是仁道之具體實踐。《論語·憲問》篇曰：「子曰：『君

109　《論語·季氏》篇曰：「隱居以求其志，行義以達其道。」

110　朱子注曰：「人外無道，道外無人，然人心有覺，而道體無為，故人能大其道，道不能大其人也。」

111　《論語·微子》篇曰：「子路曰：『不仕無義，長幼之節，不可廢也；君臣之義，如之何其廢之？欲潔其身，而亂大倫。君子之仕也，行其義也，道之不行，已知之矣！』」

子道者三，我無能焉；仁者不憂，知者不惑，勇者不懼。』」君子之道，分而言之謂：仁、智、勇三達德；智、仁、勇雖分為三，合而言之，則是仁。[112]〈公冶長〉篇曰：「子謂子產，有君子之道四焉；其行己也恭，其事上也敬，其養民也惠，其使民也義。」子產為人謙遜，事上謹恪，養民受惠，使民合宜；孔子評述子產之行事於人倫日用之際，讚許子產是行君子之道。君子立志行事之原則，舉凡容貌舉止，[113] 必依人道而行。〈衛靈公〉篇曰：「子曰：『君子謀道不謀食。耕也，餒在其中矣；學也，祿在其中矣。君子憂道不憂貧。』」食、祿等身外富貴之事，固然有可求之理，然而君子終身所謀求者，無非道矣；[114] 道是君子立志行事之原則，故君子不憂貧而憂道之不行。總而言之，人以仁義為主體特質，落實為客

112　《論語·子罕》篇曰：「子曰：『知者不惑，仁者不憂，勇者不懼。』」朱子注曰：「明足以燭理，故不惑；理足以勝私，故不憂；氣足以配道義，故不懼。此學之序也。」智者能知天理，仁者能勝私欲，勇者配義與道，雖分為三，其實一仁而已。〈里仁〉篇曰：「仁者安仁，知者利仁。」〈憲問〉篇曰：「仁者必有勇，勇者不必有仁。」智與勇皆是仁之表現。

113　《論語·泰伯》篇曰：「曾子曰：『……君子所貴乎道者三：動容貌，斯遠暴慢矣；正顏色，斯近信矣；出辭氣，斯遠鄙倍矣。籩豆之事，則有司存。』」朱子注曰：「言道雖無所不在，然君子所重者，在此三事而已，是皆修身之要，為政之本，學者所當操存省察，而不可有造次顛沛之違者也。」

114　《論語·里仁》篇曰：「子曰：『富與貴，是人之所欲也，不以其道得之，不處也；貧與賤，是人之所惡也，不以其道得之，不去也。君子去仁，惡乎成名？君子無終食之間違仁，造次必於是，顛沛必於是。』」

觀規範即成禮，禮是仁義之客觀化，行禮即是行仁道，能行仁道者，即是君子，故君子之道是個人立志行事之原則。

（四）孔子理想政治型態

「道」是個人立志行事之原則，由個人原則擴大至天下國家，孔子仍以「道」描述天下國家應行之準則，「道」是孔子對於天下國家理想境界之寄託；因此，孔子以衛道者自居，[115] 周遊列國以宣揚道為自任。道之行是天理之應然，然而，道能否施行於現實世界，則未必然，故孔子感歎有「命」也。[116]《論語·衛靈公》篇曰：「三代之所以直道而行也。」朱子注曰：「三代，夏、商、周也；直道，無私曲也。」孔子讚揚夏、商、周三代之政治正直無偏私，而周代繼夏、商之後，完成於周公之制禮作樂，周代制度成為孔子之理想典範。〈子張〉篇曰：

---

115 《論語·泰伯》篇曰：「子曰：『篤信好學，守死善道。危邦不入，亂邦不居。天下有道則見，無道則隱。邦有道，貧且賤焉，恥也；邦無道，富且貴焉，恥也。』」

116 《論語·憲問》篇曰：「子曰：『道之將行也與，命也；道之將廢也與，命也。公伯寮其如命何！』」〈公冶長〉篇曰：「子謂南容，『邦有道，不廢；邦無道，免於刑戮。』以其兄之子妻之。」〈公冶長〉篇曰：「子曰：『甯武子，邦有道，則知；邦無道，則愚。其知可及也，其愚不可及也。』」〈憲問〉篇曰：「憲問恥。子曰：『邦有道穀，邦無道穀，恥也。』『克，伐，怨，欲，不行焉，可以為仁矣？』子曰：『可以為難矣，仁則吾不知也。』」〈憲問〉篇曰：「子曰：『邦有道，危言危行；邦無道，危行言孫。』」〈衛靈公〉篇曰：「子曰：『直哉史魚！邦有道，如矢；邦無道，如矢。君子哉蘧伯玉！邦有道，則仕；邦無道，則可卷而懷之。』」

衛公孫朝問於子貢曰：「仲尼焉學？」子貢曰：「文武之道，未墜於地，在人。賢者識其大者，不賢者識其小者，莫不有文武之道焉。夫子焉不學，而亦何常師之有？」

公孫朝問子貢，孔子所學為何？子貢回答「文武之道」。朱子注曰：「文武之道，謂文王、武王之謨訓功烈，與凡周之禮樂文章皆是也。」孔子所學文武之道，即是由周文王、同武王所創建之禮樂制度。文武之道未墜，凡大事、小事莫不有徵於文獻，皆孔子學習之對象，故孔子學無常師；孔子所學無非周文而已。〈八佾〉篇曰：「子曰：『周監於二代，郁郁乎文哉！吾從周。』」周代依夏、商二代之禮而因革損益，成就美善而完備之禮樂制度，即是孔子嚮往學習之對象。

　　孔子以「道」做為衡量個人言行與天下國家政治良窳之準則，凡是合於道、依道而行者，謂之「有道」；不合於道、不依道而行者，謂之「無道」。[117]《論語·季氏》篇曰：

孔子曰：「天下有道，則禮樂征伐自天子出；天下無道，則禮樂征伐自諸侯出。自諸侯出，蓋十世希不失矣；自大夫出，

117　就個人言行而言，《論語·顏淵》篇曰：「季康子問政於孔子曰：『如殺無道，以就有道，何如？』」季康子稱違法亂紀之人為「無道」，循規蹈矩者為「有道」。就諸侯之政治而言，〈憲問〉篇曰：「子言衛靈公之無道也。」孔子批評衛靈公為政昏亂為「無道」。

　　五世希不失矣；陪臣執國命，三世希不失矣。天下有道，則
　　政不在大夫。天下有道，則庶人不議。」

此處所謂有道與無道，是指政權統一與分裂。朱子注曰：「先王之
制，諸侯不得變禮樂、專征伐。」當天下有道時，禮樂制度、征戰
攻伐由天子決斷；反之，當天下無道時，禮樂制度、征戰攻伐由諸
侯國君決斷。禮樂征伐若由諸侯決斷，則國家不過十世代即要亡失；
自大夫決斷，則國家不出五世代便要亡失；若國家政權由家臣把持，
則國家不出三世代便要亡失。當天下有道時，國家政權不能由大夫
把持，民眾不會議論政治。換言之，所謂天下有道，是指天下國家
在統一且和平穩定之政權下運作，諸侯國家不得專擅政權；反之，
無道則是諸侯以下各自為政，造成天下國家分裂。

　　孔子開創儒家學派，以周代禮樂制度為學習對象，以天下有道
為理想，可知，孔子學說與其政治思想息息相關。《論語・學而》
篇曰：「子禽問於子貢，曰：『夫子至於是邦也，必聞其政，求之
與？抑與之與？』」孔子每至於邦國，必預聞其國政事，表現出對
於政治之關心與興趣。孔子以為，理想之政治型態，首要條件取決
於執政者，執政者是決定政治良窳之關鍵，故儒家特別重視執政者
之道德品格。孔子引堯曰：「萬方有罪，罪在朕躬。」引周武王曰：
「百姓有過，在予一人。」[118] 說明政治之良窳取決於執政者之作

118　《論語・堯曰》。

為。孔子曾批評當時之從政者為「斗筲之人」，[119] 顯見當時政治情勢之混亂。〈子路〉篇曰：「子曰：『苟正其身矣，於從政乎何有？不能正其身，如正人何？』」若從政者能端正自身，則從政何難之有？從政者若不能端正自身，如何端正他人？故從政，必從端正自身做起。〈子路〉篇曰「子曰：『其身正，不令而行；其身不正，雖令不從。』」執政者若能正其身，雖不命令而政事行；其身不正，縱有法令，民亦不從。故〈顏淵〉篇曰：「政者，正也。子帥以正，孰敢不正！」為政之道，必先端正自己，始能端正民眾。執政者具有典範作用，所謂「子欲善，而民善矣！君子之德風，小人之德草，草上之風，必偃。」執政者應以身作則，以德性感化民眾，上行下效，民眾自然從善尚德。孔子理想之國君，以正身為首要條件，正身是一切行為活動以禮為依歸。「克己復禮」即是仁之表現，行禮即是行仁；以仁施之於政事則為仁政、德政，天下人歸向仁者，所謂「為政以德，譬如北辰，居其所，而眾星共之」，[120] 行仁政可收至大、甚速之政治成效。

119　《論語・子路》篇曰：「曰：『今之從政者何如？』子曰：『噫！斗筲之人，何足算也！』」

120　《論語・為政》。

　　孔子言理想之執政者，要能掌握「尊五美」、「屏四惡」之要
領，[121] 始能從政；而想理之政治措施，應以「正名」為首要工作。
《論語·子路》篇曰：

> 子路曰：「衛君待子而為政，子將奚先？」子曰：「必也正
> 名乎！」子路曰：「有是哉，子之迂也！奚其正？」子曰：
> 「野哉由也！君子於其所不知，蓋闕如也。名不正，則言不
> 順；言不順，則事不成；事不成，則禮樂不興；禮樂不興，
> 則刑罰不中；刑罰不中，則民無所措手足。故君子名之必可
> 言也，言之必可行也。君子於其言，無所苟而已矣！」

為政之道，孔子主張以「正名」為先。為政者要以正名為優先，若
不能確立名分，則言說不能順理；言說不能順理，則事業不能成功；
事業不能成功，則禮樂不能推行；禮樂不能推行，則刑罰不能適當；
刑罰不能適當，則民眾無所適從。因此，從政者必先確定名分，始

121　《論語·堯曰》篇曰：「子張問於孔子曰：『何如斯可以從政矣？』子曰：『尊
　　五美，屏四惡，斯可以從政矣。』子張曰：『何謂五美？』子曰：『君子惠而
　　不費，勞而不怨，欲而不貪，泰而不驕，威而不猛。』子張曰：『何謂惠而不
　　費？』子曰：『因民之所利而利之，斯不亦惠而不費乎？擇可勞而勞之，又誰
　　怨？欲仁而得仁，又焉貪？君子無眾寡，無小大，無敢慢，斯不亦泰而不驕乎？
　　君子正其衣冠，尊其瞻視，儼然人望而畏之，斯不亦威而不猛乎？』子張曰：
　　『何謂四惡？』子曰：『不教而殺謂之虐；不戒視成謂之暴；慢令致期謂之賊；
　　猶之與人也，出納之吝，謂之有司。』」

可言說；言說皆有名分，則必然可行。從政者依政治之正名「循名責實」，每一個人依政治上之名分，各盡所能；如此者，則民知所措，刑罰必中，禮樂必興，事業必成。孔子主張正名，是以政治制度規範人倫秩序，使每一個人在政治領域中，皆有一客觀之權利與義務，是確立人際關係之基礎。[122] 政治上之名分倫理關係，固然有其制度化之客觀規範，可以達到政治管理之目的；然而，政治之崇高理想，要能超越客觀制度，使民眾能夠主動自發，從善尚德。〈為政〉篇曰：「子曰：『道之以政，齊之以刑，民免而無恥；道之以德，齊之以禮，有恥且格。』」以政治法令教導民眾，以刑罰整齊民眾，是消極治國之道，僅能使民免於刑法，猶仍無恥；國君能以道德感化民眾，以禮節整齊民眾，則是積極治國之道，不僅能教化提升民眾道德恥感，而且使人民臻於至善之境界。

　　依孔子之政治思想，理想之國君行理想之政治制度，應能創造一個適合於人民生活之理想國度。《論語·子路》篇曰：

　　　　子適衛，冉有僕。子曰：「庶矣哉！」冉有曰：「既庶矣，
　　　　又何加焉？」曰：「富之。」曰：「既富矣，又何加焉？」
　　　　曰：「教之。」

122　《論語·顏淵》篇曰：「齊景公問政於孔子。孔子對曰：『君君，臣臣，父父，
　　　子子。』公曰：『善哉！信如君不君，臣不臣，父不父，子不子，雖有粟，吾
　　　得而食諸？』」

孔子以為國民既眾，固然可喜；[123] 然而能使民眾富裕，繼之以禮義教化民眾，[124] 使國家社會臻於「富而好禮」，[125] 則是孔子理想之國度。〈堯曰〉篇曰：

> 謹權量，審法度，修廢官，四方之政行焉。興滅國，繼絕世，舉逸民，天下之民歸心焉。所重民、食、喪、祭。寬則得眾，信則民任焉。敏則有功，公則說。

國君之責任，在於謹慎辦理度量衡與禮樂制度，重修已廢之官職，使四方之政令暢行無阻。能復興已滅之國家，繼續已絕之世族，選舉已逸之賢民，如此者，則天下之民心歸向於行仁政之國君。古代帝王所重視者，不外民眾、飲食、喪禮與祭祀。仁政寬厚便能得民心，誠信待人則民信任，勤於政事必有成就，秉公處理政事則人民心悅誠服。《論語·季氏》篇曰：

> 丘也聞有國有家者，不患寡而患不均，不患貧而患不安。蓋均無貧，和無寡，安無傾。夫如是，故遠人不服，則修文德以來之。既來之，則安之。

123　朱子注曰：「庶而不富，則民生不遂，故制田里薄賦歛以富之。」

124　朱子注曰：「富而不教，則近於禽獸，故必立學校，明禮義以教之。」

125　《論語·學而》篇曰：「子貢曰：『貧而無諂，富而無驕，何如？』子曰：『可也。未若貧而樂，富而好禮者也。』」

諸侯國君不擔憂人民少，而憂人民不均等；不擔憂財富貧乏，而憂人民不安分。[126] 蓋人民均等則無有貧窮而能和諧，人民和諧則不憂患民寡而能安祥，人民安祥則無有猜忌、傾覆之事。[127] 如此者，他鄉異國之人不順服，則整修國內文化德政以招徠之，遠方之人既遷徙而來，則以文德加以安頓。[128] 國君行仁政，乃是要創造一個理想國家，不僅能養長國家境內民眾，使其安居樂業，心悅誠服；其政績，亦足以吸引他鄉異國之人，主動歸附，願為子民。孔子曰：「近者說，遠者來」，[129] 證明仁德之政是人心所嚮往之理想政治型態。因此，孔子一再強調「天下歸仁焉」、「則四方之民襁負其子而至矣」，在在顯示孔子宣揚仁政之政治效用，無遠弗屆。

　　孔子主張以仁德政治感化民心，故對於春秋末世逐漸形成以戰爭手段解決國際糾紛之行為，不以為然。孔子嘗言未學軍旅之事。[130] 然而，《論語·顏淵》篇曰：

126　朱子注曰：「寡謂民少，貧謂財乏，均謂各得其分，安謂上下相安。」

127　朱子注曰：「均則不患於貧而和，和則不患於寡而安，安則不相疑忌而無傾覆之患。」

128　朱子注曰：「內治修，然後遠人服；有不服，則修德以來之。亦不當勤兵於遠。」

129　《論語·子路》篇曰：「葉公問政。子曰：『近者說，遠者來。』」朱子注曰：「被其澤則說，聞其風則來，然必近者說，而後遠者來也。」

130　《論語·衛靈公》篇曰：「靈公問陳於孔子。孔子對曰：『俎豆之事，則嘗聞之矣；軍旅之事，未之學也。』明日遂行。」朱子注曰：「陳，謂軍師行伍之列。」

> 子貢問政。子曰：「足食，足兵，民信之矣。」子貢曰：「必
> 不得已而去，於斯三者何先？」曰：「去兵。」子貢曰：「必
> 不得已而去，於斯二者何先？」曰：「去食。自古皆有死，
> 民無信不立。」

孔子以為，為政有三個必要條件：充足糧食、完整軍備與人民信任
政府。子貢追問，三者不可兼得時，何者可捨？孔子曰：「去兵。」
子貢再問，二者不可兼得時，何者可捨？孔子曰：「去食。」孔子
認為：足食、足兵與民信之三事，是為政必要條件；然而三者之重
要性，以民信之為先，足食次之。因為國家以人民為根基，人民不
信任國家，則國家無法建立；其次，足食與足兵皆是維持國家生存
之基本條件，孔子以足食為優先，固然是常理，亦表現出孔子反對
戰爭之態度。雖然孔子不學軍旅之事，不喜言兵，並且認為為政之
道，「兵」乃在「信」、「食」之後；然而，孔子仍然肯定「足兵」
是為政中不可或缺之一環，是構成國家必要之生存條件之一；或不
得已，始可言「去兵」。

　總而言之，孔子適逢春秋末世、周文崩解之際，孔子以儒者身
分開創儒家學派。一般儒生以執禮為業，孔子則能於行禮之中，問
禮、知禮而愛禮，顯示對禮之維護與尊崇。孔子在「周文疲弊」之
際，以仁義做為人之道德主體，並賦予形式之禮內在道德生命，使
禮以仁義為實質內容，仁義以禮為形式表現，行禮即是行仁義，禮

成為實踐仁義之不二法門，是道德意志落實為客觀規範之具體成就。勞思光稱孔子學說是：「攝禮歸義」、「攝禮歸仁」，恰如其分掌握孔子學說之精神意涵。孔子之政治主張，一方面勸導國君以仁義修身，以仁義施政；一方面則仰慕周代禮樂制度，鼓勵國君以禮治國，祈使國君以德政與禮制創造一個「近者說，遠者來」，「富而好禮」之理想國家。

　　荀子尊稱孔子為大儒，孔子之嘉言義行，是荀子景仰與學習之典範。荀子以「性惡」之說強化「尊君隆禮」之重要性，以「心偽」之說證成人有道德意識，是人異於禽獸之特質。荀子主張「隆禮」，肯定客觀形式之禮是出於人心之偽，人心能偽，始能創造合於人心之禮樂制度，故禮出於心，心入於禮。荀子認為禮是歷時發展之整體，是人類文明最顯著之表徵，心偽創制禮之目的，乃是在創造一個民生富裕、國家安全之祥和社會。孔子生於春秋末世，荀子生於戰國中期之後，兩者相距約莫二百年，雖然現代學者視荀子為儒學之歧出，詮釋《論語》與《荀子》文本，兩者相差懸殊；然而，荀子主觀意識以孔子為典範，而其學說追隨孔子思想，亦是歷歷可見。

第肆章　偽善性惡之心偽論

　　文字做為一種符號樣型，所承載之意義內容，原本俱有多義性，雖然文字俱有約定俗成之性質，但因其多義性，往往造成文字在使用上產生歧義現象，此乃是文字在使用上之特性。從符號學之觀點而言，文字雖然俱有社會化過程之約定意義，然而，文字所包含之意義，並非一成不變；實際上，文字之意義，大多是隨文字使用者賦予文字不同於社會約定之意義，進而豐富文字之多重意義，此亦是文字意義內容會不斷推陳出新之原因。因此，探究文字使用者所欲傳達之意義，不能單從文字之「字典義」中擷取，而必須是依循使用者之「脈絡義」決定，如此解讀作者之文本，方不至產生詮釋意義上之謬誤。因此，對於荀子所使用之詞彙，應以《荀子》文本中之語意脈絡為詮釋依據，而不能以他人之定義加以規範、詮釋；否則，極可能誤解荀子語意，進而影響對荀學理論整體之判斷。

　　當前學界大致同意，荀子倡「性惡」之說，不僅違悖儒學大義，其學說價值亦極為有限。牟宗三認為，「荀子雖為儒家，但他的性

惡說只觸及人性中的動物層，是偏至而不中肯的學說」；[1] 而高柏園理解荀子之「性」，只是無道德價值之自然之質，偏向中性論述，「只是無論是中性說或是性惡論，都只是由生命的自然之質來論性，其已然遠離了孔孟仁心仁性的傳統」。[2] 周群振分析荀子學說與儒家之關係時言：

> 荀子承繼儒家學統，宗主道德，崇尚禮義，儼若為砥柱中流之一代大師，其所以護持聖道，匡正人心之至功，誠不可磨；獨於作為思想基礎之心性論——如以認知義說心而謂「心虛（術）」，以私欲說性而謂「性惡」，則不僅不是承諸孔孟，而且是適與孔孟之說，大相逕庭的。[3]

荀子表面上雖然承繼儒家學統，但是倡言「性惡」，實與孔孟心性之學大相逕庭。若先秦儒家以孔孟為其代表，且「性善論」是孔孟思想之核心價值，則荀學之儒家性格似有「歧出」之傾向；而且，荀子強調「性惡」之結果，可能造成其思想理論自相矛盾。

自西漢揚雄以來，荀子「性惡」之主張因與孟子之「性善」意見相左而招致批評與非難。然而，究竟荀子所謂「性惡」所指為何？

1　《中國哲學的特質》，頁74。

2　《中國哲學史》(上)，頁87。

3　周群振著：《荀子思想研究》(台北：文津出版社，1987年)，頁21。

荀子為何獨排眾議極力主張「性惡」？「性惡」在荀學體系之中居
於何種角色、何等功能？凡此種種，容有再商榷之餘地。

第一節　荀學性惡之意涵

《荀子·性惡》曰：

> 人之性惡，其善者偽也。今人之性，生而有好利焉，順是，
> 故爭奪生而辭讓亡焉；生而有疾惡焉，順是故殘賊生而忠信
> 亡焉；生而有耳目之欲，有好聲色焉，順是故淫亂生而禮義
> 文理亡焉。然則從人之性，順人之情，必出於爭奪，合於犯
> 分，亂理而歸於暴。故必將有師法之化，禮義之道，然後出
> 於辭讓，合於文理，而歸於治。用此觀之，然則人之性惡明
> 矣，其善者偽也。

荀子說得清楚，人之「性」是「生而有」，分而論之，有：「好利」、
「疾惡」、「耳目之欲，有好聲色」等具體內容。就「性」之內容
而言，「性」是指人做為一個生理生命之存在，且普遍存在於每一
個生理生命之本能，「性」是「飢而欲飽，寒而欲煖，勞而欲休，
好利而惡害，是人之所生而有也，是無待而然者也」，[4] 因此，荀

4　《荀子·榮辱》。

子曰：「凡人之性者，堯舜之與桀跖，其性一也；君子與小人，其性一也。」[5]「性」是與生俱有之生理本能，此中並無道德價值之判斷。荀子言「人之性惡」，乃是指人「順是」之「性」，而有「爭奪生而辭讓亡」、「殘賊生而忠信亡」、「淫亂生而禮義文理亡」等之結果，若無「師法之化，禮義之道」之制約，終將發生「爭奪」、「犯分」、「亂理」等危害社會秩序之亂象，此一結果便是「惡」。

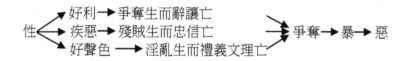

　　荀子言「性惡」，有兩個論述重點：其一，「性」是指人普遍與生俱有、且是經驗實然之本能，非關道德是非等價值判斷，其實與告子「生之謂性」之論述相似。其二，「性惡」之「惡」，乃是順從「性」之具體內容而言可能之結果，「性」是中性論述之因，所謂「惡」，乃「順是」「性」易於產生流弊之果。質言之：荀子言「人之性惡」，乃是指發生歷程之判斷，而非本質意義之定義，故不可「以惡釋性」，進而「以性釋人」。若將荀子所謂「人之性惡」理解為人之本質為惡，乃是「倒果為因」，同時，導致荀學不得詮解之理論矛盾。

5　《荀子·性惡》。

　　荀子言「性惡」與孟子言「性善」，兩說看似相反，究其實，乃是孟、荀兩者對「性」一詞之解釋意義不同。孟子言「性」，是指仁、義、禮、智根於心之「惻隱之心」、「羞惡之心」、「恭敬之心」與「是非之心」，此四端，是「人之所以異於禽獸者幾希」，人做為人之本質意義所在，故「人之性」與「犬之性」、「牛之性」不同，「性」標誌人與萬物不同之生物本質。而荀子之「性」，乃是對客觀事實之描述，是指普遍具體存在於每個人之生命經驗，揭示人類普遍俱有之通性，而非用以指涉人與萬物不同之本質意義。換言之，孟子與荀子對於「性」之定義不同。既然荀子之「性」與孟子之「性」指涉內容意義不同，則荀子言「性惡」與孟子言「性善」之主張，只是各自表述，並無一共同客觀之基準，故不得以「性善」、「性惡」分判兩者學說高下。

　　荀子言「性惡」，乃在彰顯「師法之化，禮義之道」之人文化成對治「生之謂性」之必要過程，充其量只是俱有工具價值，故「性惡」之說，不應視為荀子對「人性」之判斷與宣揚，更不是荀學之目的。清代王先謙《荀子集解》開宗明義言：「余謂性惡之說，非荀子本意也」。[6] 陳大齊便點出「性惡」一詞在荀子思想中之意義，及對荀子學術地位之影響：

6　《荀子集解·考證》，頁1。

荀子學說之中最為後人所注意而受到酷評的，是其性惡學說。因此之故，荀子遂以主張性惡著稱，其他學說為所湮沒而不受重視。亦因此故，荀子遂見擯於後世正統派的儒家，且被視為思想上的毒素。荀子的性惡論誠為其學說中的一個基本觀點，但此外尚有其他基本觀點，性惡論祇是若干基本觀點中的一個，並不是唯一的基本觀點。荀子雖主張性惡，但並未主張人性固著於惡而不可遷移，更未主張人人應當安於惡而不必妄興為善之念，相反地却諄諄以矯情化性為言，以智明行修為教。故視之為思想上的毒素，譬之為洪水與猛獸，實不免誤解荀子的全般學說，不能算公允的批評。[7]

由於傳統論述先秦儒學，乃以孟子「性善」論為標竿，凡是不以「性善」為論述主軸者，或是論述內容不合於「性善」論者，皆淡而化之。而荀子言「性惡」既與「性善」論相反，尤其不以「性善」論為學說重點，因此被視為儒學之歧出者。有鑑於此，唐君毅明白宣示：

直接由荀子之言性惡之理論，則只證明荀子之視性為待變化者。然其所以當變化之理由何在，及變化之力之自何來，與

7　《荀子學說》，頁 47。

荀子整個政治文化之思想，全不能由其性惡觀念以引出。則
謂荀子之思想中心在性惡，最為悖理。[8]

可見荀子主張「性惡」，乃在於說明「性惡」在政治文化上之意義
作用，而不是以宣揚「性惡」為目的，尤其不得將「性惡」之說視
為荀學之思想中心，或「基本理論」。[9]

第二節　性偽之分與化性起偽

《荀子·性惡》首句曰：「人之性惡，其善者偽也。」楊倞注
曰：「偽，為也，矯也，矯其本性也。凡非天性而人作為之者，皆
謂之偽。」郝懿行曰：「性，自然也；偽，作為也。」[10]「偽」指
人之作為，楊、郝兩者頗能體會荀子之意。荀子以為人性易流於惡，
而人世間之善乃是出於人之「偽」。〈性惡〉篇曰：

> 凡性者，天之就也，不可學，不可事；禮義者，聖人之所生
> 也，人之所學而能，所事而成者也。不可學，不可事而在人

8　唐君毅著：《中國哲學原論·導論篇》（台北，學生書局，1986 年），頁 131。

9　勞思光《新編中國哲學史》（一）言：「性惡及師法之說，為荀子心性論之基本
　　理論，論心與天則為荀子心性論尋求出路之迴旋過程，論君與禮則為荀子心性
　　論之歸宿。」頁 318。

10　《荀子集解·考證》，頁 399。

者，謂之性；可學而能，可事而成者，謂之偽，是性偽之分
也。

荀子依人類外在之行為表現，區分為「性」與「偽」兩種概念。「性」
是「感而自然，不待事而後生者也」，是人與生俱有之生理本能，
是客觀存在之既有事實，「性」並無是非價值判斷之能力，「固無
禮義」，亦「不知禮義」，故人「順是」之「性」，容易導致惡之
結果。「偽」，非謂虛假之意，而是「感而不能然，必且待事而後
然者」，是指人在生理本能之外，尚有一種後天之教育與學習能力，
即是「人為」之意，具體化便是一切禮義法度。因禮義法度可「以
矯飾人之情性而正之」，可「以擾化人之情性而導之」，故「偽」
者善也。

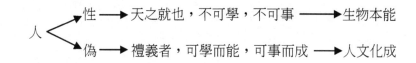

由聖人之偽所生之禮義，便是人文化成之具體表現，故楊倞注曰：
「聖人之所生，明非天性也。」荀子曾就此批評孟子是「不及知人
之性，而不察乎人之性偽之分者也」。[11] 荀子批評孟子，固然是不
解孟子「性善」本意，然而，荀子之用心，乃是突顯人在生理本

11　《荀子·性惡》。

能之外，仍擁有異於禽獸之本質，此人之所以為人之本質，即是
「偽」。[12]

　　由此可知，荀子主張「性惡」，既是對經驗世界中普遍現實之
人「性」之掌握，同時也是藉以達到治世之政治工具與手段，「性
惡」既不是荀子對人之所以為人之特質之詮解，更不是荀子價值理
論之最後依歸處。荀子主張「性惡」，原是為了突顯禮義法度之重
要性：依人性特質建立一套適合人性之制度，以達到治國、甚至一
天下之目的，是政治制度欲通往治世境界過程中之重要歷程。因此，
就理論體系而言，循荀子「性惡」之說，可以順勢推論荀子「隆禮
義」之學說目的，卻無法逆溯荀子學說之內在價值的主體性。

　　荀子雖然以「性」、「偽」二分人先天本能與後天人為，但是，
若將惡歸於天生，善訴諸後天，乃至於將荀子之「偽」理解成為只
是客觀化之後天人為構設，則失之過簡。「性」之中固然無善，而
且禮義法度之「偽」，亦未必全然是善；但是，荀子肯定善必從「偽」
中生發。〈性惡〉篇曰：

　　　　問者曰：人之性惡，則禮義惡生？應之曰：凡禮義者，是生
　　　　於聖人之偽，非故生於人之性也。……聖人積思慮，習偽故，

12　廖名春《荀子新探》言：「所以，在荀子看來，作為人的本質的不是"性"而
　　是"偽"。將荀子的所謂"性"視為我們今天作為人的本質的人性的同義語，
　　又反過來指責荀子"不懂得人性就是人的社會屬性"，正是顧名而失實，得櫝
　　而遺珠。」頁133。

以生禮義而起法度。然則禮義法度者，是生於聖人之偽，非故生於人之性也。

荀子早已意識到，若以「性」為人之本質，且以「性」之定義為惡，則其禮義便無源而生，其學說便有不可解之處。「性」既是無禮義、故不知禮義，更不是創造禮義之價值根源，因此，荀子主張：創造禮義之善者，乃生於人之「偽」，而且是「聖人之偽」。所謂「積思慮」，是指聖人內在主觀意識不斷思慮反省，從而建立一套自我主觀之價值準則；而「習偽故」，則是聖人效法學習古代聖人所制之禮義法度；[13] 故「積思慮」與「習偽故」，乃是荀子「善之所由生」雙向通路。[14] 荀子一方面肯定客觀之先王制作傳統禮義對於政治社會之重要性，另一方面，在繼承傳統禮義之過程中，仍需主觀之道德意識不斷反省思考客觀之禮義法度與現實之需求，以期創造一個「因革損益」之理想政治與社會形態。

13　北大哲學系注釋《荀子新注》於「習偽故」下注曰：「熟習人為的事情，指熟悉社會情況。」（台北，里仁書局，1983 年），頁 470。「習」應可解為「學」，或是「襲」，指學習或是承襲；「偽」故是人為，「故」可解為「舊有」、「既有之傳統」，故「習偽故」，應可解為：學習傳統既有之禮義法度。

14　陳大齊《荀子學說》分析此段文本言：「聖人化性而起偽，偽又為善之所由生，然則人之所藉以起偽，並藉以進於善者，究為何種力量？依荀子所說，計有內外兩種因素，知慮是內在的因素，環境是外在的因素。」頁 62。

《荀子・性惡》曰：

> 故聖人化性而起偽，偽起而生禮義。禮義生而制法度，然則
> 禮義法度者，是聖人之所生也。故聖人之所以同於眾、其不
> 異於眾者，性也；所以異而過眾者，偽也。

楊倞注曰：「言聖人能變化本性，而興起矯偽也」，聖人與眾人之
性一同，而「聖人過眾，在能起偽」。[15] 因聖人能「積思慮，習偽
故」，故聖人能轉化人性，進而創作禮義法度，此即是「偽」，亦
是「善」。所謂「禮義法度」，即是「人文化成」之禮樂制度，荀
子統稱為「禮」，故「禮」即是聖人「化性起偽」之具體表現。《荀
子・禮論》曰：

> 禮起於何也？曰：人生而有欲，欲而不得，則不能無求，求
> 而無度量分界，則不能不爭，爭則亂，亂則窮。先王惡其亂

---

15 《荀子・性惡》。

> 也，故制禮義以分之，以養人之欲，給人之求，使欲必不窮
> 乎物，物必不屈於欲，兩者相持而長，是禮之所起也。

人之「好利」、「疾惡」、「耳目之欲，有好聲色」，乃是生而有之欲求本能，是普遍存在於眾人之「性」；人之「性惡」，乃在於人「性」欲求不得，且「無度量分界」，「順是」「性」所產生爭、亂、窮之流弊。荀子曰：「性也者，吾所不能為也，然而可化也。」[16] 楊倞注曰：「言天性非吾自能為也，必在化而為之也。」人性之欲既是天生，故不必取消，亦無法取消。因此，掌握人性內容，有效管理「度量分界」，以期達到「化性起偽」，乃成為荀學之基源問題與解決問題之方法途徑。

荀子解決人性之欲，重點不在於如何降低人之生理欲求，而是著眼於人欲與物質條件如何取得平衡，「使欲必不窮乎物，物必不屈於欲」，欲與物「兩者相持而長」，「使人兩得之」，達到供需平衡之社會生活，此即是禮之緣起與功能之所在。透過禮有效之積極教化與消極制約，則人性不僅不會生發惡果；反之，可以將人性轉化為社會演化之動能，「以養人之欲，給人之求」，逐漸改善物質條件，富裕民生經濟，提高社會生活品質，故荀子曰：「禮者，養也。」[17] 因為聖人所制之禮義，不僅參考客觀傳統舊說，而且依主觀思慮調

16　《荀子·儒效》。

17　《荀子·禮論》。

整古禮以符合人心，並能適應現實生活需求；因此，現實之禮，愈符合現實生活需求，必然愈趨理想完備。

《荀子·禮論》曰：

> 禮之中焉能思索，謂之能慮；禮之中焉能勿易，謂之能固。
> 能慮能固，加好者焉，斯聖人矣。

禮既是出於聖人之「積思慮，習偽故」，因此，禮本身便兼俱主觀之思慮與客觀之現實考量，是當下最理想之政治型態，故荀子曰：「禮者，人道之極也」。[18] 荀子認為，凡人若能於禮之中能慮、能固，加好之者，便是「聖人」。由此不難發現，禮是出於聖人制作，而後人可以在禮之中思索、勿易，又加好之者，則亦可以稱之「聖人」。故荀子所言之「聖人」，實含兩義：其一，能制禮之人；其二，學禮而後能慮、能固、又加好之者。前者是道德完備、理想人格之已完成者；而後者，則是透過「積思慮，習偽故」之歷程，臻於理想人格之未完成者。因此，「慮」與「偽」，乃是「塗之人可以為禹」之工夫歷程，亦是荀子學說中「化性起偽」所以可能之關鍵。

18　《荀子·禮論》。

第三節　聖人之心虛壹而靜

由於孟子主張「性善」確立人之道德主體，提供儒學「性善」之理論基礎，並從此形成傳統人性論述之主軸，「性」一詞成為傳統對人之本質之稱謂；然而，荀子言「心」，即在此一傳統思想論述中逐漸淡化其重要性，[19] 並且影響荀子思想理論之完整性，損及荀子之歷史地位與價值。《荀子·正名》曰：

> 情然而心為之擇，謂之慮；心慮而能為之動，謂之偽。慮積焉，能習焉，而後成，謂之偽。

「情」是「性」之內容，是「性」對應於外在事物所產生「好、惡、喜、怒、哀、樂」之具體反應，[20] 故「情」與「性」互為表裡，異名而同實。楊倞注曰：「情雖無極，心擇可否而行，謂之慮也。」依荀子之言，人順情性而發，易產生惡果；然而，人俱有一種主觀之分析與判斷能力，且經由此一分析判斷後之結果，可以化為客觀之實踐以對治人之情性，此一過程謂之「慮」，而此一實踐成果便

19　例如北大哲學系注釋之《荀子新注》，書中附錄三「部分詞條索引」列：「一天下」、「天」、「分」、「仁」、「王霸」、「先王」、「名與實」、「君子與小人」、「法」、「尚賢使能」、「知與行」、「性與偽」、「政」、「威」、「後王」、「神」、「神明」、「庶人」、「術」、「義」、「聖」、「勢」、「道」、「德」、「儒」、「學」、「彊本節用」、「禮」等，共二十八條目錄，獨缺「心」一詞，不知其意為何。頁640~670。

20　《荀子·正名篇》曰：「性之好、惡、喜、怒、哀、樂，謂之情。」

是「偽」。因此，荀子之「慮」，是指人之主觀意志俱有思慮與抉擇之能力，而「偽」實涵兩義：一是指人主觀意志思慮之活動及其過程；二是指思慮活動外化為客觀之禮義法度。最重要者是，人所以能思慮、抉擇，且能將思慮化為實踐之價值根源，即在於人「心」，「心」乃是價值判斷之自覺主體。人有是「心」，故能於普遍本能情性之外，思慮行為之正當性，並且通過思慮創造一套行為準式，此一行為準式，即是「偽」。[21]

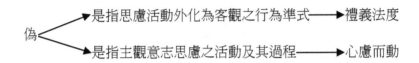

因此，「偽」不僅只是單純之外在人為之意而已，而是要「心」通過「積思慮，習偽故」，「慮積焉，能習焉」之過程，而後能化為成就禮義之具體實踐者，始可謂之「偽」，此即是荀子「心偽論」精義所在。

《荀子·天論》曰：

21　《荀子·正名篇》曰：「正利而為謂之事，正義而為謂之行。」，楊倞注曰：「為正道之事，利則謂之事業，謂商農工賈者也」，「苟非正義，則謂之姦邪」，荀子主張禮義之「偽」，乃可在合乎正當利益之下發展一切事業，在合乎正當道義之中建立一切行為準式。

> 耳、目、鼻、口、形，能各有接而不相能也，夫是之謂天官。
> 心居中虛，以治五官，夫是之謂天君。

耳、目、鼻、口、形等「五官」，各有所職，是人先天俱備之感官知覺，故謂之「天官」。「五官」之外，尚有一種能力稱為「心」，「心」不是感官知覺之一，無法從經驗事項中證成，故荀子形容「心居中虛」，楊倞注曰：「心居於中，空虛之地，以制耳、目、鼻、口、形之五官，是天使為形體之君也。」「心」是超越感官知覺能力，且能控管「五官」，是主宰感官知覺者，故荀子稱「心」為「天君」。〈解蔽〉篇曰：

> 心者，形之君也，而神明之主也。出令而無所受令，自禁也，自使也，自奪也，自取也，自行也，自止也。故口可劫而使墨云，形可劫而使詘申，心不可劫而使易意。是之則受，非之則辭。

「心」不僅對治「五官」，並且駕馭形軀行為，亦是精神與意志之主宰。「心」是精神意志之主宰，能指揮命令，自作主張，故「心」不必受制於外在之命令，充分彰顯「心」做為人之自由意志之義。

[22]「心」既是形之君，故對於形軀行為之自禁、自使、自奪、自取、自行與自止，皆聽命於「心」，楊倞注曰：「此六者皆由心使之然，所以為形之君也。」人之口、形猶可能被劫持逼迫而無發揮作用，唯獨「心」不受外在客觀形式限制而改變，因為「心」俱有判斷是非之能力，且能依其判斷能力對應外在事物，充分展現「是之則受，非之則辭」之獨立意志。因此，荀子於此言「心」有兩義：其一，「心」對於形軀行為俱有充分之自主性，故謂「心」為「形之君」；其二，「心」不僅控管形軀行為，並且能對外在事物做出價值判斷，是受非辭，全憑一「心」，故謂「心」謂之「天君」，為「神明之主」。

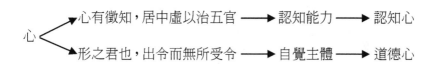

勞思光於此處亦不得不承認，「荀子之『心』似有『主體性』之義」，「如此，則『心』確表主體，且為『應然自覺』所在」，「皆足見荀

22　李滌生認為荀子之「言心體獨立自主，意志絕對自由，它支配一切，而不受任何支配」。李滌生著：《荀子集釋》（台北，台灣學生書局，1979年），頁471。

子以『心』為『主體性』。[23] 就此而言，荀子之「心」既是形軀生命之君主，亦是精神意志之主宰，俱有獨立自主與絕對自由，並能使意志化為實踐力量之價值根源，而「偽」之能力來自於「心」之思慮與抉擇，故聖人所以能「化性起偽」，能制禮義法度，完全出於聖人之「心」。

荀子明白揭示：「凡人之性者，堯舜之與桀跖，其性一也；君子之與小人，其性一也。」「性」是人普遍俱有之生物屬性，故聖人君子與凡人均一而無別。但是聖人「所以異而過眾者，偽也」，聖人所以可貴，在於聖人能「化性起偽」，而「化性起偽」之所以可能，在於聖人能思慮，而思慮所以可能之根源與抉擇，即在於「心」。因此，凡人皆有是「性」，皆有是「心」，而聖人與小人之差別，在於聖人之「心」能「偽」。〈非相〉篇曰：

> 故人之所以為人者，非特以其二足而無毛也，以其有辨也。夫禽獸有父子而無父子之親，有牝牡而無男女之別，故人道莫不有辨。辨莫大於分，分莫大於禮，禮莫大於聖王。

23　《新編中國哲學史》（一），頁 322。勞思光並不直接承認荀子之「心」是荀學之主體性，而是將荀子之「心」理解為只俱有認知功能「認知心」而已，故語多保留。

荀子認為，「人之所以為人者」，不僅在於外形「二足而無毛」異於禽獸而已，更重要者，乃是人俱有「辨」之內在特質與能力。因人有「辨」，故能區分人倫秩序，且能由人倫秩序建立禮義法度，進而由聖王「存其政舉」，[24] 以禮建立人道，「故人道莫不有辨」。因此，「辨」是人道之所從出，是禮分之基礎，亦是人之異於禽獸者；換言之：「辨」乃是人能調節生理本能，邁向社會化過程中最重要之特徵。〈正名〉篇曰：

> 辨說也者，心之象道也。心也者，道之工宰也。道也者，治之經理也。心合於道，說合於心，辭合於說。

楊倞注曰：「辨說所以為心想象之道，故心有所明，則辨說也。」「辨說」乃心志之外化表現，「辨說」不僅是體現「心」能明辨名實同異，「心」並且能明喻是非之道理，故荀子曰：「辨說者，不異實名，以喻動靜之道也。」[25] 所謂「道」，乃是治國之常法條貫，「心」既俱明辨名實，明喻是非，故「心」必能體現「道」之理，成就「道」之實。因此，治國經常之道源自於「心」，而一切文辭與經說，皆是表現「心」對於治國之道之理想圖式。

24　楊倞注。

25　《荀子・正名》。

　　荀子言「道」，不是指形上學或本體論之抽象概念，而是指人應行之常軌，正當之行為。〈儒效〉篇曰：

> 先王之道，仁之隆也，比中而行之。曷謂中？曰：禮義是也。
> 道者，非天之道，非地之道，人之所以道也，君子之所道也。

　　人所行之道即是「道」，「道」是先王之仁心，落實為禮義之道，禮義即是道，人依禮義而行者，即是合於「道」。聖人與凡人皆有是「心」，然而凡人之「心」卻未能合於「道」，而落入「心術」之患，以致聖凡有別。〈解蔽〉篇曰：「凡人之患，蔽於一曲，而闇於大理。」楊倞注曰：「一曲，一端之曲說，是時各蔽於異端曲說，故作此篇以解之。」因凡人之「心」易受一端之說辭所矇蔽，而無法體會「道」之真理，故荀子作〈解蔽〉篇說明人「心」之患。凡人無可避免受一曲之蔽，然而聖人則知如何不使「心」受蔽。〈解蔽〉篇曰：

> 聖人知心術之患，見蔽塞之禍，故無欲無惡，無始無終，無近無遠，無博無淺，無古無今，兼陳萬物，而中縣衡焉，是故眾異不得相蔽以亂其倫也。

楊倞注曰：「不滯於一偶，但當其中而縣衡，揣其輕重也。」聖人既知「心術之患」，「見蔽塞之禍」，故「心」不滯留於一端，泯除欲惡、始終、近遠、博淺、古今等相對概念，以「心」執中、衡定一切事理。〈解蔽〉篇曰：「何謂衡？曰道。」換言之，聖人排除心術之患後，以「心」所衡定之事理，即是規範一切人倫秩序之「禮義」，亦是合於「道」，亦是〈正名〉篇所謂「心合於道」之意。

《荀子・正名》曰：

> 欲不待可得，而求者從所可。欲不待可得，所受乎天也；求者從所可，所受乎心也。

楊倞注曰：「凡人之情，欲雖未可得，以有之欲之意求之，則從其所可得者也。」意即：人之情欲乃為普遍本能，為人性所俱有，故「所受乎天也」。情欲是以自身之努力追求而獲得，然而，情欲能否獲得滿足，則必以心為制衡，故荀子曰「所受乎心也」，楊倞注曰：「天性有欲，心為之節制。」充分說明荀子以「心」制「性」之義。〈正名〉篇曰：

> 人之所欲生甚矣！人之所惡死甚矣！然而人有從生成死者，非不欲生而欲死也。不可以生而可以死也。故欲過之而動不

及，心止之也。心之所可中理，則欲雖多，奚傷於治！欲不及而動過之，心使之也。心之所可失理，則欲雖寡，奚止於亂！故治亂在於心之所可，亡於情之所欲。

荀子認為，生是人性最根本之欲求，而死則是最厭惡之事；然而生死兩關，並非決定一切人事作為之關鍵，因為人有「縱生成死」，超越生死之崇高意志。[26] 當人之內在欲求高於外在追求活動時，則心制止；反之，當追求活動高於欲求，亦是心使之然。換言之，人性欲求與追求活動，過與不及，完全受制於心之定向，故楊倞注曰：「此明心制欲之義。」因此，國家之治與亂，重點不在於人性之情欲，而在於人心之中理與否，國家治亂之關鍵，在於人「心」。心若中理，雖欲多亦無傷於治；心若失理，則欲寡亦不能止亂。聖人與凡人皆有是「心」，然而，唯聖人之「心」乃能合於道，凡人則否；「心」無兩種，而是人「心」有兩種狀態：即合於道之「心」，與失道之「心」；合於道之「心」者，即是聖人；失道之「心」者，即是凡人。

荀子言「心」，不僅俱有內在之價值判斷能力，並且俱有外在之學習與認知能力。荀子曾以槃水譬喻人心。〈解蔽〉篇曰：

26　荀子此言，與孟子言「舍生取義」之義類似。《孟子·告子》曰：「孟子曰：『魚，我所欲也，熊掌，亦我所欲也；二者不可得兼，舍魚而取熊掌者也。生，亦我所欲也；義，亦我所欲也；二者不可得兼，舍生而取義也。生亦我所欲，所欲有甚於生者，故不為苟得也；死亦我所惡，所惡有甚於死者，故患有所不辟也。』」

故人心譬如槃水，正錯而勿動，則湛濁在下而清明在上，則
足以見鬚眉而察理矣。微風過之，湛濁動乎下，清明亂於上，
則不可以得大形之正也。心亦如是矣。故導之以理，養之以
清，物莫之傾，則足以定是非，決嫌疑矣。

人心猶如一盤水，水有湛濁，猶如人心易患一曲之蔽；水有清明，
猶如聖人之心可以察理。人心易受遮蔽，猶水之「湛濁動乎下，清
明亂於上」，故人心可以透過「導之以理，養之以清」之修養工夫，
始能以「心」「定是非，決嫌疑」。然而，勞思光卻以為，荀子之
「心」「為一不含理之空心，並非道德主體」，「其功用僅是在虛
靜中照見萬理；與道家所說之『心』相近；而與儒家所言之『心』
（道德心）相去甚遠，更非孟子所言之『性』」。[27] 勞思光雖然一
度肯定荀子之「心」是俱有主體性之價值根源，但是最終放棄追究，
反而改採以「人心譬如槃水」之喻，而將荀子之「心」解釋為一不
含理之空心，排除「心」為道德主體之可能。其實，就《荀子》文
本而言，荀子言「心」：同時俱足認知能力之認知心與自覺主體之

27　勞思光在《新編中國哲學史》（一）言：「此喻最能代表荀子對『心』之看法。
　　依荀子所見，心之見理正如水之照物。水清明則能照物，心清明則能見理。物
　　不在水中，理亦不在心中。心之德唯有清明，即所謂『虛壹而靜』者。如此，
　　荀子之『心』雖一度說為『主體性』，但此心為一不含理之空心，並非道德主
　　體。其功用僅是在虛靜中照見萬理；與道家所說之『心』相近；而與儒家所言
　　之『心』（道德心）相去甚遠，更非孟子所言之『性』。」頁 323。

道德心兩義，勞思光為何捨主體性而就認知能力，其理據並未說明？事實上，以道家之「虛靜心」，或是「認知心」以理解荀子之「心」，是一個無內容可言之「只存有而不活動」之「空心」，不唯勞思光如此，[28] 韋政通即直接指出：「荀子『由智識心』，即是說荀子心中所識之心的性質是一理性的認知心」，[29] 因此，「荀子言心有善的涵義，他並不是由人直下之惻隱之感處認取心之善，因此不能說心自身即是善的」。[30] 至於《荀子》文本中申論之「心之主宰義」，及「自由意志」之觀念，韋政通則認為那些是荀子矛盾，「偶然有的異質言論，實不足採證」。[31]

詮釋《荀子》文本之「心」，既然兼俱有內在道德主體與外在認知能力兩義，是否必然要在兩種詮釋之中抉擇其一？此一問題不在於道德心與認知心是否相容，而是可否容許一種可能性，即：荀子以「心」同時指涉涵蓋此兩種概念！唐君毅如此詮釋：

28　王邦雄《中國哲學論集》言荀子之「心不是仁心實理，開不出義道來，其虛靜智用，用以認知構作客觀的禮義法度，義的是非被迫往外推，歸屬於外在的禮，是以禮義並稱，孔孟心性天的價值根源，完全失落」。頁 33。

29　韋政通《荀子與古代哲學》，頁 140。

30　《荀子與古代哲學》，頁 144。

31　韋政通《荀子與古代哲學》言：「荀子除『在具體生活中不時隱約有對道德心的體會』外，而且他生長在以道德心為中心的傳統中，耳染目濡，不覺中襲取的就更多，這些不自覺的言論，就容易形成文字表面的混淆，但並不能掩飾『體會自體會，系統自系統』兩者之間的分裂。最顯著的例子，就是荀子一方言心之主宰義，一方又不承認性善，就是由於這種分裂所形成的矛盾。這矛盾即啟示我們對那些偶然有的異質言論，實不足採證。」頁 146。

荀子雖未嘗明言心善，然循荀子所謂心能自作主宰，自清其
天君，以知道體道而行道上說，則仍不得不承認荀子之所謂
心有向上之能。如上所說，所謂向上之能，乃由下直升，至
其所謂性情之上，以知統類之道；而實行此道，以轉而制性
化性，以成善行者。由是荀子之心，即只在第一步為一理智
心，而次一步則為一意志行為之心。此意志行為之心，乃能
上體道而使之下貫於性，以矯性化性者。[32]

唐君毅肯定荀子之「心」俱有「向上之能」，「以知統類之道」，
「以成善行」。唐君毅此番解釋，不必取捨《荀子》文本，一方面
疏通肯定理智與意志能力所可能之衝突，另一方面，又能化解荀子
「化性起偽」之理論內在之矛盾。然而，唐君毅乃是將荀子之「心」
視為一個發展之整體，從漸次方式說明「理智心」轉化為「意志行
為之心」之過程，如此，造成「心」之認知能力（理智心）與意志
自由（意志行為）兩者「優先性」之問題；若理智心是第一步，次
一步為意志行為之心，則意志行為顯然必須受制於理智心；若此，
則此意志行為便不得稱其為「出令而無所受令，自禁也，自使也，
自奪也，自取也，自行也，自止也」之「意志自由」。此外，潘小
慧分析認為：「《荀子》中的『解蔽心』之『知』和『智』從『認
知能力』、『知識』等原本純屬知識論的意涵，轉而為『是是非非』

32　《中國哲學原論・導論篇》，頁 140。

此兼俱知識論與倫理學之雙重意涵」，[33]故荀子之「心」兼俱知識論之認知能力與道德為主體之倫理學。然而，潘小慧論荀子乃是由外在學習認知，轉成為內在道德意識，意即由知識論轉成為倫理學，因此推論：「創制『道』的第一個聖人如何可能？荀子並未予以回答或解決，這就形成荀子根源性之難題」。[34]潘小慧論荀學似乎有「轉識成智」之意味？若此，則又回到唐君毅論述荀學之困境。

再以槃水之喻而言，「心」有兩種狀態，湛濁時即凡人、清明則是聖人。心不是一槃毫無內容之不動死水，而是需要透過「導之以理，養之以清」之修養工夫，方能見人心之本質，以對應外在客觀事物，並能自主判斷是非對錯。荀子之喻甚明：湛濁與清明，全在一水之中；凡人與聖人，全在一「心」之內。荀子之「心」，同時兼俱客觀之認知與主觀之道德，兩者同時而並存。

荀子言「心」之兩種狀態，孟子亦如是。唐君毅分析孟子之「心」言：

> 吾人之所以說孟子之心，主要為一性情心德性心者，以孟子言性善，即本於其言心。其心乃一涵惻隱、羞惡、辭讓、是非之情，而為仁義禮智之德性所根之心。此為德性所根而涵

---

33 潘小慧〈從「解蔽心」到「是是非非」：荀子道德知識論的建構〉頁 9，台北大學東西哲學與詮釋學研究中心主辦之「中國古代哲學：文本與詮釋」研討會，2006 年 11 月 25~26 日。

34 〈從「解蔽心」到「是是非非」：荀子道德知識論的建構〉，頁 6。

性情之心，亦即為人之德行或德性之原，故又可名為德性心。
名之為德性心，亦即表示其為具道德價值，而能自覺之之心，
而非只是一求認識事實，而不自覺其具道德價值之純理智
心、純知識心也。[35]

唐君毅以為孟子乃是以「本心」說四端之「性善」，故孟子之心乃
涵有仁義禮智之德性心，心是俱有道德價值，而非只是一純理智、
純知識之認知心。但是，唐君毅並不否認孟子之「心」兼俱有道德
與認知之內涵，故「在孟子並未言是因人另有一心，定要去役於小
體等。如此則人有兩個心。在孟子言心只有一心」，[36] 意即：孟子
之「心」但有兩種不同表現。袁保新說得更清楚：

> 在孟子試由心善肯定性善時，他主要在談論道德本心的真實
> 呈露，如「怵惕惻隱之心」，以及其具現的先驗理則，如「仁」；
> 但是，當孟子在說明人何以為不善，以及明善存養的重要性
> 時，他所談論的「心」就不是指「道德心」而言，而是指那
> 落實在形軀中，可以「順軀殼起念」，也可以隨其內在本有
> 之理則而動，即在原則上擁有選擇之自由的價值意識而言，
> 亦即我們所謂的「實存心」。換言之，「道德心」與「實存

35　唐君毅《中國哲學原論・導論篇》，頁 95。
36　《中國哲學原論・導論篇》，頁 101。

心」雖然代表的意義不同，但事實上，在日常生活中真正主
宰行為的只是一心而已，即，當它順其內在的先驗理則而動
時，它就是「道德心」、「本心」，或「仁義之心」；但是
當它不免受到形軀及外在世界的誘動，每每徬徨於真正自我
之時，它就是只是「實存心」而已。[37]

袁保新認為孟子之「心」有兩種狀態，即：「當它順其內在的先驗
理則而動時」，此時之「心」便是「道德心」、「本心」，或「仁
義之心」；「但是當它不免受到形軀及外在世界的誘動，每每徬徨
於真正自我之時，它就是只是『實存心』而已」。當孟子主張「性
善」之時，必須說明現實經驗中之「不善」從何而來；以同理心比
較，當荀子主張人之「性惡」時，亦必須證成禮義法度之「善」如
何可能。然而，理解荀子之「心」時，是否容許如唐君毅、袁保新
等對孟子之「心」做如是之同情與理解？換言之：荀子以水喻「心」，
正是在闡明「心」之兩種狀態：當水「湛濁動乎下，清明亂於上」，
乃是指「心」受外在環境的牽引而蒙蔽本心；而當水「正錯而勿動，
則湛濁在下而清明在上」時，此「心」之虛靈不昧本質便自然朗現。

至於荀子之「心」如何而能「正錯而勿動」，不受一曲之蔽而
呈現合於「道」之本質，則需要一番工夫歷程。《荀子·解蔽》曰：

37　袁保新著：《孟子三辨之學的歷史省察與現代詮釋》（台北：文津出版社，1992
　　年），頁 83。

聖人知心術之患，……夫何以知？曰：心知道，然後可道。
可道，然後能守道以禁非道。以其可道之心取人，則合於道
人，而不合於不道之人矣；以其可道之心與道人論非道，治
之要也，何患不知？故治之要，在於知道。

凡人易受外在事物遮蔽而成「心術」，然而聖人之「心」，不僅知
「心術」之患，必然能夠知禮義之道，並且可以創造禮義法度。「心」
知禮義之道，方能制定客觀禮義法度，禮義法度乃成為規範人倫秩
序的客觀準繩，而禮義法度乃是重要的政治原則，故如何達到治世
之目的，在於知聖人之「心」所體現之「道」。因此，聖人以主觀
之「心」外化為禮義法度，禮義法度則是體現聖人之「心」。然而
「心」如何知「道」，此乃是荀子重要之修養工夫論。

　　《荀子·解蔽》曰：

人何以知道？曰：心。心何以知？曰：虛壹而靜。心未嘗不
臧也，然而有所謂虛；心未嘗不滿也，然而有所謂一；心未
嘗不動也，然而有所謂靜。人生而有知，知而有志，志也者，
臧也；然而有所謂虛，不以所已臧害所將受，謂之虛。心生
而有知，知而有異，異也者，同時兼知之，同時兼知之，兩
也；然而有所謂一，不以夫一害此一，謂之壹。心臥則夢，
偷則自行，使之則謀，故心未嘗不動也；然而有所謂靜，不

　　以夢劇亂知，謂之靜。未得道而求道者，謂之虛壹而靜。作
　　之，則將須道者之虛則入，將事道者之壹則盡，盡將思道者
　　靜則察。知道，察知道，行體道者也，虛壹而靜，謂之大清
　　明。

　　此段無疑是荀學論「心」與「道」之關係，及論養修工夫歷程之重
要文獻。荀子認為，「心」乃是透過「虛壹而靜」後之「大清明」，
此「心」便是聖人之「心」。「虛壹而靜」是修養工夫，而「大清
明」則是境界說。所謂「虛」，荀子言「不以所已臧害所將受」，
楊倞注曰：「見善則遷，不滯於積習也」，即是指「心」不執著於
既有之成見，使「心」達到謙虛之境。所謂「壹」，荀子言「不以
夫一害此一」，楊倞注曰：「既不滯於一偶，物雖輻湊而至，盡可
以一待之也」，即是指「心」俱有判斷與抉擇之能力，使「心」能
專一，堅持信念。所謂「靜」，荀子言「不以夢劇亂知」，楊倞注
曰：「夢，想象也；劇，囂煩也。言處心常不蔽於想象囂煩而介於
胸中以亂其知，斯為靜也」，即是指「心」不受內在之幻想雜念與
外在之喧囂假象影響，以致擾亂理智，必使「心」歸於平靜。

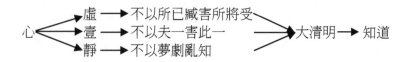

心 ──→ 虛壹而靜 ──→ 未得道而求道者之工夫歷程 ──→ 行體道

於此，鮑國順解釋言：

「心未嘗不藏也」，是說心能保存由事物得來的知識，但是
心的所志所藏，是絕無限制的，也就是說它永遠有虛心的的
一面，不以舊有的知識，妨害新知識的接受，便是虛心。心
若無「虛」的功能，便極易造成偏見，而不能見道之全。「心
未嘗不兩也」，是說心能同時認識不同的事物，但是心也有
專一的功能，當我們專注於某種事物的研習時，不要受至其
他事物的干擾，便是專一。心若無「壹」的功能，我們的認
識便不夠精深，心力分散的結果，易使所知膚淺駁雜，便不
能盡道之美。「心未嘗不動也」，是說心體永遠是活動而非
靜止的，但是心也有靜心的時候，不要因自起或他起的雜念，
擾亂心知的計慮權衡，便是靜心。心若無『靜』的功能，我
們的認識便不易精確，知有所蔽，便不能察道之真了。只有
具備了虛壹而靜──大清明──的聖心，心方能知道，進而才
能可道、守道以禁非道。而心原有虛壹而靜的本質，才使心
的知道，成為可能的事。[38]

38　《荀子學說析論》，頁 152。

鮑國順言「虛」、「壹」、「靜」之義，以闡釋荀子「心」之無限性、專一性及不動性，頗為得體；不過，鮑國順似乎只強調「虛」、「壹」、「靜」三者之功能性，而忽略了荀子之工夫義。由於荀子以「水」喻「心」，「心」合於「道」，而「心」知「道」之過程是「虛」、「壹」、「靜」，襲用老莊道家之語詞，造成後世學者想入非非，進而將荀學與道家思想發生聯繫。須知，荀子之「虛」、「壹」、「靜」不是單純靜態之描述，而是一種摒除外在一曲「心術」之修養歷程，使「心」合於「道」，達到「大清明」之境界，故荀子曰：「未得道而求道者，謂之虛壹而靜」。[39]「心」一旦「大清明」，便能呈現「心」合於「道」之本質。因此，荀子主張：「心」是主觀性原則，而「道」則是客觀性原則；「道」是「心」客觀實踐，而「心」是「道」之主觀原則，兩者互為表裡。

　　荀子言「虛」、「壹」、「靜」至「大清明」，是「心」修養之工夫歷程，亦是「心」至「誠」之境界。聖人「積思慮，習偽故」之「積」，不僅是後天之傳統積習，同時包含人心內在之思慮自覺；故荀子稱「故聖人也者，人之所積也」。[40]荀子曰：「今將以禮義

39　《荀子·解蔽》。

40　《荀子·儒效》。劉又銘〈荀子的哲學典範及其在後代的變遷轉移〉，論荀子之「心」言：「因為心有道德直覺，所以心的『知道』並非客觀的認知，並且在『知道』以後還會繼續去『可道』、『守道』。不過，又因為心的道德直覺是有限度有條件的，所以心的『可道』、『守道』也跟心的『知道』一樣，需要經過反覆的鍛鍊和一再的嘗試錯誤，這就是荀子所以要特別強調『誠』和『積』的

積偽為人之性邪？然則有曷貴堯禹？曷貴君子矣哉！」故「禮義積偽」不得視為人天生必然之通性內容。聖人之可貴，在於聖人能「禮義積偽」而為聖人，能憑藉「積思慮、習偽故」而「化性起偽」者，便是聖人可貴之處，亦是荀子勸人為學，努力為聖人之精神。〈性惡〉篇曰：

> 可以而不可使也。故小人可以為君子，而不肯為君子；君子可以為小人，而不肯為小人。小人君子者，未嘗不可以相為也，然而不相為者，可以而不可使也。故塗之人可以為禹，則然；塗之人能為禹，未必然也。雖不能為禹，無害可以為禹。

君子與小人皆有是「心」，君子與小人可以互相轉換，然而，君子所以為君子，而小人恆常為小人，乃在於君子、小人之自由意志「心」之抉擇，此亦是君子與小人之差別。由此可見，荀子言「塗之人可以為禹」，對於凡人之人格發展永遠保留無限之可能性，而荀學之學術性格，終究為荀子在儒家之中，爭得一席之地。

原因了。」《漢學研究集刊》第三期「荀子研究專號」（台北：國立雲林科技大學漢學資料整理研究所，2006 年），頁 42。

荀子曰：「天下無二道，聖人無兩心。……此其誠心，莫不求正而以自為也。」[41]凡人之心透過「虛壹而靜」工夫歷程後，達到「大清明」境界，而成為聖人；故聖人之心必然是至誠，至誠之心無二，必然體現天下之大道。聖人之誠心，便能以心求正當行為，而能不蔽於一曲之私。〈不苟〉篇曰：

> 君子養心莫善於誠，致誠則無它事矣。唯仁之為守，唯義之為行。誠心守仁則形，形則神，神則能化矣。誠心行義則理，理則明，明則能變矣。變化代興，謂之天德。天不言，而人推高焉；地不言，而人推厚焉；四時不言，而百姓期焉。夫此有常以至其誠者也。君子至德，嘿然而喻，未施而親，不怒而威。夫此順命以慎其獨者也。善之為道者，不誠則不獨，不獨則不形。

荀子明白揭示，君子培養心之工夫在於誠，唯有誠心，方能使心不受外在環境之引誘，純粹以誠心朗現應然之內容。誠心之內容，便是以仁為原則，以義為實踐，仁、義乃是誠心之體現。唯有誠心，方能堅持仁義，以仁義踐形，踐形必能應合正道，正道則能化育天地萬物。以誠心之仁、義所立之「道」必為善，善是聖人心誠之必然結果；因此，荀學之「禮」出於聖人之心，聖人之心能「虛壹而

41　《荀子·解蔽》。

靜」，達到「大清明」之境界，聖人能誠其心，心必「能化性」、「能起偽」，「唯仁之為守，唯義之為行，誠心守仁則形」，「誠心行義則理」，故荀子強調「仁義禮樂，其致一也」。[42] 牟宗三注釋此段文本亦不得不同意：「此段言誠，頗類中庸孟子」，[43] 並且肯定荀子所言之「『唯仁之為守，唯義之為行。』仁與義非外在者，而備吾人之守之行之也，乃真誠惻怛之至誠中即仁義之全德具焉」；[44] 然而，牟宗三始終堅信：畢竟「此為荀子書中最特別之一段」，「荀子只知君師能造禮義，庶人能習禮義，而不知能造能習禮義之心即是禮義之所從出也」。[45] 牟宗三雖然肯定荀子之「誠心」乃俱仁義內容，可惜最終依然判斷「荀子于此不能深切把握也。故大本不立矣」，[46] 而堅持以孟子學說為準式，迫使其詮釋荀子思想不得不向外在客觀形式傾斜。

究其實，荀子論「心」，其實兼俱雙重能力，其一是內在道德主體之判斷力，其二是理解外在客觀事物之認知力，兩者於荀子文本之中，並行而不悖。若以他人之理論學說為設準，用以詮釋荀子之「心」，實不相應；而且，逼迫「心」之雙重意涵必須抉擇二分之無謂困境。荀學之「心」同時涵蓋此雙重意涵，一方面說明人類

42　《荀子·大略》。
43　《荀學大略》，頁2。
44　《荀學大略》，頁3。
45　《荀學大略》，頁4。
46　《荀學大略》，頁3。

與生俱有之動物本能，提供人類理解客觀事物之能力基礎；另一方面則以「心」做為區別人類與其他物種不同之特殊屬性，以「心」說明人類之異於禽獸之可貴之處，及人類創造文明所以可能之價值來源，何必判斷與抉擇！

第四節　荀學心偽論理論架構

荀子依人之外在行為表現，區分為「性」與「偽」。「性」是生而有好利、疾惡、好聲色之內容，若未能加以制約，則易流於暴，暴是偏險悖亂，偏險悖亂便是惡。就理論體系而言，循荀子「性惡」之說，可以順勢推論荀子「隆禮義」之學說目的，卻無法逆溯荀子學說之內在主體性。「性惡」既不是荀子對於人之特質之詮解，更不是荀子思想理論之最後依歸。荀子所以主張「性惡」，既是對經驗世界中普遍現實之人性之掌握，同時也是藉以達到治世之政治工具與手段。而「偽」是人能以「心」思慮，且能化內在之思慮為可以實踐之禮義法度，「偽」乃是人之所以為人之特質，人之所以能群、能分、能辨，能別，在於人心有「偽」之能力。

雖云眾人皆有是心，然而，只有透過主觀之虛壹而靜之修養工夫，展現心虛靈不昧之本質，心誠便是大清明，達到大清明之境界者，謂之「聖人」。聖人心誠，故能化性、能起偽，是人道極致之表現；聖人之誠心以仁義為本質，仁義則為道之內容。凡人雖易流於一曲之蔽，然而，凡人「皆有可以知仁義法正之質，皆有可以能

仁義法正之具」：從主體性而言，凡人可以透過「虛壹而靜」之修養工夫達到聖人境界；從客觀認知而言，凡人可以學習及遵循聖人所制之禮義法度，效法聖人之精神，達到聖人之境界。荀子所以勸學，即是著眼於人皆有是心，必有「偽」之能力，故塗之人可以為禹，明矣。

　　荀子所以倡言「性惡」，原是為了突顯禮義法度之重要性。禮義法度是聖人「積思慮，習偽故」而成，是聖人誠心所體現之道外化之具體結果，故禮義法度不僅是以主觀之人心仁義為基礎，在客觀上亦是人倫秩序之最理想型態。禮義法度可以規範並教化萬民，達到治國之目的，進而臻於平天下之境界，此即是正理平治，此即是善。因此，欲論述荀學之始點與思想理論之重心，及論證荀學之政治主張，甚至修正傳統對「性惡」部分之片面解釋，彌補舊說對荀學理論中所謂矛盾與缺陷之質疑，「心偽論」是重新詮釋荀學之可能向度。

　　本書所以標舉「心偽論」一辭做為荀子之特質，乃是基於《荀子》文本對於「心」、「偽」兩辭之涵意與詮釋關係。《荀子·解蔽》曰：「心者，形之君也，而神明之主也。出令而無所受令，自禁也，自使也，自奪也，自取也，自行也，自止也。」心表超越形軀生理之自由意志，故能「是之則受，非之則辭」。又〈正名〉篇曰：「情然而心為之擇，謂之慮；心慮而能為之動，謂之偽。慮積焉，能習焉，而後成，謂之偽。」「心」表主體性，「偽」則是主

體性之發用，心與偽是人類價值自覺之主體，依「心」之自覺主體創造客觀世界之文明成果即是「偽」，是人類特出於其他物種之人文表徵，荀子慣以「偽」一辭同時指涉主觀之主體性與主體性發用後之客觀成果；故本書即以「心偽論」一辭標示荀學之特質。荀學之「心偽論」可從兩方面說明：從主觀意識而言，道德心是內在道德主體性，心具有偽之能力，心偽是人類異於禽獸之特質，此特質可以超越動物性之生理本能，此特質是以仁義為內容之道德意志，具有活動創造之能力，創造適合於人類生存活動之文明社會，其成果即是客觀之禮義法度，即是偽；換言之，人類社會所以有禮義法度之「偽」，乃在於人有主體性之「心」。從客觀規範而言，心同時具有認知與理解外在客觀事物之能力，而偽則是客觀之禮義法度，心既具有認知客觀之禮義法度之偽，則能循禮義法度而行，行為合於禮義法度之規範，則能創造適合於人類生活之社會形態；故本書同時拈出：「禮出於心，心入於禮」，標示荀學主客合一之學說精神。質言之：荀學之心偽論，即是以「心偽」做為人類創造文明社會之自覺主體與價值根源，由心偽之主體性創造人類文明社會之生活形態，再依文明社會之生活形態表現人類行為之價值意識；心偽論是荀學理論之價值根源，依心偽論所建立之禮義法度，則是荀學之精神與目的，由禮義法度所建設之富強國家，則是最適合於人類生活之理想社會形態。

　　以下作一簡圖，說明荀學心偽論之各別概念與相互關係。

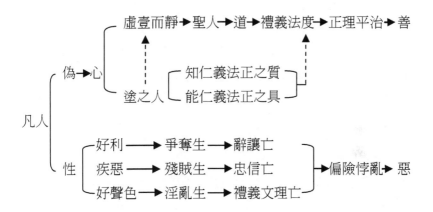

圖示說明如下：

凡人：荀子依人類外在行為表現區分為自然之性與人為之偽，凡人皆有性、偽之內容。

性：人生而有好利、疾惡、耳目之欲好聲色之內容，是人類既有之普遍動物性本能；若未能加以制約，則易流於暴，暴是偏險悖亂，偏險悖亂便是惡。

偽：人皆有是心，故能以心慮而能為之動，人心有偽之能力，偽可以達到正理平治即是善。

心：心有思慮能力，故人之所以為人，人能群、能分、能辨，在於人有心。凡人皆有是心，然而，只有透過主觀之虛壹而靜之修養工夫，達到大清明之境界者，方可稱為聖人；至於心受客觀外在事物之一曲而朦蔽者，則為塗之人。

塗之人：塗之人易流於一曲之蔽，然而，塗之人「皆有可以知仁義法正之質，皆有可以能仁義法正之具」：從主體性而言，塗之人可以透過修養工夫達到聖人境界；從客觀認知而言，塗之人可以學習聖人所制之禮義法度，效法聖人之精神，達到聖人之境界。（上圖以虛線箭頭表示二條徑路）人皆有是心，亦有偽之能力，故塗之人可以為禹，明矣。

虛壹而靜：虛、壹、靜是聖人之本質，是凡人之修養工夫。虛、壹、靜是心虛靈不昧之境界，心誠即虛壹而靜，便是大清明。

聖人：聖人心誠，故能化性、能起偽，是人道極致之表現。聖人之誠心以仁義為本質，仁義則為道之內容，聖人所建構之禮義法度便是道之具體表現。

道：荀學所言之「道」，係指理想中之政治常軌。聖人誠心化為具體規範者曰「道」，「道」是聖人誠心所制之禮義法度。

禮義法度：禮義法度是聖人「積思慮，習偽故」而成，是聖人誠心所體現之道外化之具體結果，禮義法度不僅是以主觀之人心仁義為基礎，在客觀上亦是人倫秩序最理想型態。因此，禮義法度可以規範與教化萬民，可以達到治國之目的，此即是正理平治，此即是善。

第伍章　文明演化之歷史觀

　　「文明」（Civilizayion）一詞，源自拉丁文「Civis」，俱有「城市化」及「公民化」之涵意，意指：「人們和睦地生活于『社會集團』中的狀態，也就是一種先進的社會和文化發展狀態，以及到達這一狀態的過程」。[1] 人群之聚集與社會之形成，乃是文明之指標，而構成社會之成員，其個人行為，及個人與群體之互動關係，皆是文明之象徵；因此，所謂「文明」，即是人類群體共同生活之經驗累積之總稱。由於中國文字俱有單音獨體之特性，而且絕大多數是單音節詞，因此，古人在使用文字表達與溝通時，習慣以單音節之「詞」，和詞與詞組合而成之「詞組」，構成使用語言文字之最基本要素。「文明」一詞，自不例外。

　　上古時期，「文明」一詞，用於形容個人之修養，及社會人群之和諧境界。《尚書·舜典》曰：「重華協于帝，濬哲文明，溫恭允

1　摘自網路「維基百科」「文明」條：
　　http://zh.wikipedia.org/w/index.php?title=%E6%96%87%E6%98%8E&variant=zh-tw。

塞，亦德升聞，乃命以位。」孔穎達疏曰：「舜性有深沈智慧，文章明鑒，溫和之色，恭遜之容。」此處之「文明」，乃是形容舜之德性顯著，專指個人之道德修養。《周易》曰：「見龍在田，利見大人，何謂也？子曰：龍德而正中者也，庸言之信，庸行之謹，閑邪存其誠，善世而不伐，德博而化。易曰見龍在田，利見大人，君德也。」又曰：「見龍在田，天下文明。」[2] 此處之「文明」，係指有德之君子，以其中庸之言行，達到教化天下之目的。宋代程頤注曰：「德博而化，正己而物正也，皆大人之事，雖非君位，君之德也。」[3] 〈文言〉所謂「文明」者，即是社會臻於美善之過程及其結果，而「文明」之產生與進化，不僅是有德無位君子之功，亦包含政治權力運作之結果，其涵意與現代西文之「文明」類似。

　　《周易‧賁‧彖》曰：「故小利有攸往，天文也；文明以止，人文也。觀乎天文以察時變，觀乎人文以化成天下。」大自然之秩序規律曰「天文」，而人類社會之秩序規律即是「人文」。人類社會需要「人文」以維持穩定發展，猶如大自然俱有「天文」之運行規律一般。觀察「天文」，是用以掌握大自然循環變化，而「人文」之創造，目的在教化養成天下。「化成天下」即是「人文」之具體表現與目的，因此，「人文」與「文明」兩者之概念近似。

2　　《周易‧乾‧文言》。《周易‧乾》曰：「九二。見龍在田，利見大人。」
3　　【宋】程頤著：《易程傳》（台北：文津出版社，1990 年），頁 12。

　　《荀子》文本與現代「文明」之概念類似者，主要有兩詞：一是「文」。《荀子・不苟》曰：「通則文而明，窮則約而詳。」楊倞注曰：「有文而彰明也。」意指君子通達之時，以文飾闡明道理。〈富國〉篇曰：「將以明仁之文，通仁之順也。」楊倞注曰：「將以明仁人乃得此文飾，言至貴也。通仁人乃得此順從，言不違其志也。」仁是指隆禮尊賢之事，文指禮樂制度，順指等級次第，意指人君管理政治之樞要，必須闡明仁之文飾，通達仁之順序。「文」於《荀子》之中，通常是指外在之形式或紋路，[4]「文」通「紋」意，引申為人倫秩序與脈絡關係。〈禮論〉篇曰：「故三年之喪，人道之至文者也」，「故先王案為之立文，尊尊親親之義至矣」。「文」由外在形式之紋路，引申為人倫秩序，其中含有人倫秩序之道理。〈禮論〉篇曰：「貴本之謂文，親用之謂理，兩者合而成文」，因人倫秩序之形式規範，係屬文化道德領域，其中必含有應然之道理，故荀子慣以「文理」之詞組連稱。[5]

4　如《荀子・榮辱》曰：「衣欲有文繡」；〈非相〉篇曰：「美於黼黻文章」；〈王制〉篇曰：「使雕琢文采不敢專造於家」；〈王霸〉篇曰：「目好色，而文章致繁，婦女莫眾焉」；〈君道〉篇曰：「若夫重色而成文章」；〈大略〉篇曰：「文貌情用，相為內外表裡」等。

5　如：《荀子・仲尼》曰：「非慕文理也，非服人之心也」；〈王制〉篇曰：「全道德，致隆高，綦文理」；〈富國〉篇曰：「致忠信，期文理」；〈王霸〉篇曰：「非致隆高也，非慕文理也」；〈禮論〉篇曰：「文理繁，情用省，是禮之隆也。文理省，情用繁，是禮之殺也。文理情用相為內外表裡」；〈禮論〉篇曰：「偽者，文理隆盛也」；〈禮論〉篇曰：「故先王聖人安為之立中制節，一使足以成文理」；〈禮論〉篇曰：「君者，治辨之主也，文理之原也」；〈性

　　「禮」是《荀子》另一個與「文明」同意之詞。荀子之「禮」，
除少數專指《禮》書之外，[6]在表意方面，「禮」與「文」兩者，異
名而同實。如〈臣道〉篇曰：「禮義以為文。」楊倞注曰：「用為文
節。」禮義是用以文飾節制，禮義即是文，文即是禮義。〈禮論〉
篇曰：「故君子敬始而慎終，終始如一，是君子之道，禮義之文也。」
禮義是君子之原則，文則是君子之表現；又〈禮論〉篇曰：「是姦
人之道，非禮義之文也。」其意亦同。荀子言「禮」之內容指涉，
其實更為貼切現代「文明」之意。〈儒效〉篇曰：「禮者，人主之所
以為群臣寸尺尋丈檢式也。人倫盡矣。」楊倞注曰：「言人道差盡
於禮也。」人主以禮規範人倫秩序，人道盡在禮之中。〈致士〉篇
曰：「程以立數，禮以定倫。」楊倞注曰：「有禮則可以定君臣父子
之倫也。」君臣是政治關係，父子是血緣親情關係，禮可以規範一
切人倫關係。因為「文」與「禮」之意義指涉極為類似，且在使用

　　惡〉篇曰：「然後出於辭讓，合於文理，而歸於治」；〈賦篇〉篇曰：「爰有
　　大物，非絲非帛，文理成章」等。

6　《荀子‧勸學》曰：「學惡乎始？惡乎終？曰：其數則始乎誦經，終乎讀禮；
　　其義則始乎為士，終乎為聖人。……故《書》者，政事之紀也；《詩》者，中
　　聲之所止也；《禮》者，法之大分，類之綱紀也；故學至乎《禮》而止矣。夫
　　是之謂道德之極。《禮》之敬文也，《樂》之中和也，《詩》、《書》之博也，
　　《春秋》之微也，在天地之間者畢矣」；「學莫便乎近其人。《禮》、《樂》
　　法而不說，《詩》、《書》故而不切，《春秋》約而不速」；〈大略〉篇曰：
　　「禮以順人心為本，故亡於《禮經》而順於人心者，皆禮也」；「不足於行者，
　　說過，不足於信者，誠言。故《春秋》善胥命，而《詩》非屢盟，其心一也。
　　善為《詩》者不說，善為《易》者不占，善為《禮》者不相，其心同也」。

表意上經常互補、互證，故荀子以「文」、「禮」概括泛稱人類群體
生活經驗之總合。可以說，荀子之「禮」實與現代之「文明」概念
一致。

　　依中央研究院計算中心（ACADEMIA Sinica Computing Centre）
數據檢索所得，[7]《荀子》全文三十二篇，除第七篇〈仲尼〉及第
二十八篇〈宥坐〉兩篇之外，三十篇文章皆論及「禮」。全書論及
「禮」字，計得一百六十二段，共三百三十九次。《四庫全書總目·
儒家類一》綜論《荀子》曰：「況之著書，主於明周孔之教，崇禮
而勸學。」韋政通《荀子與古代哲學》開宗明義稱：「荀子之學，
以禮為宗。」[8] 李哲賢亦言：

　　荀子乃先秦最博學之儒者，其學無所不窺，舉凡人生、政治、
　　軍事、教育、心性、知識名理以及天人關係，莫不有其個人
　　獨到之見解。然要之以「禮」為依歸。蓋其學說之任一層面，
　　無一非「禮」一理念之呈顯也。故欲對荀子之學說有一完整
　　而相應之理解，唯有由其「禮論」之研究著手。[9]

7　中央研究院《荀子》全文網址：
　　http://www.sinica.edu.tw/ftms-bin/ftmsw3?ukey=611074123&rid=-5。
8　《荀子與古代哲學》，頁1。
9　《荀子之核心思想——「禮義之統」及其時代意義》，頁1。

荀學不僅以禮為起始，以禮為過程，而且以禮為依歸，「隆禮」是荀學之標誌。歸納而言，「禮」之想思與論述，是荀學之理論核心與價值所在。

荀子承繼孔子好禮、愛禮之精神，[10] 高舉「隆禮」大纛，極力宣揚「禮」對於個人、社會，乃至於國家天下，均有莫大之功效。《荀子・議兵》曰：「隆禮貴義者其國治，簡禮賤義者其國亂。」又曰：「隆禮效功，上也；重祿貴節，次也；上功賤節，下也，是強弱之凡也。」王者治國，將禮奉為最高之指導原則，國家必然得治。〈疆國〉篇曰：「人君者，隆禮尊賢而王，重法愛民而霸，好利多詐而危，權謀傾覆幽險而亡。」以禮治國，可以稱王，故「隆禮」乃是最上乘之政策。〈禮論〉篇曰：「天地以合，日月以明，四時以序，星辰以行，江河以流，萬物以昌，好惡以節，喜怒以當，以為下則順，以為上則明，萬物變而不亂，貳之則喪也。禮豈不至矣哉！」楊倞注曰：「言禮能上調天時，下節人情。若無禮以分別之，則天時人事皆亂也。」荀子形容禮相對於人群而言，猶如天體運行之自然規律，禮對於人群社會俱有穩定規範之作用，禮即是人類互動之自然規律。王先謙曰：「荀子論學論治，皆以禮為宗，反復推詳，

10　《論語・學而》曰：「子曰：『可也。未若貧而樂，富而好禮者也。』」〈八佾〉篇曰：「子曰：『賜也，爾愛其羊，我愛其禮。』」

· 202 ·

務明其指趣，為千古脩道立教所莫能外。」[11] 充分說明荀子治學以禮宗旨。

荀子以「禮」統攝通稱一切合乎禮之思想與活動，其意即是「文明」；在比較明確指涉意義範圍時，荀子慣以「禮樂」指涉「禮儀」部分，以「禮」或「禮義」指涉「禮義」部分，以「禮義法度」指涉「禮制」部分。以下即以《荀子》「禮儀」、「禮義」與「禮制」三個面向，闡釋荀學「禮」之內容意涵、「禮」對於文明社會之指標意義，及「禮」在荀學理論系統中之作用與地位。

第一節　禮之緣起──禮儀

《說文》言「禮」之本義，指俱有固定程序之形式活動；而傳統論述狹義之禮，或單稱之「儀」，所謂「行禮如儀」，亦是指俱有固定形式之習俗儀式，其後並擴大為各式各樣定型化之典禮儀式，故「禮儀」保留禮最早之固定形式活動之本義。「禮」字，由典禮儀式衍生出涵攝人生一切之行為準則，最明顯特徵，在於禮能被實踐，體行禮之規範，荀子所謂：「夫行者，行禮之謂也」，「禮者，人之所履也」，[12] 即是反複此意。

11　《荀子集解‧考證》序言，頁 1。

12　《荀子‧大略》。

　　《荀子》中「禮樂」一詞，除指《禮》、《樂》兩部典籍，[13] 及
部分指涉廣義之禮外，大多用以指稱歷代先王所制定之典禮儀式，
或是傳統之教化與制度。如〈樂論〉篇曰：「先王之道，禮樂正其
盛者也」，「故禮樂廢而邪音起者，危削侮辱之本也。故先王貴禮
樂而賤邪音」，「故先王導之以禮樂，而民和睦」，「樂合同，禮
別異，禮樂之統，管乎人心矣」，故荀子所謂「禮樂」者，其實指
「禮儀」。從經驗實效而言，「禮樂」既表徵著先王治國之智慧，
歷經時間之考驗，必然是治國之良方，〈大略〉篇曰：「三王既以
定法度，制禮樂而傳之，有不用而改自作，何以異於變易牙之和，
更師曠之律？」禮樂不僅是王者治國之政治工具，同時俱有推廣教
育、美化風俗之社會功能，故〈王制〉篇曰：「論禮樂，正身行，
廣教化，美風俗，兼覆而調一之，辟公之事也。」〈議兵〉篇曰：
「禮義教化，是齊之也。」而且，對於個人而言，禮樂亦是個人修
養之學習標的。〈修身〉篇曰：「愚款端愨，則合之以禮樂，通之
以思索。」楊倞注：「愚款端愨，多無潤色，故合之以禮樂，此皆
言脩身之術在攻其所短也。」「禮樂」是傳統之教化禮節之結晶，
不僅是個人修養之學習對象，也是社會教育之優良素材，尤其是王
者治國之政治寶典。

13　《荀子》中以「禮樂」指《禮》《樂》兩部典籍者，如：〈勸學〉篇曰：「學
　　莫便乎近其人。禮樂法而不說，詩書故而不切，春秋約而不速。」〈榮辱〉篇
　　曰：「況夫先王之道，仁義之統，詩書禮樂之分乎！」「夫詩書禮樂之分，固
　　非庸人之所知也。」〈儒效〉篇曰：「故詩書禮樂之道歸是矣。」等。

一、禮儀類別

　　禮之緣起，始於人類對天地神鬼等無知世界之敬畏精神，其後兼併對先祖亡靈之追思情懷，發展出一系列俱有固定形式之儀式活動，此即是祭祀禮儀。隨著人類文明不斷演化，除祭祀活動之外，舉凡如冠、昏、喪、鄉、相見等俱有特殊性質之活動，亦逐漸形成一套固定形式，此即是「儀禮」，或單稱「儀」。

　　《荀子》一書，固然是以闡述政治理念為宗旨目標，其中未必如禮書般抄錄所有傳統習俗之典禮儀式；然而，荀子在論述禮之本質與功能時，經常例舉禮俗儀式，藉以闡釋禮儀所代表之象徵意義，意外保留些許古代之禮儀。〈大略〉篇曰：

> 立大學，設庠序，修六禮，明七教，所以道之也。[14]

考《禮記》曰：「司徒脩六禮以節民性，明七教以興民德，齊八政以防淫。」[15] 又曰：「六禮：冠、昏、喪、祭、鄉、相見。」[16]《禮記》所言「六禮」，係指六種典禮儀式。若荀子所言與《禮記》相同，則荀子之「六禮」，應是指：冠、昏、喪、祭、鄉與相見等六

14　楊倞注本為「十教」。王先謙引王念孫之考證：「王制曰：脩六禮以節民性，明七教以興民德。……凡經傳中『七』、『十』二字互誤者多矣。楊前注以〈禮運〉之『十義』為『十教』，失之。」頁453～454。

15　《禮記·王制》。

16　《禮記·王制》。

種依循統傳舊說之禮節。《禮記》稱「六禮」之作用，在「以節民性」，孔穎達疏曰：「脩六禮以節民性者⋯⋯。性稟自然，剛柔輕重遲速之屬，恐其失中，故以六禮而節其性也。」[17] 故「六禮」所適用之對象，應是一種泛稱。而荀子稱「立大學，設庠序，修六禮」，施教之對象僅止於士階級以上，未必指一般民眾；然而「明七教」，《禮記》曰：「七教：父子、兄弟、夫婦、君臣、長幼、朋友、賓客。」[18] 七教之人倫關係，固然可以適用於一般民眾，因此，「六禮」可以是指一般社會大眾所遵循之行為規矩，「立大學，設庠序，修六禮，明七教」是指王者施政之禮樂教化，故荀子稱此「所以道之也」。至於士階級以上乃至於王者，所應行之禮節儀式，則另當別論。

〈禮論〉篇曰：

> 凡禮，事生，飾歡也；送死，飾哀也；祭祀，飾敬也；師旅，飾威也。是百王之所同，古今之所一也，未有知其所由來者也。⋯⋯故喪禮，無他焉，明死生之義，送以哀敬，而終周藏也。故葬埋，敬藏其形也；祭祀，敬事其神也；其銘誄繫世，敬傳其名也。事生，飾始也；送死，飾終也；終始具，而孝子之事畢，聖人之道備矣。

17　《禮記·王制》，卷十三，頁 256~257。

18　《禮記·王制》。

依荀子所言，禮可分為：「事生」、「送死」、「祭祀」與「師旅」等四類。[19] 所謂「事生」，指侍奉雙親之禮節，「送死」則是治喪雙親之禮節，此兩類禮，自王者至於庶人皆當如此；至於「祭祀」，則是祭祀天地神明與先祖之禮節，「師旅」之禮，是指軍隊用以彰顯軍旅威風之禮節，[20] 此兩類則是專屬王者之事，非一般人倫日用之禮，故荀子稱「百王之所同」也。《荀子》中有關禮儀之分類有「事生」、「送死」、「祭祀」與「師旅」等四大類，然而，從定型化儀式之特性而言，「事生」之禮，侍奉雙親之事不勝枚舉，其事無法簡單化約而稍嫌廣泛；「師旅」之禮，《荀子》文本既少有記錄，文獻又不足徵；故「事生」與「師旅」兩類，並非指「禮儀」。究其實，荀子舉「事生」等四禮，可能是呼應孔子學說。《論語》曰：

19　《荀子·大略》或曰：「禮之大凡：事生，飾驩也；送死，飾哀也；軍旅，施威也。」其中簡化「祭祀」一類。

20　〈禮論〉篇曰：「故鐘鼓管磬，琴瑟竽笙，韶夏護武，汋桓箾簡象，是君子之所以為愅詭其所喜樂之文也；齊衰、苴杖、居廬、食粥、席薪、枕塊，是君子之所以為愅詭其所哀痛之文也。師旅有制，刑法有等，莫不稱罪，是君子之所以為愅詭其所哀痛之文也。」〈樂論〉篇曰：「且樂者，先王之所以飾喜也；軍旅鈇鉞者，先王之所以飾怒也。先王喜怒皆得其齊焉。是故喜而天下和之，怒而亂畏之。先王之道，禮樂正其盛者也。」荀子強調國家軍隊所象徵之涵意，及對於國家安全之作用，其中並未涉及軍隊之儀式部分。

孟懿子問孝。子曰：「無違。」樊遲御，子告之曰：「孟孫
問孝於我，我對曰：『無違。』」樊遲曰：「何謂也？」子
曰：「生，事之以禮；死，葬之以禮，祭之以禮。」[21]

子曰「無違」，朱熹注曰：「謂不背於理。」又曰：「禮即理之節
文也。」意即：遵照禮之規範，則必不悖於理。孔子以為，孝子奉
養雙親之原則是「無違」，從「事生」到「送死」，及至死後之祭
祀，都應以禮節為原則，如此方可稱之謂孝。至於荀子，乃將王者
之禮儀與孝子之孝職合為一體，使政治與孝道成為一貫，故言：「而
孝子之事畢，聖人之道備矣。」至於「送死」與「祭祀」兩類，則
有固定儀式，亦是儒家之專門職責，荀子亦多所闡釋。

《荀子·禮論》曰：「禮者，謹於治生死者也。生，人之始也，
死，人之終也，終始俱善，人道畢矣。故君子敬始而慎終，終始如
一，是君子之道，禮義之文也。」荀子此說，顯然是有所本。孔子
言「祭之以禮」，《荀子·禮論》曰：「故喪禮，無他焉，明死生之
義，送以哀敬，而終周藏也。故葬埋，敬藏其形也；祭祀，敬事其
神也；其銘誄繫世，敬傳其名也。」荀子對於傳統喪葬祭祀之禮，
及喪禮所代表之意義，極為重視。遭逢親死，舉喪禮表現對死者哀
敬之意；及葬埋，謹慎行葬禮以藏死者之形軀；此後，每逢菁日則
行祭祀之禮，表示敬重死者神靈，並著誄文，以宏揚死者身後之名。

21 　《論語·為政》。

荀子不僅重視生者內心對死者尊敬之意，亦極為重視「事生」、「送死」之禮節儀式，所謂：「事生不忠厚，不敬文，謂之野；送死不忠厚，不敬文，謂之瘠。君子賤野而羞瘠。」[22] 孔子強調所謂「孝」，不僅是侍奉雙親而已，孝道還必然包括親人死後之喪葬與祭祀，不得因親人死亡而有怠慢之心。荀子則批評只知「事生」，不知「送死」者，是「厚其生而薄其死，是敬其有知，而慢其無知也，是姦人之道而倍叛之心也。」[23] 可見，荀子之孝道完全服膺並承繼孔子之精神。

　　〈禮論〉篇曰：「故死之為道也，一而不可得再復也，臣之所以致重其君，子之所以致重其親，於是盡矣。」荀子之所以特別重視喪葬禮儀，乃是因為死別只有一次，故喪葬儀式必要竭盡一切可能，力求完善，以慰死者之靈，同時滿足生者之心。荀子生者對於死者之態度，要求「喪禮者，以生者飾死者也，大象其生以送其死也。故事死如生，事亡如存，終始一也」，[24] 於是，自死起至埋葬前之喪禮儀式，生者對於死者之態度，一如在世。荀子詳細說明對於剛過世之死者，應如何安置與裝飾之禮節，及禮節所表達之意義，

22　《荀子·禮論》。

23　《荀子·禮論》。

24　《荀子·禮論》。

無非是在彰顯「以生者飾死者」，「事死如生，事亡如存」，生者治喪禮之態度。[25]

〈禮論〉篇曰：「禮者，謹於吉凶不相厭也。」吉謂生者，凶稱死者，喪禮之目的與原則，乃在於治喪過程中，要兼顧生者與死者之平衡，使兩者不相侵掩，不相厭惡非；換言之，喪禮之儀式，既要隆重對待死者，亦要維持生者之衛生與健康。因此，喪禮固然是生者對死者表達哀敬之意，但是治喪之禮儀仍須遵循應有之規範原則，在文理與情用兩面有所節制。〈禮論〉篇曰：

> 喪禮之凡：變而飾，動而遠，久而平。故死之為道也，不飾則惡，惡則不哀，尒則翫，翫則厭，厭則忘，忘則不敬。一朝而喪其嚴親，而所以送葬之者不哀不敬，則嫌於禽獸矣，君子恥之。故變而飾，所以滅惡也；動而遠，所以遂敬也；久而平，所以優生也。

25　《荀子·禮論》曰：「始卒，沐浴鬠體飯唅，象生執也。不沐則濡櫛三律而止，不浴則濡巾三式而止。充耳而設瑱，飯以生稻，含以蚌貝，反生術矣。設褻衣，襲三稱，縉紳而無鉤帶矣。設掩面儇目，鬠而不冠笄矣。書其名，置於其重，則名不見而柩獨明矣。薦器則冠有鍪而毋縱，罋廡虛而不實，有簟席而無床第，木器不成斲，陶器不成物，薄器不成內，笙竽具而不和，琴瑟張而不均，輿藏而馬反，告不用也。具生器以適墓，象徙道也。略而不盡，貌而不功，趨輿而藏之，金革轡靷而不入，明不用也。象徙道，又明不用也，是皆所以重哀也。故生器文而不功，明器貌而不用。」

大凡喪禮儀式進行，均有其常道規範：殯、斂之禮要「變而飾」，避免禮儀粗陋；自入殮至葬於墓地之過程是「動而遠」，旨在遂生尊敬之心；而治喪者哀傷之情要「久而平」，以保養生者之身心。

至於「祭祀」之禮，《荀子·禮論》曰：

> 禮有三本，天地者，生之本也；先祖者，類之本也；君師者，治之本也。無天地，惡生？無先祖，惡出？無君師，惡治？三者偏亡，焉無安人。故禮，上事天，下事地，尊先祖，而隆君師。是禮之三本也。

荀子認為，行禮有三大根本對象：天地、先祖與君師。天地是生物之根本，無天地則無生物；先祖是人類之根本，無先祖則無人類；至於君師者，乃是治道之根本，無君師則無治道。因此，要以禮事天地，以禮尊先祖，以禮隆君師。隆君師乃事生之事，事生固然「事之以禮」，而事天地與尊先祖，亦當祭之以禮。

按《說文》之解釋，禮之本字本義乃是緣起於事神致福、祭祀鬼神之儀式。荀子祭祀之對象主要有兩大類，即天地與先祖。〈禮論〉篇曰：「故社，祭社也；稷、祭稷也；郊者，並百王於上天而祭祀之也。」因為祭祀對象包含神鬼與先祖，荀子乃將祭禮視為祭祀者表達心中對被祭祀者思慕情感之儀式。〈禮論〉篇曰：「祭者，志意思慕之情也，忠信愛敬之至矣，禮節文貌之盛矣。」故祭祀儀

式講究隆重與莊嚴。雖然祭禮始於事神致福，然而荀子對於祭禮之態度，並非出於對未知世界之敬畏或迷信，而是以祭禮延續祭祀先祖之功能，表達對先祖忠信愛敬、志意思慕之情。況且，祭禮是孔子所重視之禮節，故〈禮論〉篇曰：「聖人明知之，士君子安行之，官人以為守，百姓以成俗。其在君子，以為人道也；其在百姓，以為鬼事也。」楊倞注曰：「以為人道，則安而行之；以為鬼事，則畏而奉之。」荀子凡事實事求是，對於祭祀之態度亦復如此，此乃與其對「天」之觀念相呼應。

祭祀之禮既是對於神鬼與先祖之人道表現，則其儀式處處可見其象徵意義。〈禮論〉篇曰：

> 大饗，尚玄尊，俎生魚，先大羹，貴食飲之本也。饗，尚玄尊而用酒醴，先黍稷而飯稻粱。祭，齊大羹而飽庶羞，貴本而親用也。貴本之謂文，親用之謂理，兩者合而成文，以歸大一，夫是之謂大隆。

楊倞注曰：「文謂脩飾，理謂合宜」，「貴本親用，兩者相合，然後備成文理。……雖備成文理，然猶不忘本，而歸於太一，是謂大隆於禮。」祭祀儀式之形式過程謂之「文」，儀式之恰當合宜謂之「理」，儀式之形式合宜即成一項儀式——亦稱「文」。祭祀儀式

不僅合於文理要求，而且能以太古時代之祭祀精神為依歸，故祭禮是最隆重之禮。

二、禮儀之目的與原則

《禮記》曰：「禮不下庶人，刑不上大夫。」[26] 鄭玄注曰：「為其遽於事，且不能備物」，[27] 孔穎達正義曰：「禮不下庶人者，謂庶人貧，無物為禮，又分地是務，不服燕飲，故此禮不下與庶人行也。」[28]「禮不下庶人」是一項傳統舊說，庶人所以不能行禮、不必行禮，乃是因為庶人既不知如何行禮，且又無能力行禮；反之，知禮且能行禮者，乃是士以上之貴族。荀子所言之事生、送死、祭祀、師旅等四類禮儀，主要是士以上至王者之貴族階級為對象，故荀子曰：「由士以上則必以禮樂節之，眾庶百姓則必以法數制之。」[29]即是反映傳統舊說及當時之習慣。

雖然禮儀是以定型化之形式為其特徵，然而，禮儀是出自於行禮者自覺性之行為，並非無意識之盲目活動。而且，禮儀之形式亦非一成不變；因此，無論是祭祀神明或先祖，其行禮之儀式，由始原樣貌至後代規模，固有其變化軌跡。〈禮論〉篇曰：

26　《禮記·曲禮》。

27　《禮記·曲禮》卷三，頁55。

28　《禮記·曲禮》卷三，頁56。

29　《荀子·富國》。

> 凡禮，始乎梲，成乎文，終乎悅校。故至備，情文俱盡；其
> 次，情文代勝；其下，復情以歸大一也。

王先謙《集解》引郝懿行之考證，曰：「此言禮始乎收斂，成乎文
飾，終乎悅快。」禮儀是文飾，是行禮之儀式形式，而禮儀之內在
意義，是行禮者內心對祭祀對象之情意，「文」與「情」構成禮儀
之形式與內容，由形式表達內容，以內容表現為形式，兩者互為表
裡。而禮儀之發展過程，起初簡單疏略，進而塑造形式規模，終於
成就令人滿意之理想狀態。楊倞注曰：「情文俱盡，乃為禮之至備。
情謂禮意，喪主哀，祭主敬之類；文謂禮物、威儀也。」禮儀最理
想之狀態，是行禮者之情意與儀式形式能相互映照，形式與內容統
一，即所謂「情文俱盡」。若不得至備，則至少行禮者之情意，或
儀式形式，兩者其中之一能表達禮儀之目的；而禮儀最基本之目的
與原則，是行禮者之情意回歸一如太古之質樸，故楊倞注曰：「雖
無文飾，但復情以歸質素，是亦禮也。若潢汙行潦之水，可薦於鬼
神也。」由此可知，儀式是表現情意最重要之形式；然而，無論儀
式之簡單或隆重，行禮者之情意乃是禮儀之精神所在。禮儀既是以
表現行禮者之情意為目的，則禮儀之形式規模，必要以情意為優先
考量。換言之，禮儀形式之變化，固然有其發展軌跡，由簡而繁，
然而禮儀之初衷，是以表達行禮者內在之情意為目的，禮儀形式是
藉以表達情意之手段工具。

　　行禮儀乃是人類心理情緒投射表現，禮儀雖然俱有固定形式之特性，然而，在實際運作之中，禮儀隨行禮者之現實條件而稍有變更。〈禮論〉篇曰：「禮者，斷長續短，損有餘，益不足，達愛敬之文，而滋成行義之美者也。」禮儀形式無論如何「截長補短」，總是以表達內心情意為目的。為避免禮儀形式與情意內容相互背離，荀子提出四項行禮儀之原則。〈禮論〉篇曰：

> 禮者，以財物為用，以貴賤為文，以多少為異，以隆殺為要。文理繁，情用省，是禮之隆也；文理省，情用繁，是禮之殺也；文理、情用相為內外表裡，竝行而雜，是禮之中流也。

荀子認為，行禮儀必須遵循四項原則：一，「以財物為用」，楊倞注：「以貢獻問遺之類，為行禮之用也。」意即：禮儀費用要考量行禮者之經濟能力；二「以貴賤為文」，楊倞注曰：「以車服旗章為貴賤文飾也。」意即：禮儀依行禮者身分之貴賤，區分行禮所使用之裝飾物件；三，「以多少為異」，楊倞注曰：「多少異制，所以別上下也。」意即：制定禮儀形式之數量多少，必須配合行禮者身分之高低；最後，「以隆殺為要」，楊倞注曰：「隆，豐厚；殺，減降也；要，當也。禮或厚或薄，唯其所當為貴也。」意即：禮儀之隆重或是簡省，要以恰當符合行禮者之身分為原則。可知，行禮儀式之制定與規模，又與行禮者之身分俱有密切之關聯性。「情」

謂「情用」，指行禮者之內心情感；「文」謂「文理」，指行禮之
儀式。禮儀之目的，是用以表現行禮者內在之情意，故禮儀之「文
理」，要以適當表現內在「情用」為目的。然而，禮儀在實際運作
中，因行禮者之現實條件不同，經常出現形式與內容未盡相符之情
況：或「文理繁，情用省」則太過，或「文理省，情用繁」則不及，
兩者皆非禮儀之精神；唯有「文理、情用相為內外表裡，竝行而雜」，
儀式與情意表裡如一，形式與內容始終一致，方「是禮之中流也」，
符合禮儀中庸之道。

　　禮儀之目的，在表現行禮者之情意，因此，儀式與情意表裡如
一是禮儀最理想境界，故荀子曰：「文理、情用相為內外表裡，竝
行而雜，是禮之中流也」。禮儀除了表現行禮者情意之外，禮儀另
一項重要原則，則是禮儀形式必須符合行禮者之身分。〈王制〉篇
曰：「衣服有制，宮室有度，人徒有數，喪祭械用皆有等宜。」又
曰：「喪祭械用皆有等宜。」〈禮論〉篇曰：

　　　君子既得其養也，又好其別。曷謂別？曰：貴賤有等，長幼
　　　有差，貧富輕重皆有稱者也。

荀子曰：「禮者，養也」，「養」不僅包括「人生而有欲」之生理
感官需求，亦包括心理情意之宣洩。〈禮論〉篇曰：「禮義文理之
所以養情也」，即是此意。君子既要求以禮滿足人生之欲，同時又

以禮區分人倫分際，禮儀既做為表現情意之工具，則亦必然在儀式上彰顯行禮者之身分地位。所謂「貴賤有等，長幼有差，貧富輕重」，無論是政治上之權位，血緣上之輩份，經濟能力之強弱，禮儀必須與行禮者之身分對稱。〈富國〉篇反覆此意曰：

> 禮者，貴賤有等，長幼有差，貧富輕重皆有稱者也。故天子袾裷衣冕，諸侯玄裷衣冕，大夫裨冕，士皮弁服。德必稱位，位必稱祿，祿必稱用，由士以上則必以禮樂節之，眾庶百姓則必以法數制之。

以服飾為例，「天子袾裷衣冕，諸侯玄裷衣冕，大夫裨冕，士皮弁服」，天子至於士人之服飾即有區別。古代以禮儀區分身分，含有階段意識型態，然而，荀子主張「貴賤有等，長幼有差，貧富輕重」，並非完全以現實權力結構劃分，而是以「德必稱位，位必稱祿，祿必稱用」之道德價值為判斷。換言之，荀子認為，有德者必有其位，有位者必得其祿，有祿者必能其用；以身分地位區分階級不僅是現實經驗如此，亦是以道德為價值判斷之結果。

　　以喪禮為例。喪禮中，因死者之身分不同，所使用之喪禮器物，亦有所差別。〈禮論〉篇曰：

> 故天子棺椁七重，諸侯五重，大夫三重，士再重。然後皆有衣衾多少厚薄之數，皆有翣菨文章之等，以敬飾之。

如天子死，所用棺椁有七重，[30] 依此遞減兩重，至士人則只有兩重。而死者之著衣數量與厚薄，及外棺之牆飾，皆有嚴格之規定。至於舉行喪禮所動員之人力與活動範圍，亦依死者之身分不同，而有相對標準。〈禮論〉篇曰：

> 天子之喪動四海，屬諸侯；諸侯之喪動通國，屬大夫；大夫之喪動一國，屬脩士；脩士之喪動一鄉，屬朋友；庶人之喪合族黨，動州里。

天子死，動員天下各諸侯國；諸侯死，動員全國及與之友好之國；大夫死，動員一國；士死動員一鄉；庶人死，只能聚合動員族黨州里之人。至於帶罪而死之人，則又另當別論。〈禮論〉篇曰：

> 刑餘罪人之喪，不得合族黨，獨屬妻子，棺三寸，衣衾三領，不得飾棺，不得晝行，以昏殣，凡緣而往埋之，反無哭泣之

30 《荀子·禮論》曰：「故天子棺椁十重」，王先謙引王引之曰：「十疑當作七，（凡經傳中七十二字多互偽，不可枚舉）禮自上以下降殺以兩，天子七重，故諸侯減而為五，大夫減而為三也。」

節，無衰麻之服，無親疏月數之等，各反其平，各復其始，
已葬埋，若無喪者而止，夫是之謂至辱。

楊倞注曰：「刑餘，遭刑之餘死者。」對於因犯罪下獄而死之人，
薄棺三寸，且棺不得繪飾，衣三件。其喪葬過程，不得聚合族黨，
只任其妻治理。出殯只能在黃昏時候舉行，其妻穿著一如平常。埋
葬後，無哭泣、守喪之禮節，各自回復日常作息，猶如家中未曾有
喪一般。喪禮原是生者藉以表現對死者哀傷、尊敬之意；然而，若
死者是有罪之人，其生平不僅敗壞國家社會風氣，而且使家人蒙羞，
故其死既不足惜，其喪葬亦不必隆重，此乃是莫大之恥辱。

　　喪禮是表現生者對死者哀傷與不捨，而祭禮則是祭祀者表達對
天地神明敬畏之意與緬懷先祖追思之心。〈禮論〉篇曰：

> 祭者，志意思慕之情也。愅詭唈僾而不能無時至焉。故人之
> 歡欣和合之時，則夫忠臣孝子亦愅詭而有所至矣。彼其所至
> 者，甚大動也；案屈然已，則其於志意之情者惆然不嗛，其
> 於禮節者，闕然不具。故先王案為之立文，尊尊親親之義至
> 矣。

祭禮是表達祭祀者之心意與思慕情感。楊倞注曰：「愅，變也；詭，
異也；皆謂變異感動之貌。唈僾，氣不舒，憤鬱之貌。」忠臣思念

先王，孝子思念先君，此乃人情之常；思念之情有時而發，若不得抒發，則必憤鬱窒礙。楊倞注曰：「言若無祭祀之禮，空然而已，則忠臣孝子之情，悵然不足，禮節又闕然不具也。」先王制定祭禮，乃為忠臣孝子抒發思念之儀式。忠臣之於先王是政治關係，孝子之於先君是血緣關係，兩者在宗法制度下結合而成一整體，而祭祀之儀式活動，雖然是表達忠臣孝子思念先王先君之禮節，同時亦在表彰「尊尊」與「親親」之關係。〈禮論〉篇曰：

> 故王者天太祖，諸侯不敢壞，大夫、士有常宗，所以別貴始。貴始，得之本也。郊止乎天子，而社止於諸侯，道及士、大夫。所以別，尊者事尊，卑者事卑。宜大者巨，宜小者小也。

君王祭祀天與太祖，諸侯以下至大夫、士，皆重視各自宗族之大宗始祖，以尊敬始祖為區分貴賤親疏。唯天子始能郊祭，諸侯以上始能社祭，士大夫始能道祭，以祭祀之對象區分尊貴之大者與卑賤之小者。

第二節　禮之本質──禮義

禮儀之特色，在於俱有活動形式與象徵意義，活動形式歷經世代定型化過程，成為固定之制式與度數；而禮儀之象徵意義，則隨時代遞邅而有豐富意涵。《左傳》曰：「晉侯謂女叔齊曰：魯侯不

亦善於禮乎？對曰：魯侯焉知禮。公曰：何為？自郊勞至於贈賄，禮無違者，何故不知？對曰：是儀也，不可謂禮。」[31] 又曰：「子大叔見趙簡子，簡子問揖讓周旋之禮焉。對曰：是儀也，非禮也。」[32] 《左傳》中所謂「自郊勞至於贈賄」、「揖讓周旋之禮」，是指俱有固定形式之行為活動，雖然是屬於禮，但並非禮之全部；況且，徒行禮之儀式，並不等於知禮之意義本質。「禮」、「儀」之區別，不僅在於兩字指涉意義之廣狹，並且關乎形式與本質問題；「儀」是行「禮」之形式，而「禮」之本質在於「義」。

一、禮與義之關係

「禮義」一詞，在《荀子》中是指一切正當行為，同時亦用以兼指禮之義理本質。分而言之，「禮」指廣義之禮，「義」則指義理本質；「禮」與「義」俱有形式與內容之對應關係，「禮」、「義」乃是一體之兩面，荀子合稱「禮義」，則可以包含一切正當行為與義理本質。《荀子》文本中，「義」字出現三百餘次（316次），以「禮義」連稱者，亦有百餘次（113次），「禮義」一詞，已然成為荀子慣用之詞彙。

荀子言「義」，大致可分為兩重意義，其一，是指內在道德之自律性，即自覺主體判斷之合理性、正當性。〈法行〉篇曰：「堅剛而不屈，義也。」義是指剛直不回，百折不撓之精神。「堅剛而不

31　《左傳·昭公·五年》。
32　《左傳·昭公·二十五年》。

屈」，其中隱含勇氣，而勇氣源自於內在道德感使然，依義而行，必然有不得已之理；故有義者，必然俱有相應之勇氣，俱有以道德為基礎之正當性。〈禮論〉篇曰：「當是時也，其義止，誰得行之？其義行，誰得止之？」義乃是當行則行，當止則不可不止，是一切行為之準則。〈不苟〉篇曰：「正義直指，舉人之過，非毀疵也。」〈子道〉篇曰：「士有爭友，不為不義。」〈賦篇〉篇曰：「行義以正，事業以成。」義不僅是自我內在道德之自律，且可以以義規範他人行為。〈儒效〉篇曰：「行一不義，殺一無罪，而得天下，不為也。此君義信乎人矣。」君子以守義、行義服人，不因為得天下而行一不義，殺一無罪，其中俱有道德價值之判斷。「行一不義」是手段，「得天下」是目的，然而，君子不因為達「得天下」之目的，而「行一不義」之手段，可知「行義」優先於「得天下」，「得天下」必以「行義」為前提。

「義」另一重意義，是指以天下公共利益為目的之具體行為。〈王霸〉篇曰：「湯武者，循其道，行其義，興天下同利，除天下同害，天下歸之。」「興天下同利，除天下同害」即是行義，湯武能行其義，故天下歸之。由此可知，「得天下」或「天下歸之」並非是目的，而是行義應然所得之結果；反之，行義必然可以達到「興天下同利，除天下同害」之結果。行義是以內在道德之自律性為前提，而共同利益是行義之結果，意即：內在道德與共同利益一致。〈彊國〉篇曰：「併己之私欲必以道。夫公道通義之可以相兼容者，

是勝人之道也。」楊倞注曰：「屏棄私欲，遵達公義也。」雖然一己之私欲與公道兩者未必不兩立，然而以一己之私欲為優先，則必妨礙公道；必要以公道為優先，則私欲自然不害公道，公道即是天下之通義，公道通義必然增進天下之福祉。故〈君子〉篇曰：「以義制事，則知所利矣。」楊倞注曰：「以義制事則利博。」以義規制政治事務，必能得到最大之利益矣。

　　「義」不僅只是合乎內在道德之自律性，而且是必然外化為具體行為，舉凡人倫秩序之建立，乃至於王者治國之原則，皆以「義」為通義。〈非十二子〉篇曰：「遇君則修臣下之義，遇鄉則修長幼之義，遇長則修子弟之義，遇友則修禮節辭讓之義，遇賤而少者，則修告導寬容之義。」人倫秩序是一種對應關係，君臣、長幼、師生、乃至於朋友相處之道，皆有一定之道理；即使人際網絡繁複，化繁為簡之原則，乃是「少事長，賤事貴，不肖事賢，是天下之通義也。」[33] 人倫秩序之對應關係，不是服膺於既有傳統，或是權威式之教條，而是建立在文明社會應有之道理與秩序，所謂「從道不從君，從義不從父，人之大行也」，[34] 因為以義為人倫之通義，方可創造理想之社會型態，產生共同利益之結果。〈王霸〉篇曰：

33　《荀子·仲尼》。

34　《荀子·子道》。

故用國者，義立而王，信立而霸，權謀立而亡。三者明主之所謹擇也，仁人之所務白也。絜國以呼禮義，而無以害之，行一不義，殺一無罪，而得天下，仁者不為也。擽然扶持心國，且若是其固也。之所與為之者，之人則舉義士也；之所以為布陳於國家刑法者，則舉義法也；主之所極然帥群臣而首鄉之者，則舉義志也。如是則下仰上以義矣，是綦定也；綦定而國定，國定而天下定。仲尼無置錐之地，誠義乎志意，加義乎身行，箸之言語，濟之日，不隱乎天下，名垂乎後世。今亦以天下之顯諸侯，誠義乎志意，加義乎法則度量，箸之以政事，案申重之以貴賤殺生，使襲然終始猶一也。如是，則夫名聲之部發於天地之間也，豈不如日月雷霆然矣哉！故曰：以國齊義，一日而白，湯武是也。湯以亳，武王以鄗，皆百里之地也，天下為一，諸侯為臣，通達之屬，莫不從服，無它故焉，以義濟矣。是所謂義立而王也。

此段文獻具體而微展現「義」之作用。仁君明白致力以義治國，必然可以稱王。楊倞注曰：「言挈提一國之人，皆使呼召禮義，言所務皆禮義也。無以害之，謂不以它事害禮義也。」仁君以義治國，則所用之人皆「義士」，所施之政皆「義法」，率領全國所欲達成之目標皆「義志」也。聖人如孔子猶以義修養自己，端正自己，一切言行舉止皆以義為規範；諸侯若能以義治國，亦必能如仁君之稱

王於天下。湯、武以毫、鄗不過百里之地，而能統一天下，諸侯莫
不順從稱臣，主要原因乃在於湯、武皆以義治國，此即是以義立國
而能稱王之道理矣！

　　荀子經常比對「禮」與「義」，一切行為舉止，皆以禮審度明
辨，凡合於禮之規範者即是義；反之，凡一切合於義之行為者即是
禮。故〈君道〉篇曰：「行義動靜，度之以禮。」又曰：「古者，先
王審禮以方皇周浹於天下，動無不當也。」合於禮則「動無不當」，
「動無不當」即是合於禮之行為，故行禮即是行義。〈禮論〉篇曰：
「禮者、斷長續短，損有餘，益不足，達愛敬之文，而滋成行義之
美者也。」楊倞注曰：「皆謂使賢不肖得中也。賢者則達愛敬之文
而已，不至於滅性；不肖用此，成行義之美，不至於禽獸也。」賢
者以禮節制，不肖者以禮規勸，行禮之目的乃是為成就行義之美好。
事實上，荀子使用「禮」與「義」之涵義經常交叉指涉。〈致士〉
篇曰：「故禮及身而行脩，義及國而政明。」〈議兵〉篇曰：「隆禮
貴義者其國治，簡禮賤義者其國亂。」〈大略〉篇曰：「然而非禮不
進，非義不受。」「禮」、「義」兩詞互相類比，詞意相同，由此不
難看出兩者之關係互為表裡。

　　〈儒效〉篇曰：「聖人也者，本仁義，當是非，齊言行，不失
豪釐，無他道焉，已乎行之矣。」聖人以仁義為根本，明辨是非，
知行齊一，從容中道，聖人之可貴，乃在於能依其仁義而致力於實
踐。荀子強調，義不僅僅只是一種內在之道德自律，同時必須以實

踐程度做為知義之判準，知義必能行義，行義則必知義，知行必能合一，故〈正名〉篇曰：「正義而為謂之行。」此亦是荀子學說重實踐之特色。

　　一般在使用「禮」與「義」之指涉意義上，大致有一定界限，然而，荀子卻有意縮合兩詞，以「隆禮」為學說宗旨，「隆禮」是以義為理論根據，以義為前提與標準。荀子之所以極力揭示「禮」、「義」之關係，固然是在彰顯荀學之精神宗旨，同時亦是在回應孔子之學說。孔子曰：「君子義以為質，禮以行之，孫以出之，信以成之‧君子哉！」[35]孔子言「禮」是行義之具體表現，而「義」則是行禮之本質，行禮即是行義。荀子亦曰：「行義以禮，然後義也。」[36]義之行為乃以禮為規範；反之，以禮所規範之行為者，皆是義行；荀子學說豈不與孔子思想遙遙相契哉！

二、義與性之關係

　　如前所論，荀子言「性」是「生而有」之具體內容，耳目口鼻等感官知覺，皆謂之「性」，其意近似告子之說。就性之內容而言，性只是人做為一生理生命之存在，且普遍存在於每一個人之本能，性是「飢而欲飽，寒而欲煖，勞而欲休」，是與生俱有之本能，故性之內容無善惡可分，性本身亦無法判斷善惡，故荀子曰：「今是

35　《論語‧衛靈公》。

36　《荀子‧大略》。

人之口腹，安知禮義？」[37] 即在強調性無價值判斷之能力。因此，荀子言「性惡」，乃是「順是」之「性」，而有「爭奪生而辭讓亡」、「殘賊生而忠信亡」、「淫亂生而禮義文理亡」等之結果，此一結果便是「惡」。

　　性是人生而有之先天本能，自然之事，易流於私欲，易淪為惡之因。性固然易流為惡之因，然而，惡未必然是性之果，意即：「性」是中性之因，「惡」只是由性而衍生出其中一種可能結果而已，「性」與「惡」兩者之間，非必然且絕對之因果關係。荀子所言之「性」，是指動物普遍存在之本能，而非指人之本質；而且，「性」雖是無善惡可分之中性本能，然而，順是「性」易生「惡」之果，乃是現實生活經驗中之實然。荀子倡導「性惡」之立場與學說，目的不是宣揚人之惡質本性，而是提醒世人「人性」之內容與屬性，及其可能產生之危害；並且，「性惡」既是普遍存在之經驗事實，既無法根除，則必要將「性」置於一可控制之環境中；因此，如何轉化、改變人之「性」，即荀子所謂「化性」，乃是荀學中極為重要之課題。

　　荀子認為，具體之禮是制約性所可能產生流弊之形式制度，而義則是人心規範私利之內在道德自律性。由此可知，「禮」與「義」皆非人「性」中所有，而是有別於「性」以外之人類獨有之特質與能力；而且，禮、義是解決人性所可能產生之「惡」唯一而有效之

37　《荀子·榮辱》。

方法。〈疆國〉篇曰:「夫義者,所以限禁人之為惡與姦者也。」義即是限禁人性可能為惡與姦之重要依據;〈正論〉篇亦曰:「不能以義制利,不能以偽飾性,則兼以為民。」楊倞注曰:「偽謂矯其本性也,無能者則兼并之,令盡為民氓也。」意即政府管理民眾,不僅是生養休息,只求做平凡百姓而已,更要教育民眾能「以偽飾性」,以偽矯正人性,做能「以義制利」之上等公民。

礼既是義之具體表現,則行禮即是行義;反之,凡不合乎禮之行為者,即是不合義。「義」對己而言,是指內在道德之自律性;對社會群體而言,則是指以共同利益為目的之具體行為。荀子經常以「利」與「義」對舉,以「義」指個人道德自律,及社會群體之公共利益,而以「利」指不合公義之個人感官知覺之欲求,或個人一己之私利。

就個人而言。〈修身〉篇曰:「此言君子之能以公義勝私欲也。」能以義為優先,且能以義克制一己之私欲者,即是君子;反之,若為保安私利而摒棄公義者,荀子稱之「至賊」。[38]〈榮辱〉篇曰:「「有狗彘之勇者,有賈盜之勇者,有小人之勇者,有士君子之勇者。」楊倞注曰:「狗彘勇於求食,賈盜勇於求財。」「小人勇於暴,士君子勇於義。」人之勇氣表現可謂多樣,然而,勇氣之動機與目的,乃是人格高下之判準。由此可知,行義是俱有必然性、且優先性之地位,是君子處世為人最基本,亦是最重要之原則。然而,個人道

---

38 《荀子·修身》曰:「保利弃義,謂之至賊。」

德修身與感官知覺並非矛盾、排斥，或是不相容；易言之，內在之
道德感與外在之感官知覺，可以同時被滿足。〈大略〉篇曰：「義與
利者，人之所兩有也。雖堯舜不能去民之欲利；然而能使其欲利不
克其好義也。」可見，荀子並非全然否認人性之私欲，畢竟，「性」
既是人生而有之實然內容，無法自人生之中移除，只是極力維護個
人私利不得侵犯、干擾公義。依荀子之思想，乃是主張應以「義」
為優先，「利」則不計，甚至行「義」而不謀「利」。「義」與「利」
之優先性與行為動機，乃成為君子與小人之道德判斷依據。[39]

　　就社會群體而言。政治是眾人之事，「義」既是社會國家之公
益，則政治目的之一，乃在追求國家最大之利益，故「義」是國君
應勠力追求之方向。〈王霸〉篇曰：

> 巨用之者，先義而後利，安不卹親疏，不卹貴賤，唯誠能之
> 求，夫是之謂巨用之。小用之者，先利而後義，安不卹是非，
> 不治曲直，唯便僻親比己者之用，夫是之謂小用之。

「巨用之者」，即是指大有為之國君，凡遇國家大事，必以「先義
而後利」為原則。反之，小用之君主，則以個人私利為著眼，如此，

39　《荀子·榮辱》曰：「先義而後利者榮，先利而後義者辱。」〈法行〉篇曰：「故
　　君子能無以利害義，則恥辱亦無由至矣。」〈儒效〉篇曰：「不學問，無正義，
　　以富利為隆，是俗人者也。」皆是此意。

即是〈王霸〉篇所謂：「絜國以呼功利，不務張其義，齊其信，唯利之求，內則不憚詐其民，而求小利焉。」凡治國只倡功利，不言禮義，不守誠信，唯利是圖，只求個人私利者，乃是權謀者之作為。權謀者如此，則「權謀日行，而國外免危削，綦之而亡」，「則夫朝廷群臣，亦從而成俗於不隆禮義而好傾覆也」，甚至「則夫眾庶百姓亦從而成俗於不隆禮義而好貪利矣。」[40]影響國家社會發展甚鉅，國君不可不慎。

三、義與仁之關係

荀子一再重申，「禮」「義」是對治人「性」唯一而有效之治國良方，因此，「禮」與「義」是人類獨有之特質與能力，迥異於動物本能之「性」。荀子言「心」是人之道德主體，「心」之內在道德主體之具體內容，荀子以「仁」概括之；由「心」主體判斷之合理性與正當性，荀子稱之為「義」。〈君子〉篇曰：「故仁者，仁此者也；義者，分此者也。」楊倞注曰：「仁謂愛說也。此謂：尚賢、使能、等貴賤、分親疏、序長幼五者也。愛說此五者，則為仁也。」又曰：「分別此五者使合宜，則為義也。」「仁」是道德之主體性，是一切道德價值判斷之根源統稱；而「義」，則是道德主體對應客觀事物之具體原則；「仁」是「義」之總體原則，「義」是「仁」之具體個別表現。〈議兵〉篇曰：「仁者愛人，義者循理。」〈不

40　《荀子·王霸》。

苟〉篇曰：「惟仁之為守，惟義之為行。」「仁」是行「義」之主體原則，而「義」則是「仁」之具體實踐，兩者互為體用、表裡。「義」是道德主體對應客觀事物之具體原則，必然與內在道德之主體性相通，故荀子常以「仁義」連稱之。〈勸學〉篇曰：「倫類不通，仁義不一，不足謂善學。」善學者能通等倫比類而通，行仁義必一貫；「義」、「仁」兩詞連稱，是指人心內在之道德意識。[41] 就此而言，「仁」與「義」連稱，是傳統習慣之說法，用以表達一個完整之概念。

〈君道〉篇曰：「行義塞於天地之間，仁智之極也。夫是之謂聖人。」凡是能圓滿實踐仁義者，即是聖人，反之，則是尚待努力修養之非聖之人。事實上，荀子雖然以「仁義」連稱，概括人之道德意識；但是，荀子用「仁義」所描述之對象，經常是指聖人，或是俱有政治權力之王者，而聖人與王者之別，在於政治之得勢與否。〈非十二子〉篇曰：「是聖人之不得埶者也，仲尼、子弓是也。」聖人雖能實踐仁義，然而聖人未必擁有政治實權，聖人雖未必有政權，但無礙聖人之實質與地位。至於聖人且擁有政權者，荀子稱之「聖王」。〈非十二子〉篇曰：「則聖人之得埶者，舜禹是也。」〈性惡〉篇曰：「凡禹之所以為禹者，以其為仁義法正也。」禹做為聖

41　《荀子·榮辱》曰：「仁義德行，常安之術也。」〈非相〉篇曰：「仁義功名善於後世」。〈王霸〉篇曰：「致忠信，著仁義，足以竭人矣。」

人之代名詞，乃是禹能圓滿實踐仁義之具體內容，故可稱之為「聖王」。

聖人內在之仁義，化為客觀具體之實踐行為，必然以天下國家之公共利益為目的。〈非十二子〉篇曰：「今夫仁人也，將何務哉？上則法舜禹之制，下則法仲尼子弓之義，以務息十二子之說。」聖人之仁，必然上承舜、禹之制，法則孔子、子弓之義，對抗不合仁義之諸子學說。〈王制〉篇曰：「案然修仁義，伉隆高，正法則，選賢良，養百姓，為是之日，而名聲剸天下之美矣。」聖王得勢，並承先王之制，修仁義之行，必得天下之美名。〈王制〉篇曰：「彼王者不然：仁眇天下，義眇天下，威眇天下。」楊倞注曰：「眇，盡也，盡天下皆懷其仁，感其義，畏其威也。」因此，聖人以其仁義之心，行仁義之政，天下服膺，必可得天下人心之實效。究其實，聖王以仁義治天下國家，不僅是自覺主體之必然要求，而且是符合人心之本質特性。〈議兵〉篇曰：「孫卿子曰：非汝所知也！汝所謂便者，不便之便也；吾所謂仁義者，大便之便也。」楊倞注曰：「汝以不便人為便也」，「吾以大便人為便也」。荀子雖然主張「議兵」之說，然而此兵乃是「仁義之兵」，是用以「禁暴除害」，非用以爭奪也。[42] 王者以仁義為政，乃是便民之政，以仁義行政，是最便民

---

42 《荀子·議兵》曰：「陳囂問孫卿子曰：『先生議兵，常以仁義為本。仁者愛人，義者循理，然則又何以兵為？凡所為有兵者，為爭奪也。』孫卿子曰：『非女所知也。彼仁者愛人，愛人，故惡人之害之也；義者循理，循理，故惡人之亂之也；彼兵者，所以禁暴除害也，非爭奪也。故仁人之兵，所存者神，所過

之政治。由此不難看出，荀子所謂「仁義」者，係指聖人之內在道德，或是國君以「仁義」為本懷之政治思想。

四、仁義禮之統

禮是人類一切行為之規範準則，並含攝一切人文化成，因此，禮是文化表現，是具體可見之文明象徵。禮不僅可以區人與其他生物之不同，同時又是一種民族之特殊表現，因此，行禮之文化意涵，便是禮之本質。荀子所強調之「禮義」，或「禮義文理」，即是突顯「禮」與「義」兩者之密切關係。

荀子慣用「禮義」指涉形式之「禮」與內容之「義」，「禮」與「義」是一體之兩面；「仁」與「義」之關係亦然。因此，禮、義與仁三者，形成一種兼俱理論意義與實踐意義之交互含攝關係。就實踐之關係而言，仁是人之本質內容，仁而生義，義生而制禮樂；就理論之關係而言，人守禮而知義，行義而知仁，踐仁而知人所以為「人」之道理。〈大略〉篇曰：

> 親親、故故、庸庸、勞勞，仁之殺也；貴貴、尊尊、賢賢、
> 老老、長長、義之倫也。行之得其節，禮之序也。仁、愛也，
> 故親；義、理也，故行；禮、節也，故成。仁有里，義有門；
> 仁、非其里而虛之，非禮也；義，非其門而由之，非義也。

者化。若時雨之降，莫不說喜，是以堯伐驩兜，舜伐有苗，禹伐共工，湯伐有夏，文王伐崇紂，此四帝兩王，皆以仁義之兵行於天下也。』」

推恩而不理，不成仁；遂理而不敢，不成義；審節而不知，
不成禮；和而不發，不成樂。故曰：仁義禮樂，其致一也。
君子處仁以義，然後仁也；行義以禮，然後義也；制禮反本
成末，然後禮也。三者皆通，然後道也。

「親親、故故、庸庸、勞勞」，乃因仁愛而有等差之別；「貴貴、
尊尊、賢賢、老老、長長」之人倫道理是出於義行而成；而仁義「行
之得其節」，則是因禮之次序使得仁愛、義行合乎禮節。故仁者必
推恩而得理，義者必遂理而敢行，禮者必審節而知意。仁、義、禮
於理論上是以守仁、行義為本，制禮則是依仁義而成，非於仁義之
外別有所本，故禮成於仁義。楊倞注曰：「本謂仁義，末謂禮節，
謂以仁義為本，終成於禮節也。」仁義是根本，是主觀性原則，禮
節是末節，是客觀性規範，以仁義為本之禮節，必然是合於「道」
之最理想之境界型態。仁、義、禮雖分為三，內外有分，主客有別，
然究其實，三者不僅俱有理論意義與實踐意義之連帶關係，而且三
者所欲達致之目的，「其致一也」，故荀子言「三者皆通」，三者
一體呈現。由此可知，仁、義、禮三者，可以分別指涉不同之涵意，
同時亦可使用「仁義」、「禮義」之詞組形式，表達更為週延之意
涵。而荀子極力綰合仁、義、禮三者之關係，甚且將三者建構成一
有機組織，形成一套詮釋理論與實踐原則兼容並蓄之思想學說，進
而達到「隆禮」之合理性與正當性。

　　荀子以「隆禮」為核心價值，然而，荀子亦深切了解，若試圖
以禮規範人群外在行為，一旦落實為具體之法令制度，勢必無法普
遍有效規範一切行為，反令禮成為一套徒俱形式且日益僵化之俱文
而已。〈勸學〉篇曰：「《禮》者，法之大分，類之綱紀也。」楊倞
注曰：「《禮》所以為典法之大分，統類之綱紀。類謂禮法所無，觸
類而長者，猶律條之比附。」荀子既要求以禮規範人群，則禮勢必
在客觀上必能達到有效制約之目的，同時在主觀上必須保持禮之彈
性與詮釋範圍，避免因文字之有限性所產生之侷限；同時，避免先
王所制定之禮制，無法滿足當代社會之要求，或者現行禮制無法適
應未來時代之挑戰。荀子認為，「禮」並非憑空出現之既定成果，
而是經由人類文明綿延發展所累積之結晶，荀子稱此一發展過程之
總合曰「統」。為此，荀子主張「隆禮」之時，同時強調「統」之
概念，以統攝一切有客觀法源依據之法律制度，及無客觀法源依據
之一切正當行為。法律制度固以先王之道為承先之傳統，若無明文
法源之行為者，則以禮義為類比之依據。〈臣道〉篇曰：「忠信以
為質，端愨以為統，禮義以為文，倫類以為理。」楊倞注曰：「統，
綱紀也，言以端愨自處而待物者也。」忠信乃禮義之本質，推己及
人以為統，禮義是文節，而「推近以知遠，以此為條理」乃是執行
禮義之方法。〈王制〉篇曰：「以類行雜，以一行萬。」楊倞注曰：
「得其統類，則不患於雜也。」荀子之「統」，主張法先王之傳統
與綱紀，而「類」則是依禮義類推其他一切合理行為之依據，即是

在建構一套以仁義統攝禮制，制禮以仁義為原則之傳統，使客觀形
式之禮制，獲得內在之精神本質，並合理化禮制存在之正當性，而
此一以仁義為制禮之傳統精神者，荀子稱之為「仁義之統」或是「禮
義之統」。

　　禮既是一套發展過程之傳統，而且是以仁義為本質基礎之綱
紀，[43] 荀子論及此一綱紀傳統，向以「仁義之統」、「禮義之統」稱
之；因此，論此一傳統，言必稱先王之道。〈榮辱〉篇曰：「今以夫
先王之道，仁義之統，以相群居，以相持養，以相藩飾，以相安固
邪。」先王之政治，乃是以仁義為道統，以仁義之統達到持養、藩
飾、安固天下之目的。〈榮辱〉篇又曰：「況夫先王之道，仁義之統，
《詩》《書》《禮》《樂》之分乎！」，《詩》《書》《禮》《樂》做為王
者制禮之參考樣本，最終仍以仁義為道統，故仁義之統乃是制禮之
本質內容。〈勸學〉篇曰：「將原先王，本仁義，則禮正其經緯蹊徑
也。」先王之道以仁義為根本，仁義是制禮之本質內容，仁義落實
為客觀化之形式，具體表現即是禮，故楊倞注曰：「所成、所出皆
在於禮也。」

　　荀子言「仁義之統」時，強調禮制之本質內容；若強調禮制之
客觀規範時，則稱「禮義之統」。荀子言「禮義之統」，著重在宣揚

43　《荀子·非十二子》曰：「若夫總方略，齊言行，壹統類，而群天下之英傑，
　　而告之以大古，教之以至順。」楊倞注曰：「總，領也。統謂綱紀，類謂比類。
　　大謂之統，分別謂之類。」

客觀制度，及制度規範作用所產生之結果。〈不苟〉篇曰：「君子治治，非治亂也。曷謂邪？曰禮義之謂治，非禮義之謂亂也。故君子者，治禮義者也，非治非禮義者也。」禮義不僅是一項社會文明指標，而且是判斷社會治亂之標準，合禮義者則治，非禮義者則亂。因此，〈王制〉篇曰：「無君子，則天地不理，禮義無統，上無君師，下無父子，夫是之謂至亂。」禮義是規範政治倫理之綱紀，是國家社會達到安治之不二法門。「禮義之統」是治理國家社會最可貴之傳統，亦是最重要之綱紀，故「禮義之統」重視其傳承精神，與貫徹禮義制度。〈王制〉篇曰：「王者之人：飾動以禮義，聽斷以類，明振毫末，舉措應變而不窮，夫是之謂有原。」禮義是王者治國之道，禮有明文則依文而行，禮無明文則以依其類推而行。〈儒效〉篇曰：「法先王，統禮義，一制度；以淺持博，以古持今，以一持萬。」禮義落實為具體之制度，且為制度之精神基礎，則必然要求禮之齊一、秩序與條理，[44] 以禮統攝一切制度與非制度之一切行為，達到〈王制〉篇所謂「以類行雜，以一行萬」之政治目的。

　　荀子建構「仁義之統」與「禮義之統」，乃在突顯仁、義、禮三者間之涵攝關係，三詞間之意涵互有重疊；「仁義之統」側重禮之本質內容，而「禮義之統」則偏向禮之制度規範。然而，無論是

44　韋政通《荀子與古代哲學》言：「至於類與統的涵義，有相同的一面，亦有相異的一面。……因此可以說，齊一、秩序、條理，是統類共有之屬性。……所以齊一、秩序、條理，乃統類必有之屬性。」頁24。

「仁義之統」或「禮義之統」，皆在彰顯「禮義」之傳統精神與實用價值。〈不苟〉篇曰：

> 百王之道，後王是也。君子審後王之道，而論百王之前，若端拜而議。推禮義之統，分是非之分，總天下之要，治海內之眾，若使一人。故操彌約，而事彌大。五寸之矩，盡天下之方也。故君子不下室堂，而海內之情舉積此者，則操術然也。

楊倞注曰：「君子審後王所宜施行之道，而以百王之前比之，若服玄端拜揖而議，言其從容不勞也。」歷來王者之道，無不匯集於後王，故後王無異於百代之王，皆從容不迫，端拱而議。先王與後王，皆推舉「仁義之統」、「禮義之統」，治海內之眾民，猶如指使一人。「禮義之統」雖是百王之道，亦是後王現實政治最有效之操作技術，故「禮義之統」不僅是繼承先王「仁義之統」，而且俱有現實政治之實用價值，此亦是荀子「隆禮」之精義所在。

五、心偽論與仁義禮之統

荀子既主張「性惡」，「法後王」又勸人為學，而《荀子》文本之中，言禮義者多，論仁、心者少，遂使荀子學說蒙受一層外在的、客觀的、甚至是權威式教條主義者之印象。然而，荀子言聖人主觀之心，與客觀化之政治原理禮義之關聯性為何，則可進一步說

明。

　　如前所述，荀子言「心」，其實兼俱內在道德主體之判斷力，與理解外在客觀事物之認知力，人之「心」同時涵蓋此雙重能力，荀子一方面說明人類與生俱有之動物本能，提供人類理解客觀事物之能力基礎，另一方面則以「心」做為區別人類與其他物種不同之特殊屬性，以「心」說明人類之異於禽獸可貴之處，及人類創造文明所以可能之價值來源。荀子以「偽」釋「人」，以「心」釋「偽」，人之本質即是「心偽」。心有仁義，仁義制禮樂，故人之可貴在於人俱有創造文明之能力，亦由此確立人之異於禽獸之本質屬性，而禮樂制度即是人類文明之具體表現；反之，人若無「心」，則無仁義，人無仁義則與動物無別，文明即無由生發；並且，人無仁義則不能制禮，無禮則歸於暴，淪為惡。荀子建構「仁義之統」、「禮義之統」，進而大力主張「隆禮」，顯然與其「心偽」與「惡性」之學說息息相關。

　　「禮」所以由單純之宗教儀式引伸為人類一切行為規範之天經地義之事之總稱，實際上已經賦予「禮」許多人文化成意義，且「禮」既是聖人所作，俱有區分人之異於禽獸之指標性意義，「禮」更隱含人類道德價值之判斷。〈大略〉篇曰：「禮以順人心為本，故亡於禮經而順於人心者，皆禮也。」「禮」是客觀之規範形式，「心」是主觀之價值判斷，禮是出於心，心是禮之本，故「禮出於心」；心既是禮之本，則順於心之禮，亦必與心合一，故「心入於禮」。

心所以能創造禮，乃因心俱有「誠」之能力，「誠」是心化為實踐之修養功夫。〈不苟〉篇曰：

> 夫誠者，君子之所守也，而政事之本也。惟所居以其類至，操之則存之，舍之則失之，操而得之則輕，輕則獨行，獨行而不舍，則濟矣。濟而材盡，長遷而不反其初，則化矣。

「誠」是唯君子能守，也是政治之根本，故心是否能「誠」，端賴君子之堅持，心是否能「誠」，亦關係政事之興亡，故「誠」乃是由君子之心發而成為政治之根本道理。而「誠」之功夫，乃操則存，舍則失，「誠」之工夫愈深，施於政治事業之作為愈大，故君子之誠心必然化為政治主張，正所謂：「聖人為知矣，不誠則不能化萬民」。[45] 荀子主張政治事業乃以建制禮義為首要工程，所謂：「禮者，政之輓也，為政不以禮，政不行矣。」[46] 禮與政治之關係，不言可喻。〈禮論〉篇曰：

> 禮者，人道之極也。然而不法禮，不足禮，謂之無方之民；法禮，足禮，謂之有方之士。禮之中焉能思索，謂之能慮；禮之中焉能勿易，謂之能固。能慮能固，加好者焉，斯聖人

45　《荀子·不苟》。

46　《荀子·大略》。

矣。天者，高之極也；地者，下之極也；無窮者，廣之極也；
聖人者，道之極也。故學者，固學為聖人也，非特學為無方
之民也。

禮做為人事之治道，從消極面看，禮是客觀之規範，制約不法
禮、不足禮之無方之民；從積極面看，法禮、足禮之有方之士，可
以透過禮之教化與學習，在禮之中思索，能慮、能固，加好者，乃
能成為聖人。聖人之德所以堪配天地，乃是聖人立人道之極，使天
下臻於太平之境。

從「性惡」之立場而言，更能彰顯禮之客觀意義。〈性惡〉篇
曰：

古者聖王以人之性惡，以為偏險而不正，悖亂而不治，是以
為之起禮義，制法度，以矯飾人之情性而正之，以擾化人之
情性而導之也，始皆出於治，合於道者也。

故聖人化性而起偽，偽起而生禮義，禮義生而制法度。

由於人之「性惡」，聖王惡其亂，且為防範於未然，故制禮義法度
以節制人之情性。禮義法度既出於聖人之心，聖人之心必合於道，
則禮義之道可以達到正理平治之效果，必然是善；反之，若無禮義，
則容易造成偏險悖亂之惡。陸建華分析荀子主張「性惡」與「隆禮」
之關係時言：

荀子研究人性問題意在解決禮的發生和價值問題。即是說，
荀子 "性惡" 的證明是為了從人性之維說明禮的產生的內
在根由和禮的產生的必然性，以及禮的存在的客觀價值。[47]

因此，聖人之誠其心所體現之客觀形式，便是禮義，而禮義則是政
治最合乎道之原則基礎。〈大略〉篇曰：

親親、故故、庸庸、勞勞，仁之殺也；貴貴、尊尊、賢賢、
老老、長長，義之倫也；行之得其節，禮之序也。仁，愛也，
故親；義，理也，故行；禮，節也，故成。
故曰：仁義禮樂，其致一也。君子處仁以義，然後仁也；行
義以禮，然後義也；制禮反本成末，然後禮也。三者皆通，
然後道也。

楊倞注曰：「本謂仁義，末謂禮節。謂以仁義為本，終成於禮節也。」
荀子言仁、義、禮三者乃是異名而同實：就實踐義而言，君子處仁
行義，行義成禮；就理論義而言，禮成即義行，義行即仁處；仁義

---

[47] 陸建華著：《荀子禮學研究》（合肥：安徽大學出版社，2004 年），頁 147。

乃禮之實質內容，禮乃仁義之形式表現，仁義與禮互為印證，實踐
與理論合而為一，故荀子之言近似孔子之義。[48]

　　聖人既是人道之創造者，其心生仁義，發揮到極致處，便是「從
心所欲不踰矩」之境界。〈解蔽〉篇曰：

　　　　聖人縱其欲，兼其情，而制焉者理矣。夫何彊、何忍、何危？
　　　　故仁者之行道也，無為也；聖人之行道也，無彊也。仁者之
　　　　思也恭，聖人之思也樂，此治心之道也。

楊倞注曰：「兼猶盡也。聖人雖縱欲盡情而不過制者，由於暗與理
合故也。」聖人心誠之境界，在舉手投足之間，無不從容中道，故
聖人縱欲盡情仍能依心而為，聖人仁心乃治道之源頭活水。〈大略〉
篇曰：

　　　　人主，仁心設焉，知其役也，禮其盡也。故王者先仁而後禮，
　　　　天施然也。

48　《論語·衛靈公》載：「子曰：『君子義以為質，禮以行之，孫以出之，信以
　　成之。君子哉。』」勞思光在《新編中國哲學史》（一）中分析孔子之仁、義、
　　禮三者之關係時，言：「禮以義為其實質，義又以仁為其基礎，此是理論程序；
　　人由守禮而養成「求正當」之意志，即由此一意志喚起『公心』，此是實踐程
　　序。就理論程序講，『義』之地位甚為顯明；就實踐程序講，則禮義相連，不
　　能分別實踐。故孔子論實踐程序時，即由『仁』而直說到『禮』。」頁118。

楊倞注曰：「人主根本所施設在仁，其役用則在智，盡善則在禮，天施天道之所施設也。此明為國以仁為先也。」荀子強調禮義之統，主張要以禮治國，而禮乃是出於聖人之仁心，聖人之心體仁之後，可以役智，智用乃能設禮義之統，施禮義之統則可以化育萬民。荀子曰：「禮以順人心為本，故亡於《禮經》而順人心者，皆禮也。」[49]禮之本在於人心，所謂「禮」，不在於是否合乎禮經之規定，而是禮之規定是否順應人心，順人心為禮，反人心則為非禮，由此，則順人心之禮，必能合人心之要求。因此，荀子一貫主張：「法後王，一制度，隆禮義而殺《詩》《書》」。[50]因為人心不僅是主觀道德仁義之根源，同時兼俱認知外在客觀事物之能力，故凡人除了以「虛壹而靜」之修養工夫，達到「大清明」之聖人境界外；尚可透過後天之學習禮義法度而成為聖人；禮義法度不僅是凡人進德修養的工夫歷程，同時也是聖人治國施政之必然選擇。因此，論荀子之心與禮之關係，以「禮出於心，心入於禮」一句概括，頗能傳達荀子之學術性格與思想特色。[51]

49　《荀子・大略》。

50　《荀子・儒效》。

51　勞思光在《新編中國哲學史》（一）中分析孔子發展「禮」之理論言：「簡言之，即攝『禮』歸『義』，更進而攝『禮』歸『仁』是也。」頁109。

第三節　禮之實踐──禮制

荀子主張「性惡」,同時批評孟子性善說之缺失。〈性惡〉篇曰:

> 凡論者,貴其有辨合,有符驗。故坐而言之,起而可設張而
> 可施行。今孟子曰:「人之性善」,無辨合符驗,坐而言之,
> 起而不可設張而不可施行,豈不過矣!故性善則去聖王,息
> 禮義矣;性惡則與聖王,貴禮義矣!

荀子反對孟子性善說之重點有二:其一,性善論只是理上之可能,
驗之於客觀現實經驗則無法證成,空口無憑;其次,性善論者必須
依賴人性之自律,既不能建立客觀制度,無法有效制約人群,同時
弱化國君之管理權力與禮義制度存在之價值。反之,荀子主張「性
惡」,不僅符合人性經驗之實然如此,且以性惡為基礎,說明政治
制度對於人群社會之必要性,並以制度有效管理群眾,彰顯國君對
於國家社會之正面價值,而此亦是荀子性惡學說之核心意義。

荀子之「禮」,就其內容而言,是以仁義為本質,即是「禮義」;
就其形式而言,則是客觀之行為規範,荀子稱「禮義法度」,傳統
稱之為「禮制」。《說文》曰:「制,裁也。」「制」若置於「禮」之
前,可做為動詞「制裁」、「制作」之意;若置於「禮」之後,則是
做名詞「制度」之意。「禮制」制定之過程或許有禮學專家等人參

與討論，但「制」是出於王者之命令，[52]「禮」之制定，必以王者為最後之仲裁者，因此，「禮制」必然出於管理者之手，王者即是立法者兼執法者。

「禮義」以仁義本質，落實為客觀之行為規範則是「禮義法度」，則理想人格之「聖人」與政治上之「王者」相提並論，乃是理所當然之事。《荀子·正論》曰：

> 故天子唯其人。天下者，至重也，非至彊莫之能任；至大也，非至辨莫之能分；至眾人，非至明莫之能和。此三至者，非聖人莫之能盡，故非聖人莫之能王。聖人備道全美者也，是縣天下之權稱也。

治理天下之重責大任，非聖人莫能為之。聖人有別於常人者，乃聖人能「化性」，能「起偽」也；聖人既能自我反省思慮，又能繼承傳統教化，故能生發禮義之心，進而從禮義之心創生法律制度。[53]「禮制」必然出於王者之手，而理想之典章制度，又必出於聖人之積習；因此，荀子理想中之聖王，應是聖人與王者合一之完美型態。〈正論〉篇曰：

---

52 蔡邕〈獨斷〉：「制書，帝者制度之命也，其文曰『制』。」

53 《荀子·性惡》曰：「聖人積思慮，習偽故，以生禮義而起法度，然則禮義法度者，是生於聖人之偽，非故生於人之性也。」又曰：「故聖人化性而起偽，偽起而生禮義，禮義生而制法度；然則禮義法度者，是聖人之所生也。」

凡議必先立隆正，然後可也。無隆正則是非不分，而辨訟不
決，故所聞曰：『天下之大隆，是非之封界，分職名象之所
起，王制是也。』故凡言議期命、是非，以聖、王為師。而
聖、王之分，榮辱是也。

楊倞注曰：「期，物之所會也；命，名物也；皆以聖王為法也。」
大凡一切名實議論，莫不以聖王所制之榮辱為綱領，為依歸，故王
制即是判斷一切言論是非之最高準則。

一、禮制與人性特質

荀子「隆禮」之精神，乃在伸張由仁義所建立之客觀禮制，因
此，客觀之禮制必然與內在之仁義俱有直接而密切之關聯性。換言
之，聖王之禮制，必然以仁義為依歸，以人性為原則，使禮制順應
人性，達到規範人性之目的。因此，荀子之「隆禮」，乃是聖人仁
義之心引渡到人性之橋樑、工具。相對於人性而言，禮制之作用，
可從消極之「節」與積極之「養」兩面觀察。

（一）節

人性所以為惡，肇因於社會資源條件有限，而人性之欲求無度
量分界，人欲不得滿足，必然造成社會爭、亂、窮之惡果；因此，
荀子主張「隆禮」，乃是基於社會物質分配不均所造成之惡果。先
王制禮之目的，即在有限物質之前提下，合理分配資源，促使社會
資源與人性之要求，達到人欲與物質兩相平衡之和諧狀態。荀子曰：

「凡語治而待去欲者，無以道欲而困於有欲者也。」[54]人欲既是人性中不可無之普遍本能，則治國之道，不能以消除人欲為目的；如此治國，違悖人性。荀子曰：「凡語治而待寡欲者，無以節欲而困於多欲者也。」[55]人欲既不可免，而刻意節約減損人欲即是壓抑，壓抑人欲既無法滿足人欲之要求，亦是悖逆人性之做法。換言之，無論是「去欲」，或是「寡欲」，皆是違逆人性，違逆人性之政治，必然無法達到治國之目的。因此，荀子「隆禮」之精神，並非利用政治手段消除或是壓抑減損人欲，而是透過禮制之手段，「使欲必不窮乎物，物必不屈於欲」，[56]避免因個人私欲而破壞社會整體和諧。荀子既已清楚掌握人性對於社會群體之深遠影響，則荀子乃是透過禮制之手段，防治人性對社會可能產生之負面效果；而禮制之消極功能即是「節」。

荀子言「節」，有撙節、約束之意。〈富國〉篇曰：「足國之道，節用裕民，而善藏其餘。節用以禮，裕民以政。」楊倞注曰：「以禮，謂用不過度也；以政，謂取之有道也。」國雖有餘，猶能不耗損而蓄積致富，乃富國之道，故「節」有節制之意。[57]〈富國〉篇曰：「上以法取焉，而下以禮節用之。」楊倞注曰：「法取，謂什一也；以禮節用，謂不妄耗費也。」故「節」有節約、節制之意，

54　《荀子・正名》。

55　《荀子・正名》。

56　《荀子・禮論》。

57　《荀子・天論》曰：「彊本而節用，則天不能貧。」亦同此意。

不浪費物質資源；而節用之限度，則以禮制為準。

　　禮制之「節」，不僅是指節約物質資源，亦可以指個人行為之節制。〈禮論〉篇曰：「……好惡以節，喜怒以當。……禮豈不至矣哉！」楊倞注曰：「言禮能上調天時，下節人情。若無禮以分別之，則天時人事皆亂也。」禮之於人，猶如天體運行之自然規律。人之自然性情，有好惡喜怒，此亦性惡之源，若以禮制節制之，則可避免作亂為惡。〈正名〉篇曰：

> 性者、天之就也；情者、性之質也；欲者、情之應也。以所欲為可得而求之，情之所必不免也。以為可而道之，知所必出也。故雖為守門，欲不可去，性之具也。雖為天子，欲不可盡。欲雖不可盡，可以近盡也。欲雖不可去，求可節也。所欲雖不可盡，求者猶近盡；欲雖不可去，所求不得，慮者欲節求也。道者、進則近盡，退則節求，天下莫之若也。

性是天生而俱，情是性之具體內容，情應於外物則有欲，欲求是人之性情對外物之反應與活動。「欲」是必然與生俱有，天子與守門皆有是「欲」，然而「欲」「不可盡」，人欲可能無窮而物資有限，若勉強盡人欲，則不能無爭、無亂，故人欲可以求「近盡」。楊倞注曰：「近盡，近於盡欲也。言天子雖不可盡欲，若知道則用可近盡而止之，不使放肆之也。」人欲無窮，故人欲無法達到完全滿足

之目的，人欲既無法完全滿足，則荀子處理人欲之原則，乃是求其盡量滿足，而非完全滿足。且人欲既不可去，然而可以「節」，「節」即是在無形與無限之欲求與有形有限之物資條件之間取得調節平衡：當物資充足時，即可「近盡」；反之，則思慮「節欲」以適應物資條件，此即荀子所謂之「道」。「道」即是以禮制調節人性欲求與物資條件相輔相成最基本原則。〈禮論〉篇曰：「故人一之於禮義，則兩得之矣；一之於情性，則兩喪之矣。」以禮義為本，則禮義與情性兩全其美。

禮制所以俱有「節」之功能，在於禮制合於仁義之要求。仁義能合理限禁人性超越物資條件之過度欲求，禮制既合於仁義，則禮制所規範之行為，必然合於仁義之要求，而達到「節」之目的；故禮制之「節」，乃因義而「節」。〈不苟〉篇曰：「君子大心則敬天而道，小心則畏義而節」，天體運行有其常道，人群社會則以義節制，君子之心志保持敬畏，大處合於天道之規律，小處合於禮義之節制。〈疆國〉篇曰：

> 故為人上者，不可不順也。夫義者，內節於人，而外節於萬物者也；上安於主，而下調於民者也；內外上下節者，義之情也。

楊倞注曰：「義之情，皆在得其節。」義之實質即是「節」。因義

俱有限禁人群活動之作用，人群於禮義所規定之範圍內活動，則國泰而民安，故國君當以義為依歸。故〈富國〉篇曰：「故知節用裕民，則必有仁義聖良之名，而且有富厚丘山之積矣。」節用裕民之禮制，必涵有仁義道德以為規範。

禮制之消極功能，乃是以禮制限禁人欲需求超越物資條件，規範群體社會之活動範圍，避免社會爭亂。相對於群體社會而言，個人俱有各種不同身分地位，個人之身分地位相應於群體社會，便產生各種不同之權利義務，禮制功能，即在個人與群體之關係脈絡中，規範每一個人之活動內容。〈富國〉篇曰：「禮者，貴賤有等；長幼有差，貧富輕重皆有稱者也。……由士以上則必以禮樂節之，眾庶百姓則必以法數制之。」所謂「刑不上大夫」，則士以必以禮樂節制之；「禮不下庶人」，則庶民百姓以法律度數規範之；故禮樂、法數皆以節制、限禁個人行為為目的。禮制之制定，必須適應每一個人在群體社會之身分地位，規定每一個在群體社會中之權利與義務；因此，禮制之具體內容上，必然形成一種俱有倫理層次之秩序結構，荀子稱此秩序結構為「禮節」，或是「禮義節奏」。〈修身〉篇曰：「由禮則和節」，王先謙解曰：「和節猶和適。」及〈儒效〉篇曰：「行禮要節而安之」，「張法而度之，則晻然若合符節」，意即，一切活動若依禮制而行，則和諧適當，言行舉止合乎禮制規定，即是中節，「節」即是行禮之基本要求。反之，若「不好辭讓，不敬

禮節,而好相推擠:此亂世姦人之說也」。[58]

　　行禮之基本要求,是行為合乎禮制規定。〈致士〉篇曰:「禮者、節之準也。」若要求禮制成為一切行為之規範,則必須落實為客觀且具體之禮法制度。[59]〈大略〉篇曰:

　　　　親親、故故、庸庸、勞勞,仁之殺也;貴貴、尊尊、賢賢、
　　　　老老、長長,義之倫也。行之得其節,禮之序也。仁、愛也,
　　　　故親;義、理也,故行;禮、節也,故成。

「行之得其節,禮之序也」,楊倞注曰:「行仁義得其節,則是禮有次序。」禮節次序發乎仁義,故行為合乎禮節次序即是行仁義。人有仁,始能親愛人,使「親親、故故、庸庸、勞勞」等,皆有等差之別;人有義,始能依理而行,使「貴貴、尊尊、賢賢、老老、長長」等,皆有倫理次序。然而,人雖有仁義,尚且須以禮制節制之,始能成就一切由仁義所發展出之文明倫理。

58　《荀子·解蔽》。

59　諸如:〈非十二子〉篇曰:「禮節之中」,〈儒效〉篇曰:「禮節修乎朝」,〈禮論〉
　　篇曰:「反無哭泣之節」,「明貴賤親疏之節」,「其於禮節者闕然不具」,〈樂論〉
　　篇曰:「以要鐘鼓俯會之節」,「拜至、獻、酬,辭讓之節繁」,及「飲酒之節」
　　等,皆是指禮法制度之明確規範。

（二）養

　　禮制之消極功能是「節」，而積極性之功能則是「養」。禮制是欲求與供給兩端中之平衡點，一方面在節制欲求超越供給，一方面則是積極開發供給，滿足人欲需求。禮制可以節制無窮之人欲，然而，禮制不是以壓抑人欲為目的，節制人欲，只是在維護社會和諧穩定；禮制之積極作用，是以「近盡」滿足人欲，甚至是培養人性欲求，以創造「富而好禮」之繁榮社會為目的。故荀子曰：「故制禮義以分之，以養人之欲，給人之求。」欲求與供給「兩者相持而長」，積極促進人群社會之蓬勃發展，此乃是荀子「隆禮」之真諦與價值。

　　荀子言「養」，可從兩方面闡釋，其一是生活條件，其二是道德涵養。在生活條件之供給方面，「養」是指養育與奉養之意，是以物質供給滿足民眾生存之基本需求為基礎。[60]〈儒效〉篇曰：「以從俗為善，以貨財為寶，以養生為己至道，是民德也。」養生乃是人民最基本之生存要求。人類文明並非留滯於茹毛飲血之時代，隨

60　〈臣道〉篇曰：「偷合苟容以持祿養交而已耳」；〈議兵〉篇曰：「則高爵豐祿以持養之」，楊倞注曰：「持此以生之也。」〈議兵〉篇曰：「若是則戎甲俞眾，奉養必費。」楊倞注曰：「奉養戎甲，必煩費也。」〈彊國〉篇曰：「所以養生安樂者」；〈天論〉篇曰：「養備而動時，則天不能病」，楊倞注曰：「養備，謂使人衣食足。」〈天論〉篇曰：「萬物各得其和以生，各得其養以成」；〈賦篇〉篇曰：「養老長幼」；〈大略〉篇曰：「少者以長，老者以養」；及〈子道〉篇曰：「以養其親」等，以上所言之「養」，概指奉養、養長、養育之意，是以物質條件供給、滿足個人生活所需。

時間推移，人類生活所需日益繁複而多樣，一人既無法成就一物，一物亦無法滿足一人，故維繫人類生存之物質條件，必須仰賴社會群體之分工合作，始能完備。由於人類俱有群聚生活之社會屬性，而人類天生俱有「好利」、「疾惡」、「耳目之欲」之本性，順人之情性，必出於爭奪而歸之於暴，此乃人欲對於社會之不利影響；然而，個人離群而獨居，缺乏彼此支援，則必窮困潦倒；因此，人類之情性與社會之屬性，存在著既合作又競爭之利害關係。然而，分則兩害，合則兩利，人類之生存必須仰賴社會之分工合作，而社會之分工，又造成人類彼此相互競爭，為避免社會合作所產生之爭亂結果，則必依賴禮制始能維護社會之運作。〈富國〉篇曰：

> 故百技所成，所以養一人也。而能不能兼技，人不能兼官。離居不相待則窮，群居而無分則爭；窮者患也，爭者禍也，救患除禍，則莫若明分使群矣。彊脅弱也，知懼愚也，民下違上，少陵長，不以德為政：如是，則老弱有失養之憂，而壯者有分爭之禍矣。

所謂「一人」，當指社會群體之總合。[61] 社會各式行業，乃為造福社會人群而設，人之技能既無法身兼數技，又無法兼任數官，故不

---

61 荀子言「一人」，應是指人，即社會群體之人。楊倞注曰：「一人，君上也。」其解不合理。

能離群而索居。然而，群居易生禍端，則老弱者無生存能力，而少壯者易滋生禍端，故必以「分」別人群，以德為政，否則社會必然發生於「彊脅弱也，知懼愚也，民下違上，少陵長」等不公平現象。

　　人類之文明，來自於人欲之要求，生活內容與方式，乃形成一種文化表現與文明指標。例如：食，是人類生存本能；如何食，則是民族文化表現，代表一民族之文明指標；衣、住、行等一切生活所需亦然。荀子認為，文明是不斷地累積與進步，人之性情不僅僅只是要求「飢而欲飽，寒而欲煖，勞而欲休」之基本生存條件而已，生存之後更要求發展，品質不斷改良，生活要過得舒適與精緻，因此，荀子特別重視現實生活中物質條件之進步與革新。〈王霸〉篇曰：

　　　夫人之情，目欲綦色，耳欲綦聲，口欲綦味，鼻欲綦臭，心欲綦佚。此五綦者，人情之所必不免也。養五綦者有具。無其具，則五綦者不可得而致也。萬乘之國，可謂廣大富厚矣，加有治辨彊固之道焉，若是則恬愉無患難矣，然後養五綦之具具也。

綦者，極也。「五綦」者，乃指人性之情：目之欲極於色，耳之欲極於聲，口之欲極於味，鼻之欲極於臭，心之欲極於安佚。此五項要求，乃是人性之感官知覺要求，是人情不可或缺之內容事項，而

國家應充分供給人民生活之最佳條件。國家若能滿足人情之「五綦」無虞，則可稱為廣大富厚之國，富國復加有治辨彊固之道，則是富彊之國，人民生活於富強之國境，則能恬愉而無患難。換言之，富強之國有義務供給人民最富裕之生活環境，否則，不配稱之為富強之國。

人性之情追求「五綦」，禮制之積極作用，即在創造一個滿足人類「五綦」欲求之富裕社會。〈禮論〉篇曰：

> 故禮者養也。芻豢稻粱，五味調香，所以養口也；椒蘭芬苾，所以養鼻也；雕琢刻鏤，黼黻文章，所以養目也；鐘鼓管磬，琴瑟竽笙，所以養耳也；疏房檖貌，越席牀第几筵，所以養體也。故禮者養也。

「五綦」之具體內容，即是滿足人類生理感官知覺之生活條件。「養」不僅是維持生存而已，而且要在生活上追求更美好之事物，滿足人類追求美好事物之欲望。禮制不僅調節供需平衡，並且提供最佳生活環境，故荀子反覆重申「禮者養也」。至於荀子所謂「五綦」最佳之生活條件，象徵一民族文明之極致表現者，當以天子之「養」為代表。〈正論〉篇曰：

> 天子者，埶至重而形至佚，心至愉而志無所詘，而形不為勞，

尊無上矣。衣被則服五采，雜間色，重文繡，加飾之以珠玉；
食飲則重大牢而備珍怪，期臭味，曼而饋，代睪而食，雍而
徹乎五祀，執薦者百餘人侍西房；居則設張容，負依而坐，
諸侯趨走乎堂下；出戶而巫覡有事，出門而宗祝有事，乘大
路，趨越席以養安，側載睪芷以養鼻，前有錯衡以養目，和
鸞之聲，步中武象，趨中韶護以養耳，三公奉輨、持納，諸
侯持輪、挾輿、先馬，大侯編後，大夫次之，小侯元士次之，
庶士介而夾道，庶人隱竄，莫敢視望。居如大神，動如天帝。

由於天子位居至尊，「居如大神，動如天帝」，天子舉止猶如神帝
般莊重，所以舉凡天子之日常起居飲食、服飾與廟堂活動等，無不
講究。天子馬車之擺設裝置與馬匹挑選，以及馬車上種種象徵圖騰，
無非是要滿足天子之生理欲求。[62] 甚至天子馬車出巡，三公以降之
士族及庶士，先導與尾隨，皆有一定禮制。至於庶人，則隱匿躲避，
不得直視冒犯。國君雖然擁有國家最高級之物質享受，但亦有其相
對之政治責任；雖然百姓未能如國君般享有物質文明，但是維持
基本生存權利、維護最佳生活品質，乃是百姓之期持，同時亦是對
國君政權之期許。

62　〈禮論〉亦有類似記載：「故天子大路越席，所以養體也；側載睪芷，所以養
　　鼻也；前有錯衡，所以養目也；和鸞之聲，步中武象，趨中韶護，所以養耳也；
　　龍旗九斿，所以養信也；寢兕持虎，蛟韅、絲末、彌龍，所以養威也；故大路
　　之馬，必倍至教順，然後乘之，所以養安也。」

　　國君依禮制管理國家，禮制之目的，乃在創造繁榮富裕之生活環境，故養長百姓乃是國君最重要，亦是最根本之責任與義務。〈君道〉篇曰：

　　道者，何也？曰：君之所道也。君者，何也？曰：能群也。能群也者，何也？曰：善生養人者也，善班治人者也，善顯設人者也，善藩飾人者也。善生養人者人親之，善班治人者人安之，善顯設人者人樂之，善藩飾人者人榮之。四統者俱，而天下歸之，夫是之謂能群。……故曰：道存則國存，道亡則國亡。省工賈，眾農夫，禁盜賊，除姦邪：是所以生養之也。

　　「道存則國存，道亡則國亡」，道之存亡即國之存亡。荀子之「道」，乃是指治國之常法條貫，亦即是規範一切人倫秩序之禮義，故禮義是決定國家存亡之關鍵。禮義由國君所制，亦為國君所執，故「道」是國君所主導與遵循。國君以其政治權力管理群眾，善於養長、辨治、顯用、尊榮民眾，並且能減少工商活動人口，增益農作人力，禁絕作姦犯科之事者，民眾從而能親、安、樂、榮於國土境內，此即是國君所以能群之謂也。而國君表現能群之一，亦是最基本之工作，即是「善生養人」也。[63]

---

[63] 〈非十二子〉篇曰：「長養人民」，〈儒效〉篇曰：「養百姓之經紀」，皆指此意。

國君治理國政，以養長萬民為本，養長之方即是禮制。〈王制〉
篇曰：

> 先王惡其亂也，故制禮義以分之，使有貧富貴賤之等，足以
> 相兼臨者，是養天下之本也。

人性欲求固不可免，唯可以「節」之；人性欲求雖無窮盡，亦求「近
盡」之。欲避免人性所導致之惡，必依賴禮制發揮功效，使國境之
民皆有所「養」。楊倞注曰：「使物有餘而不窮竭。」即是要求物
質之供給，不因人之欲求而短絀。〈王制〉篇曰：

> 故天之所覆，地之所載，莫不盡其美，致其用，上以飾賢良，
> 下以養百姓而安樂之。夫是之謂大神。

楊倞注曰：「物皆盡其美而來為人用也。」國君能「變通裁制萬物」，
致力開發資源而為人民所用，改善百姓生活條件，獲得安樂之生活
環境，是最大之功效與政績。〈富國〉篇曰：「少者以長，老者以
養」，「養長之，如保赤子。」換言之，國君要將百姓視為幼子善
盡照顧，視養長百姓為應盡之責任與義務。〈王制〉篇曰：

> 案然修仁義，伉隆高，正法則，選賢良，養百姓，為是之日，
> 而名聲劑天下之美矣。

國君一旦能修養仁義，崇隆禮義，執行法令，選賢舉能，養長百姓，則可得美名於天下。〈禮論〉篇曰：

> 父能生之，不能養之；母能食之，不能教誨之；君者，已能
> 食之矣，又善教誨之者也。

父母教養子女有時而窮，而國君對萬民之養長責任，則是不容間斷，國君對萬民之責任，實已超越父母教養子女之責。雖然荀子言必「尊君」、「隆禮」，崇奉國君及其政權之正當性，而國君且坐擁國家最大資源；然而，國君所肩負養長百姓之事，可謂重責大任，由此可見，荀子對於國君一職，其實寄託極高之理想與期許。

〈大略〉篇曰：

> 禮之於正國家也，如權衡之於輕重也，如繩墨之於曲直也。
> 故人無禮不生，事無禮不成，國家無禮不寧。

禮制端正國家秩序，是權衡是非、判定對錯之客觀標準，是維繫國家和平穩定最重要之基石；故無禮則人不生，事不成，國家不得安

寧。〈大略〉篇曰：

> 君臣不得不尊，父子不得不親，兄弟不得不順，夫婦不得不
> 驩，少者以長，老者以養。故天地生之，聖人成之。[64]

楊倞注曰：「不得，謂不得聖人之禮法。」君臣無禮則不尊，父子
則不親，兄弟則不順，夫婦則不歡。有禮制則少者得以生長，老者
得以奉養。天地生人，而聖人所制定之禮義，則是成就一切人事制
度，禮義即是人類文明之具體表現。

　　荀子言「養」，除國君供給生活物資養長百姓之外，另一方面，
是指禮樂教化之道德涵養。人類是群聚動物，且俱有社會化之學習
能力；群聚生活有賴禮制維繫秩序，而維繫生活秩序則有賴禮制，
及其禮制教化民眾培養公共道德意識。禮制乃聖人「積思慮，習偽
故」所創建之客觀軌道，其中必然涵有聖人仁義之心，故禮制乃是
聖人仁義之心之具體實踐。禮制在客觀上可以調節人欲，達到養民
之效果，其禮制規模在主觀精神方面，可以涵養群體社會之道德意
識，培養學習道德觀念，確立道德價值根據。禮制一方面由國家提
供最佳之生活品質，另一方面則是用以教化群體活動，使其不失序，
並且合乎道德準則，營造一個富而好禮之社會型態。

64　汪中考證此段乃錯簡，當在上文「國家無禮不寧」之下。

孔子曰：「富與貴，是人之所欲也，不以其道得之，不處也；貧與賤，是人之所惡也，不以其道得之，不去也。」[65]人之情欲富貴而惡貧賤，然而富貴貧賤乃命之事，君子合於道則處之，不合於道則去之，故君子安貧而樂道。孔子曰：「士志於道，而恥惡衣惡食者，未足與議也。」[66]惡衣惡食無妨於行道，若恥之，則其志可知也；朱子注曰：「心欲求道，而以口體之奉不若人為恥，其識趣之卑陋甚矣！何足與議於道哉？」其志既卑陋，則不知道，既不知道，其志又卑，則不足與議道也。荀子秉持孔子精神，主張個人與群體在滿足私欲之過程中，仍要以禮制為基準，以禮義為原則。禮義在社會活動中，俱有優先性，富貴貧賤則是其次，人欲既是其次，則惡衣惡食無妨君子求道。〈正名〉篇曰：

> 故嚮萬物之美而盛憂，兼萬物之美而盛害，如此者，其求物也，養生也？粥壽也？故欲養其欲而縱其情，欲養其性而危其形，欲養其樂而攻其心，欲養其名而亂其行，如此者，雖封侯稱君，其與夫盜無以異；乘軒戴絻，其與無足無以異。夫是之謂以己為物役矣。

人欲雖不可免亦無限量，故在追求物欲之過程中，必要求節制，養

65　《論語·里仁》。

66　《論語·里仁》。

欲不可縱情，養性不可危形，養樂不可攻心，養名不可亂行，物欲
不得凌駕禮義之上，否則，自我被物欲吞噬，而為物所役。〈樂論〉
篇曰：

> 亂世之徵，其服組，其容婦，其俗淫，其志利，其行雜，其
> 聲樂險，其文章匿而采，其養生無度，其送死瘠墨，賤禮義
> 而貴勇力，貧則為盜，富則為賊；治世反是也。

人為物所役之結果，必流於追逐服飾華麗，容妝美好，風俗淫逸，
意志趨利，行為雜沓，樂聲邪險，文飾多彩，養生無節，送死貧瘠，
賤禮義而好勇力，貧者淪為盜，富者為殘賊，凡此以上皆是亂世之
徵候，結果與治世相反也。〈禮論〉篇曰：「故人一之於禮義，則
兩得之矣；一之於情性，則兩喪之矣。」禮義不僅俱有優先性，而
且是保障情性之必要條件；若反其道而行，專一於情性，以物欲為
先，則非但禮義不存，情性亦不保矣。故〈彊國〉篇曰：「故人莫
貴乎生，莫樂乎安；所以養生安樂者，莫大乎禮義。」安樂生活必
以禮義為根基。〈正名〉篇曰：

> 心平愉，則色不及傭而可以養目，聲不及傭而可以養耳，蔬
> 食菜羹而可以養口，麤布之衣，麤紃之履，而可以養體。屋
> 室、盧庾莄、稾蓐、尚机筵，而可以養形。故無萬物之美而

可以養樂，無執列之位而可以養名。如是而加天下焉，其為
天下多，其和樂少矣。夫是之謂重己役物。

為避免自我為物所役，使禮義與情性兩喪之，則耳目感官之物欲條
件，及其樂心、美名之事，不可傷及禮義而強求之。楊倞注曰：「知
道則心平愉，心平愉則欲惡有節，不能動，故能重己而役物。」人
心知禮義之道，則能節制欲惡，能節制欲惡，則不被物所役，且能
役物。〈修身〉篇曰：「傳曰：『君子役物，小人役於物。』」此
之謂也。至於禮義如何節制物欲，則有賴仁義之心所發揮之道德意
識。

　　禮制在客觀上能節制人性欲求，在主觀上則能培養道德意識，
禮制形式建立道德教育。〈修身〉篇曰：

扁善之度——以治氣養生，則後彭祖；以修身自名，則配堯
禹。宜於時通，利以處窮，禮信是也。凡用血氣、志意、知
慮，由禮則治通，不由禮則勃亂提僈；食飲，衣服、居處、
動靜，由禮則和節，不由禮則觸陷生疾；容貌、態度、進退、
趨行，由禮則雅，不由禮則夷固、僻違、庸眾而野。故人無
禮則不生，事無禮則不成，國家無禮則不寧。詩曰：「禮儀
卒度，笑語卒獲。」此之謂也。

楊倞注曰：「《韓詩外傳》曰：君子有辨善之度。言君子有辨別善之法，即謂禮也。言若用禮治氣養生，壽則不及於彭祖；若以脩身自為名號，則壽配堯禹不朽矣。言禮雖不能治氣養生，而長於脩身自名，以此辨之則善可知也。」禮固然可以治氣養生，更重要者，是用以修身。以禮修身，依禮而行，適用於通達與窮困之時，舉凡一切行為舉止，依禮則善，無禮則人群無法生存，事情不能成功，國家不會安寧。禮小自個人之修身，大到維護國家安全，是每一個人，尤其是國君終生奉行不渝之原則。孔子曰：「政者，正也。子帥以正，孰敢不正！」[67]國君治理政事，不過是端正而已，自己端正，民自端正；民既端正，則國家太平。故孔子曰：「君子之德風，小人之德草，草上之風，必偃。」[68]荀子亦承此學說，〈君道〉篇曰：「君子者，治之原也。官人守數，君子養原。」國君是治國之根本主體；官吏固守本職，而國君則在修養自己。國君以禮修養，上行而下效，則百姓必守禮。〈君道〉篇曰：「君者，民之原也。」故曰：「聞脩身，未嘗聞為國也。」〈王制〉篇曰：「王者之人，飾動以禮義，聽斷以類，明振毫末，舉措應變而不窮，夫是之謂有原，是王者之人也。」楊倞注曰：「原，本也，知為政之本。」國君以脩身為治國之道，治國有賴禮義，禮義亦是國君脩身之道，故

---

67 《論語·顏淵》。

68 《論語·顏淵》。

國君修飾及舉動遍以禮義。國君不僅以禮修身，並且以禮教養百姓。
〈王霸〉篇曰：

> 故厚德音以先之，明禮義以道之，致忠信以愛之，賞賢使能
> 以次之，爵服賞慶以申重之，時其事，輕其任，以調齊之，
> 潢然兼覆之，養長之，如保赤子。

國君欲以禮教養百姓，培養百姓守禮之規範，知禮之道德本質：故
以道德聲望以身作，以明禮義教導之，以忠信愛之，尚賢使能以為
次序，反覆重申爵服賞慶之等，依時序，減其任，統一調配，民無
孑遺，養長百姓如保赤子。〈榮辱〉篇曰：

> 今以夫先王之道，仁義之統，以相群居，以相持養，以相藩
> 飾，以相安固邪。

今以先王治國之道，仁義之根本，用以管理社會群體生活，供給生
活所需，增進文化內容，安居而樂業。〈君子〉篇曰：

> 論法聖王，則知所貴矣；以義制事，則知所利矣。論知所貴，
> 則知所養矣；事知所利，則動知所出矣。二者是非之本，得
> 失之原也。

楊倞注曰：「養，謂自奉養；所出，謂所從也。」效法聖王則知所貴之處，以義制事則知所利之事；知所貴則知奉養之事，知所利者則知利之所從出也。先王之道與禮義之統是一體兩面，皆是判斷是非之根本，政事得失之關鍵。故〈勸學〉篇曰：「將原先王，本仁義，則禮正其經緯蹊徑也。」楊倞注曰：「所成所出，皆在於禮也。」先王治國之道在禮制，仁義之統在禮義，先王與仁義悉皆匯聚於禮也。

　　禮制既可以規範群體行為，教化道德意識，則個人亦可通過禮制之規範，達到修養德性之目的。〈修身〉篇曰：

> 治氣養心之術：血氣剛強，則柔之以調和；知慮漸深，則一之以易良；勇膽猛戾，則輔之以道順；齊給便利，則節之以動止；狹隘褊小，則廓之以廣大；卑溼重遲貪利，則抗之以高志；庸眾駑散，則刦之以師友；怠慢僄弃，則炤之以禍災；愚款端愨，則合之以禮樂，通之以思索。凡治氣養心之術，莫徑由禮，莫要得師，莫神一好。夫是之謂治氣養心之術也。

對於各種人物之特殊性格與其缺失，皆有不同之治理血氣、修養身心之方法，然而各種治氣養心之術，最迅速有效者，莫如取徑於禮，取法於師，禮義師法是治氣養心之唯一途徑。故〈勸學〉篇曰：「學之經莫速乎好其人，隆禮次之。」師法、禮義是個人學習修養兩大

途徑。孔子曰：「克己復禮為仁。」克制私欲，回歸禮義之規範，即是仁之表現。而仁義具體落實於行為活動，即是「非禮勿視，非禮勿聽，非禮勿言，非禮勿動。」[69] 荀子〈勸學〉篇曰：

> 君子知夫不全不粹之不足以為美也，故誦數以貫之，思索以通之，為其人以處之，除其害者以持養之。使目非是無欲見也，使口非是無欲言也，使心非是無欲慮也。及至其致好之也，目好之五色，耳好之五聲，口好之五味，心利之有天下。是故權利不能傾也，群眾不能移也，天下不能蕩也。生乎由是，死乎由是，夫是之謂德操。德操然後能定，能定然後能應。能定能應，夫是之謂成人。天見其明，地見其光，君子貴其全也。

君子之美在於純粹完美之人格，而培養完美人格之途徑，在於師法禮義。除卻性惡之害，培養仁義之心，使目、口、心之所至，一言一行皆合於禮之規範。君子完美之人格充分展現，猶如目之好色，耳之好聲，口之好味，心之有公利於天下。至此，君子不畏於權力，不改於眾人，不屈於世俗，生死如一，荀子稱此人格為「德操」。

69　《論語·顏淵》曰：「顏淵問仁。子曰：『克己復禮為仁，一日克己復禮，天下歸仁焉。為仁由己，而由人乎哉？』顏淵曰：『請問其目。』子曰：『非禮勿視，非禮勿聽，非禮勿言，非禮勿動。』」

[70] 有良好德性則能堅定意志，堅定意志則能對應世事，能堅定意志、對應世事者，謂之成人。君子能健全人格，猶如天地之彰顯光明一般自然與可貴。

二、禮制與人倫秩序

從人性立場而言，人類是群聚動物，人類彼此存在既合作又競爭之緊張關係，故禮之所起，起於消弭由緊張關係所引起之可能惡果。禮制可以消極制約人欲無限擴大所造成供需失衡之紊亂現象，同時可以積極擴大增加物質條件，提供更美好事物，改善生活品質。並且可以透過客觀化之禮制，教育民眾，使之成為俱有道德意識之理性公民，營造一個合於人性同時滿足人欲之富足社會。禮制既能「節」民又能「養」民，則禮制進一步將全民納入客觀人倫秩序，規範每一個人在政治上之權利與義務，促使國家邁向富而有禮之社會。

〈王制〉篇曰：

> 水火有氣而無生，草木有生而無知，禽獸有知而無義，人有氣、有生、有知、亦且有義，故最為天下貴也。

70　《孟子‧滕文公‧下》曰：「富貴不能淫，貧賤不能移，威武不能屈。此之謂大丈夫。」荀子意與孟子近似。

水火無生機，草木無性識，禽獸雖有知能卻無義；唯人有義，有義乃為天下最可貴之種類。楊倞注曰：「亦且者，言其中亦有無義者也。」所謂「無義者」，乃是指行為不合於禮，不循公共利益規範者，故知人雖有義，但卻未必能行義。雖未能行義，但無礙有義，依禮而行，亦是行義之表現，〈大略〉篇曰：「行義以禮，然後義也。」即同此意。〈禮論〉篇曰：「禮者、斷長續短，損有餘，益不足，達愛敬之文，而滋成行義之美者也。」楊倞注曰：「皆謂使賢不肖得中也。賢者則達愛敬之文而已，不至於滅性；不肖用此，成行義之美，不至於禽獸也。」人與禽獸之別，在於能否依義行禮；即使不能行義，亦可依禮而行，無損於人之異於禽獸之本質「義」。〈正論〉篇曰：「亂禮義之分，禽獸之行。」「分」儼然成為區分人禽之判準。

「分」字，一般有兩種用法，一是指分別、區分事物或名號稱謂之類別，[71] 此「分」之涵意，與荀子言「別」有相同旨意。如：〈王制〉篇曰：「兩者分別，則賢不肖不雜，是非不亂」，「分」、「別」

---

71 如：〈不苟〉篇曰：「是君子小人之分也」，是區分君子與小人；又曰：「而禹桀所以分也」，是禹、桀不同之處；〈榮辱〉篇曰：「是榮辱之大分也」，榮譽與恥辱乃差別之關鍵；〈儒效〉篇曰：「『堅白』『同異』之分隔也」，是指感官之間不同感受；又曰：「俄而原仁義，分是非」，是分判是非對錯；〈天論〉篇曰：「明於天人之分」，明白天與人之相隔；又曰：「則貴賤不分」，是不分辨尊貴與低賤之差距；〈禮論〉篇曰：「是儒墨之分也」，分辨儒墨兩家學說之不同；〈性惡〉篇曰：「是性偽之分也」，區分性、偽兩者不同意涵；又曰：「是善惡之分也矣」，善與惡之分別等等，皆是指名號與稱謂內容涵意之差異。

兩字連同，異名而同實。又如：〈非相〉篇曰：「有牝牡而無男女之別」，指禽獸只有動物性之牝牡之分而無男女禮義之分別；〈天論〉篇曰：「內外無別」，人無分於親疏遠近；又曰：「夫婦之別」，夫婦職分之區別；〈禮論〉篇曰：「至文以有別」，楊倞注曰：「言禮之至文，以其有尊卑貴賤之別」；至於〈正名〉篇曰：「推而別之，別則有別，至於無別然後至」者，則是區分事物之分類原理，故〈正名〉篇曰：「故知者為之分別制名以指實，上以明貴賤，下以辨同異。」楊倞注曰：「故智者為之分界制名，所以指明實事也。」荀子「分別」連稱，是用以指涉區分名物制度之同異而言，故荀子所言之「分」、「別」兩詞，用於動詞意義之區分、分別時，兩詞涵意相同。

「分」，另一層涵意是指一切名物制度分別之後之性質內容，荀子言此一層涵意，專指人之本分或職分，係指個人對應於群體所屬之責任範圍而言。如〈非相〉篇曰：「聖人士君子之分具矣。」指聖人與士君子之職分；〈正論〉篇曰：「而犯分之羞大也」，〈性惡〉篇曰：「合於犯分亂理」，指行為逾越自身應有之界限。荀子重視「分」在維繫人倫秩序之作用，動態之分別是相應於靜態之本分；「本分」是依「分別」之結果而有具體內容，「分別」則是以「本分」為基準而有原則。荀子學說強調「分」之作用，乃是將群體納入一套組織系體之中，規範每一個體之權利與義務，促使個體與群體之間能夠產生緊密之關聯與互動，達到群體合作互助之目的；

因此，荀子之「分」，實與其「義」、「禮」思想相互印證。

〈王制〉篇曰：

> 力不若牛，走不若馬，而牛馬為用，何也？曰：人能群，彼
> 不能群也。人何以能群？曰：分。分何以能行？曰：義。故
> 義以分則和，和則一，一則多力，多力則疆，疆則勝物；故
> 宮室可得而居也。故序四時，裁萬物，兼利天下，無它故焉，
> 得之分義也。

人所以能役物，乃在人能「群」，人因能合群，故能合作生活。人
所以能「群」，乃在於人能「分」，人能分別、分工，分別、分工
所以可行，在於人有「義」。人群能以義做為裁斷事物之分判準則
則能和諧，能和諧則能一致，能一致則力量增多，力量增多則強大，
強大則能役使萬物。人因有義而能分，能分且能群，故能役使萬物，
成就一切人文化成事業。〈疆國〉篇曰：「禮樂則脩，分義則明，
舉錯則時，愛利則形。」楊倞注曰：「分謂上下有分，義謂各得其
宜。」「分」與「義」兩者關係極為密切，故連稱「分義」或「義
分」。「義」是原則，「分」是實踐，「分」是依「義」而分，「義」
是由「分」而見義。「分」、「義」是一體兩面，兩者是禮義法度
之特徵，亦是維繫人類文明進化發展之基礎原則。

〈非相〉篇曰：

故人之所以為人者，非特以其二足而無毛也，以其有辨也。
夫禽獸有父子而無父子之親，有牝牡而無男女之別，故人道
莫不有辨，辨莫大於分，分莫大於禮，禮莫大於聖王。

人之所以為人，人與禽獸之別，不僅只是在於外觀形貌不同而已，
而是在於人有「辨」之能力。「辨」是人與其它物種不同之特質，
「分」則是「辨」最大之特徵，而「禮」則是「分」最具體之展現，
「禮」之展現莫過於聖王之實踐。換言之：聖王之實踐為「禮」，
「禮」之展現在於「分」，「分」是以「辨」為方法，而「辨」則
是人之能力，「辨」是人有別於其他物動之本質。楊倞注曰：「分
生於有禮也。」「分」是依禮而分；楊倞又曰：「聖王制禮者，言
其人存，其政舉。」聖王制禮乃以「分」為要務，以「分」為施政
綱領。〈禮論〉篇曰：

天能生物，不能辨物也，地能載人，不能治人也；宇中萬物
生人之屬，待聖人然後分也。

禮起於何也？曰：人生而有欲，欲而不得，則不能無求。求
而無度量分界，則不能不爭；爭則亂，亂則窮。先王惡其亂
也，故制禮義以分之，以養人之欲，給人之求。

荀子從歷史演化之觀點認為，人類是群聚動物，人類生存與文明發

展必須依賴群體合作始有可能，為防止人欲破壞群體秩序，維護群體間之和諧，必須嚴謹規範每一個體在群體社會中之身分角色，並且強制落實每一個體在群體社會中之權利與義務。因此，禮制之功能，對個體而言，可以制節個體由人性所衍生之惡果；對群體而言，可以規範並保障每一個體之權利與義務，維護個體與群體之對應關係。禮制規範每一個體之身分與其身分所對應之群體關係，即是「分」，「分」是確定個體在群體中之名義與實質之權利義務，即是在區分、分別個體在血緣情親與政治階級中之名實關係，由名實關係中建立個體與群體間之人倫秩序。

「分」既與「義」關係密切，則亦與「禮」一致；「分」既與「禮」「義」一致，則「分」之原則，固與「禮」「義」相同。〈榮辱〉篇曰：「況夫先王之道，仁義之統，詩書禮樂之分乎！」楊倞注曰：「分，制也。」先王治國之道，以仁義之統與《詩》、《書》、《禮》、《樂》所揉合而成之道統，即是「分」之原則，亦是禮義法度之原則。此一原則，固出於聖人、君子之創制，荀子曰：「非孰脩為君子，莫之能知之也。」又曰：「夫詩書禮樂之分，固非庸人之所知也。」[72]「分」是聖人依先王之仁義而創制之禮義法度之具體表現，故荀子曰：「推禮義之統，分是非之分。」[73] 楊倞注曰：「分之使當其分。」「分」之作用，在使每一個體在群體生活中，

72　《荀子·榮辱》。

73　《荀子·不苟》。

依禮義之規範恰如其分完成應盡之義務與應享之權利。荀子曰：「請問為人君？曰：以禮分施，均徧而不偏。」[74]「分」不是齊頭式之均分，而是依照本分而區分，國君以禮義治國，普遍施行而不偏失。荀子曰：「是百王之所同也，禮法之大分也。」[75]楊倞注曰：「禮法大分，在任人各使當其職分也。」國君執行禮法之職責，在促使朝野全體人民能依竭盡自身之職分。「分」是以禮義為原則，具體規範個體與群體之互動關係，個體與群體之「分」，可從政治與社會兩個方面分析。

（一）政治分級

　　政治是以國家為單位，國家以國君為主，國君依人才專長授予職權，分層負責管理眾人之事，國君與百官構成一套政治結構。人才專家職掌政事，是國君治理國政之要領，故「分」是國君治權之具體落實，表現在政治權力之劃分，及官職與職責之適才適所，並以「分」建立並維護政治上之倫理秩序。〈禮論〉篇曰：

　　君子既得其養，又好其別。曷謂別？曰：貴賤有等，長幼有差，貧富輕重皆有稱者也。

74　《荀子・君道》。

75　《荀子・王霸》。

楊倞注曰：「稱，謂各當其宜。」「別」是依本分而分，「分」不是齊頭式之平均分配，而是每一個體在國家社會中之身分職責，而有相對之權利義務，合於自身職責之權利義務者，即是「稱」，亦即是「分」。〈君道〉篇曰：「將以明分達治而保萬世也。」「分」是國君治國與維繫國家太平之基礎。又曰：「然後明分職，序事業，材技官能，莫不治理。」國君區分官僚政治權力之上下等級，確保政治運作順利，達到治國之目的。故〈君道〉篇曰：「欲附下一民則莫若反之政，欲脩政美國，則莫若求其人。」又曰：「人主不可以獨也，卿相輔佐，人主之基杖也。」國君需要卿相輔佐，始能脩明政治，美善國家。又曰：「論德而定次，量能而授官，皆使其人載其事而各得其所宜。」換言之，國君不僅用人唯才，而且要適才適所，技術官職是治國之工具，得人才是治國必要條件之一。

國君治國首要工作，便是整飭政治分級制度。〈王霸〉篇曰：

> 君臣上下，貴賤長幼，至于庶人，莫不以為隆正。然後皆內
> 自省，以謹於分。是百王之所以同也，而禮法之樞要也。

百王治國之道與制禮法之精神，莫不在建立人倫秩序，維繫人倫秩序，必要使君臣及至庶人，皆以「隆正」為準則。「隆正」即中正之意，[76] 舉國上下要以「皆內自省，以謹於分」以為「隆正」，個

76　所謂「隆正」，楊倞注曰：「是謂親上也，皆以親上為隆正也。」是以貫徹國
　　君意志為依歸；而王先謙集解則以為即中正之意，頁198。荀子上文既云「君
　　臣上下」者，則君亦守「隆正」，王先謙集解為宜。

人與群體間之互動，要能謹守本分，自行約束，以維繫人倫秩序。自行約束以本分為原則，而本分之規範，則源自政治上之劃分。〈正論〉篇曰：

> 凡議必先立隆正，然後可也。無隆正則是非不分，而辨訟不決，故所聞曰：「天下之大隆，是非之封界，分職名象之所起，王制是也。」故凡言議期命是非，以聖王為師。而聖王之分，榮辱是也。

王者之制乃天下之「隆正」，是判斷一切言論是非之最高準則，故王制是是非之分界，是分列官僚體系與制定名物制度之根據。〈君道〉篇曰：

> 然後明分職，序事業，材技官能，莫不治理，則公道達而私門塞矣，公義明而私事息矣。

國君能明辨官職，及官職事務，按人才技能授予職權，則國事皆得治理；如此，則國家公益增加而私人利益遞減。〈君道〉篇曰：「故職分而民不探，次定而序不亂。」[77] 個人職務分明則不怠慢，等級確定則不紊亂。〈王霸〉篇曰：

---

[77] 王念孫曰「不探」二字，義不可通，《韓詩外傳》作「不慢」是也。

相者，論列百官之長，要百事之聽，以飾朝廷臣下百吏之分，
度其功勞，論其慶賞，歲終奉其成功以效於君。

荀子強調：「欲脩政美國，則莫若求其人」，「卿相輔佐，人主之
基杖也」，治國則必仰賴人才。卿相之功能，即是在輔佐國君，序
列百官職等，治理百姓之事，整飭朝廷百官之職分，論功行賞，以
其成功奉獻國君。〈君道〉篇曰：

脩飭端正，尊法敬分，而無傾側之心，守職循業，不敢損益，
可傳世也，而不可使侵奪，是士大夫官師之材也。

士大夫等官師職等，要能修養品德，端正行為，遵循法令，謹守本
分，無背叛之心，堅守本職，致力業務，不損於職責，不增於非分；
如此，則能傳世而不被侵奪。〈君子〉篇曰：

聖王在上，分義行乎下，則士大夫無流淫之行，百吏官人無
怠慢之事，眾庶百姓無姦怪之俗，無盜賊之罪，莫敢犯大上
之禁，天下曉然皆知夫盜竊之人不可以為富也，皆知夫賊害
之人不可以為壽也，皆知夫犯上之禁不可以為安也。

聖王治國之道無它，唯禮義為分，則朝廷百官及至眾庶百姓，皆知其本分之事，皆依本分而行，天下國家必然得治。〈王霸〉篇亦曰：

> 治國者，分已定，則主相臣下百吏，各謹其所聞，不務聽其所不聞；各謹其所見，不務視其所不見。所聞所見誠以齊矣。則雖幽閒隱辟，百姓莫敢不敬分安制，以化其上，是治國之徵也。

國君一旦確定禮制之等級職分，則主、相、臣下百吏各司其職，各守本分，天下國家循正常軌道運作；縱使有禮制未逮之處，百姓猶受國君教化，不敢逾越本分、違背法制，此即是治國之徵驗也；故楊倞注曰：「治國之徵，驗在分定。」〈榮辱〉篇曰：

> 故先王案為之制禮義以分之，使有貴賤之等，長幼之差，知愚能不能之分，皆使人載其事，而各得其宜。然後使慤祿多少厚薄之稱，是夫群居和一之道也。

「分」以禮義為原則，禮制則是「分」之具體實踐。先王所遺留之政治傳統，仍以禮義之「分」制作禮制，社會個人與群體依體制活動，各盡其分，各取所需，不但可以避免人欲之爭亂，同時可以促進人類群居生活之福祉，此即是禮制規範人倫秩序之功能。

（二）社會分工

荀子曰：「禮者，養也。」禮制之作用，不僅可以維繫人倫秩序，而且用以養民；養民不僅只是溫飽而已，而且要創造繁榮富裕之生活環境，為增進社會之富裕繁榮。繁榮社會有賴於群體分工，始能創造各種生活所需，「近盡」滿足人欲需求。荀子曰：「人之生不能無群，群而無分則爭，爭則亂，亂則窮矣。故無分者，人之大害也，有分者，天下之本利也。」[78] 群聚是人類之屬性，群聚生活所以為爭、亂、窮，乃是出於無分，故荀子言「性惡」，即在闡釋「惡」之起於順是「性」而無分。「惡」非人性之本質，人性可以「分」而因勢利導，有「分」則群體得大利，無「分」則群體受大害，「分」是群體生活利害之關鍵。

〈王制〉篇曰：

> 人何以能群？曰：分。分何以能行？曰：義。故義以分則和，和則一，一則多力，多力則彊，彊則勝物；故宮室可得而居也。故序四時，裁萬物，兼利天下，無它故焉，得之分義也。故人生不能無群，群而無分則爭，爭則亂，亂則離，離則弱，弱則不能勝物；故宮室不可得而居也，不可少頃舍禮義之謂也。

78　《荀子·富國》。

「能群」是人類屬性，亦是出於人類生存之需要。「分」是以「義」為原則，故「分」必能和諧群體，群體統一則多力，多力則強，強則能宰制萬物，能宰制萬物則能造福社會全體。反之，群聚生活若無「分」，必出於爭、亂、弱，群聚反而造成傷害，無法造福彼此，故「分」是人群社會中不可或缺之構成要素，亦是穩定國家社會之基石。〈富國〉篇曰：

> 故百技所成，所以養一人也。而能不能兼技，人不能兼官。離居不相待則窮，群居而無分則爭；窮者患也，爭者禍也，救患除禍，則莫若明分使群矣。……故知者為之分也。

人欲不可免，然而離群索居則人窮，群居無分則人爭，故群居之爭在於無「分」，群居且有「分」，則可以救患除禍。一人不能兼技，而人欲所需多樣，社會需有百業技工以成眾物，滿足多樣之人欲，故群居生活乃能創造群體社會更多福祉。人欲亦不必免，社會之物質條件因人欲而日益繁複多樣，社會百業分工源於人欲需求，人欲刺激生產，生產帶動社會文明進步。因此，人欲是人類文明進化不可或缺之動力來源，故智者知「分」而不去人欲。〈富國〉篇曰：

兼足天下之道在明分：掩地表畝，刺中殖穀，多糞肥田，是農夫眾庶之事也。守時力民，進事長功，和齊百姓，使人不偷，是將率之事也。

富裕天下之道在於辨明個人職分，猶農夫眾庶從事農業生產，主領宰守輔導人民耕作，維護社會治安，各司其職。〈王霸〉篇曰：

傳曰：「農分田而耕，賈分貨而販，百工分事而勸，士大夫分職而聽，建國諸侯之君分土而守，三公摠方而議，則天子共己而已矣。」出若入若，天下莫不平均，莫不治辨，是百王之所同也，而禮法之大分也。

農民分田耕作，商賈分貨買賣，百工分事生產，士大夫分職而行，諸侯國君守其封地，三公議決天下大事，則天子垂拱而已矣。天下國家皆能如此，則天下之人莫不得其分，天下之事莫不得其治，此歷代百王之共法，是禮法之綱領。楊倞注曰：「禮法大分，在任人各使當其職分也。」禮制是平衡人欲與物質條件最重要之工具，人個與群體各盡所能，各取所需，社會分工可以促進群體生活富裕繁榮，群居生活則是文明指標，故人欲是創造人類文明之力量。

　　荀子重視個體與群體之互動關係，而「分」即是依據每一個體在禮制中之名分，依禮制規定相對之權利與義務，「分」對國家社

會之重要性，不言可喻。荀子曰：「分分兮其有終始也。」[79] 楊倞注曰：「事各當其分即無雜亂，故能有終始。」國家事務各有其職分，每一個人皆知其分又能盡其分，則事務皆有秩序，故國家無雜亂之跡。荀子曰：「分不亂於上，能不窮於下，治辯之極也。」[80] 楊倞注曰：「不亂，謂皆當其序；不窮，謂通於其職列也。」國君之職在區分職分，居下位者之職在盡其本分，上下各司其職，各盡其分，則國家安治矣。故荀子曰：「而人君者，所以管分之樞要也。」[81] 國君是掌握「分」之關鍵人物，而「分」則是影響國家利害之關鍵原則。〈王制〉篇曰：

> 分均則不偏，埶齊則不壹，眾齊則不使。有天有地，而上下有差，明王始立，而處國有制。夫兩貴之不能事，兩賤之不能相使，是天數也。勢位齊而欲惡同，物不能澹，則必爭，爭則必亂，亂則窮矣。先王惡其亂也，故制禮義以分之，使有貧富貴賤之等，足以相兼臨者，是養天下之本也。

齊頭之平均，無高下之分，則名分相對互不隸屬，權力相當互不相讓，地位相同互不役使，楊倞注曰：「此皆名無差等，則不可相制

79　《荀子・儒效》。
80　《荀子・儒效》。
81　《荀子・富國》。

也。」所謂「兩貴之不能事，兩賤之不能相使」，如此，又淪為爭、亂、窮之惡果，乃自然之理。故國君執政，必制禮義法度以「分」以治國，區分個人與群體彼此界限，並以其區分之職分統治之，此即是養天下最根本之道理。〈榮辱〉篇曰：

> 故先王案為之制禮義以分之，使有貴賤之等，長幼之差，知愚能不能之分，皆使人載其事而各得其宜。然後使愨祿多少厚薄之稱，是夫群居和一之道也。故仁人在上，則農以力盡田，賈以察盡財，百工以巧盡械器，士大夫以上至於公侯，莫不以仁厚知能盡官職。夫是之謂至平。故或祿天下，而不自以為多，或監門御旅，抱關擊柝，而不自以為寡。故曰：「斬而齊，枉而順，不同而一。」夫是之謂人倫。

從政治分級之觀點而言，貴賤之等第，長幼之差距，乃至智愚才能之高下，須以禮義以分判其差異，由各別差異賦予政治責任，依責任輕重均分社會資源，此乃是維繫群居生活趨於和諧統一最重要之方法。從社會分工之觀點而言，個體在社會中之能力專長：農、賈、工、士等職業，亦依其工作能力得到相對之酬勞，此稱之為「至平」，楊倞注曰：「各當其分，雖貴賤不同，然謂之至平也。」即是此意。因此，荀子之「分」，不是齊頭式之均分，而是依個體在群體社會

中之地位與能力，恰如其分「均分」政治權利義務與社會資源，「分」
之功能目的，即在建立並維繫國家社會之人倫秩序。

第四節　禮之文明價值與時代意義

　　就人類生存發展歷程而言，群聚生活是人類屬性，是保障每一
個體生存與發展之生活型態；然而，群聚愈多，人際關係日益複雜，
個體與群體之互動日益頻繁。個體普遍存有好利、疾惡、好聲色之
本性，一方面容易造成社會群體之惡果，另一方面卻又是促進社會
發展動機之一；因此，如何控制與運用人性，乃成為文明社會重要
課題。荀子言禮之緣起，消極目的在止亂，積極作用在促進物質與
人欲兩者相持而長，因此，禮不僅是群體社會賴以生存發展之命脈，
亦是社會文明最明顯之特徵與指標。

　　荀子曰：「今人之性，固無禮義，故彊學而求有之也；性不知
禮義，故思慮而求知之也。然則生而已，則人無禮義，不知禮義。
人無禮義則亂，不知禮義則悖。」[82]人性內容只是好利、疾惡、好
聲色，故人性無禮義亦不知禮義。禮義是超越人性之上，強學而求
有、思慮而求知，保障社群生活不流於亂與悖之惡果，異於禽獸之
文明表現。〈大略〉篇曰：

82　《荀子・性惡》。

> 禮之於正國家也，如權衡之於輕重也，如繩墨之於曲直也。
> 故人無禮不生，事無禮不成，國家無禮不寧。君臣不得不尊，
> 父子不得不親，兄弟不得不順，夫婦不得不歡。少者以長，
> 老者以養。故天地生之，聖人成之。

縱觀一切人倫秩序，禮不僅是個人立身處世、待人接物之道，而且
是維繫國家社會穩定與發展至為重要之手段工具，禮成為含攝一切
人文化成之總稱，是社群最明顯之文明表現，同時也是一個社群最
重要之文化命脈，故荀子曰：「在天者莫明於日月，在地者莫明於
水火，在物者莫明於珠玉，在人者莫明於禮義。」[83] 禮是聖人依其
主觀性道德規範，並參酌客觀之傳統典章制度，落實成為一套具體
可行之禮義法度。荀子曰：「凡禮，始乎梲，成乎文，終乎悅校。
故至備，情文俱盡；其次，情文代勝；其下，復情以歸大一也。……
禮豈不至矣哉！立隆以為極，而天下莫之能損益也。」[84] 禮既是文
明表現，必有其發展歷程，禮之起始簡易，漸次形成規模，最終達
到完備。最完備之禮，即是隆盛之禮，最隆盛之禮，必是聖人「積
思慮，習偽故」所成之禮。荀子認為，聖王所制之禮，必然是繼承
先王制禮之傳統，效法以仁義為制禮之統類，並且能符合人性需求，
發揮人性作用，同時能因應時代環境之需求而調適。文明是隨時間

83　《荀子·天論》。

84　《荀子·禮論》。

演變而不斷累積與進化，因此，荀子理想聖王之禮，必能創造一個
合於仁義，且能發揮人性，符合時代需求之理想社會。

一、法先王──仁義之統

文明是社群活動累積進化而成，發展過程中逐漸凝聚集體意識價值，
此一價值意識形成歷史傳統，此一傳統，是整個文明核心價值所在，
貫穿整個文明歷程，主宰文明演化。禮是經由社群活動所累積之成
果，是具體而微之文明展現，禮之核心價值即是仁義，故荀子稱之
為「仁義之統」、「禮義之統」。荀子於〈非十二子〉篇中批評惠
施、鄧析是「不法先王，不是禮義」，「勞知而不律先王，謂之姦
心」，又〈非相〉篇曰：「凡言不合先王，不順禮義，謂之姦言。」
先王是禮義之締造者，故先王是禮義之正統，一切言論，凡不合先
王者，即不合禮義，不合禮義者，皆非正道正統；反之，一切言論
必須以先王之道為依歸，方是禮義之統。因此，荀子主張禮義之統
與「法先王」息息相關。

　　荀子溯源禮義之統，必言先王之道，言先王之道，則必稱堯舜
等古代聖王，故所謂「先王」者，是一種統稱，泛指開創新局之君
或古代聖王。荀子慣以「堯舜」、「堯禹」或「堯舜禹湯」等代稱「先
王」，所謂「先王之道」，即是指堯舜等古代聖王治天下之禮樂制度
及其精神內涵。荀子「法先王」可從兩個層次說明：其一，是肯定
並承繼先王所締造之禮樂制度規模。荀子曰：「不知而問堯舜，無
有而求天府。曰：先王之道，則堯舜已；六貳之博，則天府已。」

[85] 楊倞注曰：「好問則無不知，故可比聖人也。」又注曰：「問先王之道，則可為堯舜。」荀子以堯舜比擬聖人，是完美人格典範，其嘉言懿行，可堪以為後世學習效法對象，故〈性惡〉篇曰：「得賢師而事之，則所聞者堯舜禹湯之道也。」〈修身〉篇曰：「以修身自名，則配堯禹。」楊倞注曰：「配堯禹不朽矣。」〈王霸〉篇曰：「若是則一天下，名配堯禹。」荀子從主觀上塑造堯舜不朽之聖人形象，其治天下之道可以為後世楷模。〈議兵〉篇曰：「是以堯伐驩兜，舜伐有苗，禹伐共工，湯伐有夏，文王伐崇，武王伐紂，此四帝兩王，皆以仁義之兵，行於天下也。」堯、舜、禹、湯與文王、武王等四帝兩王，乃是除暴安良、開創新局之帝王，皆是以仁義之師一統天下。〈正論〉篇曰：「堯舜至天下之善教化者也。」堯舜所以為先王之道，乃是堯舜善於以仁義教化天下，仁義是先王之價值核心，亦是傳統之指標與特徵。因此，諸如：〈王制〉篇曰：「夫堯舜者一天下也，不能加毫末於是矣。」〈君道〉篇曰：「古者先王審禮以方皇周浹於天下，動無不當也。」〈疆國〉篇曰：「彼先王之道也，一人之本也，善善惡惡之應也，治必由之，古今一也。」〈大略〉篇曰：「先王以禮義表天下之亂」等，皆是表彰堯舜先王以禮義統治天下，以仁義教化萬民，是最理想之政治狀態，亦是先王治天下之想理楷模。〈富國〉篇曰：

85　《荀子·大略》。

故先王明禮義以壹之，致忠信以愛之，尚賢使能以次之，爵服慶賞以申重之，時其事，輕其任，以調齊之，潢然兼覆之，養長之，如保赤子。若是，故姦邪不作，盜賊不起，而化善者勸勉矣。

先王以禮義制度整齊人民，以忠信愛護人民，選賢舉能同時依職責排列等級，重申以官爵慶賞獎勵有功者。調度整齊人民生活作息，則是依時作事，減輕負擔，普遍照顧、培養，如同保護嬰兒一般用心。若法先王如此，則犯罪情事無由發生，並且能端正人民使之為善，楊倞注曰：「化善，化而為善者也。」即是此意。

「樂」是先王創制禮儀制度一部分，亦是文明表現之一，荀子曰：「先王之道，禮樂正其盛者也。」[86] 先王之道，即是以禮樂為最重要之特徵。〈樂論〉篇曰：

夫樂者、樂也，人情之所必不免也。故人不能無樂，樂則必發於聲音，形於動靜；而人之道，聲音動靜，性術之變盡是矣。故人不能不樂，樂則不能無形，形而不為道，則不能無亂。先王惡其亂也，故制雅頌之聲以道之，使其聲足以樂而不流，使其文足以辨而不諰，使其曲直繁省廉肉節奏，足以

感動人之善心，使夫邪污之氣無由得接焉。是先王立樂之方也，而墨子非之奈何！

因人性內在有喜樂之情，音樂則是用以舒發表現人情之方式之一，喜樂是「人情之所必不免」之事，無音樂則無法闡釋為人之道、舒發情感及變化情性，故人不能無樂，無樂則人易為亂。先王惡其亂，故制作雅頌之樂以導正人情，使邪污之氣無由而生，並能感動人之善心，故先王作樂之初衷，乃是緣於人情，出於止亂。〈樂論〉篇曰：

故樂者審一以定和者也，比物以飾節者也，合奏以成文者也；足以率一道，足以治萬變。是先王立樂之術也。

故樂者，天下之大齊也，中和之紀也，人情之所必不免也。是先王之樂之術也。

先王之作樂，是透過一定之音律，確定樂調之和諧，再以樂器配合節奏演奏，構成一組完整之曲目，此乃先王作「樂」之方術；音樂是使行動整齊劃一，規範人性使之中和之綱紀，其宗旨與禮有異曲同工之妙用。荀子曰：「樂合同，禮別異，禮樂之統，管乎人心矣。」

[87] 音樂是同於人情，禮制則同以分別，禮樂之共同作用，皆出於約束人心。〈樂論〉篇曰：

> 夫聲樂之入人也深，其化人也速，故先王謹為之文。樂中平則民和而不流，樂肅莊則民齊而不亂。民和齊則兵勁城固，敵國不敢嬰也。如是，則百姓莫不安其處，樂其鄉，以至足其上矣。然後名聲於是白，光輝於是大，四海之民莫不願得以為師，是王者之始也。……故禮樂廢而邪音起者，危削侮辱之本也。故先王貴禮樂而賤邪音。

音樂能深入人心，轉化人性，故先王謹慎制作音樂使之成文。音樂中平和諧，則民和平而不流放；音樂肅穆莊嚴，則民整齊而不紊亂；如此，則兵強城固，國家安平。國家安平，則百姓安居樂業於其中。國君之名聲由此彰顯，光明而顯赫，四海之內莫不引頸以為王師，此乃稱王之始也。反之，禮樂不興則邪音四起，邪音起則國家必遭危、削、侮、辱之禍害，如此則民不安而國危矣；因此，先王崇隆禮樂而輕賤邪音。〈樂論〉篇曰：

> 樂者，聖人之所樂也，而可以善民心，其感人深，其移風易俗。故先王導之以禮樂，而民和睦。夫民有好惡之情，而無

> 喜怒之應，則亂；先王惡其亂也，故修其行，正其樂，而天
> 下順焉。

音樂是聖人導正人心為善，感人既深刻，又易於移風易俗。先王以
禮樂導正人民，使民和睦；否則，人民因有好惡之情而無喜怒之情
緒反應，則易流於作亂。先王惡其亂，故修其德行，端正音樂，使
天下之民歸順。可知，「樂」不僅是舒情之表現方式而已，而且是
先王政治教化之工具。〈大略〉篇曰：

> 天下之人，唯各特意哉，然而有所共予也。言味者予易牙，
> 言音者予師曠，言治者予三王。三王既已定法度、制禮樂而
> 傳之，有不用而改自作，何以異於變易牙之和，更師曠之律？
> 無三王之法，天下不待亡，國不待死！

三王謂三代之王，即夏之禹，商之湯，周之文王、武王，[88] 亦是「先
王」之屬。天下之言治者，人言藉藉，唯三王所制定之禮樂法度，
是治天下之圭臬，猶調味之於易牙，音律之於師曠，捨三王之道，
無由言治者也。無三王之法，天下必亡，國人必死矣。
　　「法先王」另一層次意義，亦是荀子「法先王」主要宗旨，即
是效法先王以仁義建立禮樂制度之精神內涵。「法先王」是法先王

88　《荀子·解蔽》曰：「故德與周公齊，名與三王垃，此不蔽之福也。」

之道，先王之道是指先王所創制之禮樂規模，然而先王之道，乃是以仁義為核心價值所創制之禮樂制度，先王之禮樂制度乃是以先王之仁義為前提，故荀子「法先王」之宗旨，乃是建立禮樂制度之核心價值，即是仁義之統、禮義之統，即仁義禮之統。荀子曰：「今以夫先王之道，仁義之統，以相群居，以相持養，以相藩飾，以相安固邪。」又曰：「況夫先王之道，仁義之統，《詩》《書》《禮》《樂》之分乎！」[89] 荀子論先王之道，乃是以仁義為統緒，故荀子：「先王之道，仁之隆也，比中而行之。」[90] 先王之道是仁義極致表現，一切活動依仁義而行即是中道，先王之道即是仁道，仁道即是中道，法先王即是法先王之仁道。

　　荀子於〈非十二子〉篇中批評子思、孟軻曰：「略法先王而不知其統。」楊倞注曰：「言其大略，雖法先王而不知體統。統謂紀綱也。」法先王，不僅只是承繼禮樂制度，更重要者，是效法先王創制禮樂制度之紀綱。先王制禮樂之紀綱，即是以仁義治天下之道統。荀子曰：「將原先王，本仁義，則禮正其經緯蹊徑也。」[91] 所成所出皆在於禮，禮是先王本於仁義所創制，故禮是形式，仁義是內容，由禮表現仁義，禮之基礎在仁義。荀子曰：「今以夫先王之道，仁義之統，以相群居，以相持養，以相藩飾，以相安固邪。」

89　《荀子・榮辱》。

90　《荀子・儒效》。

91　《荀子・勸學》。

[92] 以先王之道與仁義之統，可以使人和諧群居而無害，相互奉養而無缺，藩蔽文飾以為文化，彼此互助而安固，故先王之道必然含有仁義之統。荀子曰：「況夫先王之道，仁義之統，《詩》《書》《禮》《樂》之分乎！彼固為天下之大慮也，將為天下生民之屬，長慮顧後而保萬世也。」[93] 先王之道、仁義之統與《詩》《書》《禮》《樂》之大分，是天下最深慮之學問，是永保天下人萬世太平之綱紀要領，故「夫《詩》《書》《禮》《樂》之分，固非庸人之所知也」。[94]〈勸學〉篇曰：

> 故不登高山，不知天之高也；不臨深谿，不知地之厚也；不聞先王之遺言，不知學問之大也。干、越、夷、貉之子，生而同聲，長而異俗，教使之然也。

先王之遺言，以仁義之統，見諸先王之道，著於《詩》《書》《禮》《樂》典籍，是最有益於人之學問，是文明教化之催生者。〈富國〉篇曰：

---

92 《荀子・榮辱》。
93 《荀子・榮辱》。
94 《荀子・榮辱》。

　　古者先王分割而等異之也，故使或美或惡，或厚或薄，或佚

　　或樂，或劬或勞，非特以為淫泰夸麗之聲，將以明仁之文，

　　通仁之順也。

楊倞注曰：「仁謂仁人也。言為此上事，不唯使人瞻望自為大夸之

聲，將以明仁人乃得此文飾，言至貴也。通仁人乃得此順從，言不

違其志也。」意即：先王以禮分別等級差異，使人有美惡、厚薄、

佚樂、劬勞之差別待遇，如此並非製造淫泰誇麗之風氣，而是通過

仁義之心所創建之禮樂制度，可以彰顯仁義之文采，通達仁義之順

序，成就仁義之統所形成之文明象徵。

　　就世人法效學習先王之實質內容而言，荀子曰：「《禮》之敬

文也，《樂》之中和也，《詩》《書》之博也，《春秋》之微也，

在天地之間者畢矣。」[95]《詩》《書》《禮》《樂》固然蘊涵天地

間之事理，然而，「《禮》《樂》法而不說，《詩》《書》故而不

切，《春秋》約而不速」，[96] 楊倞注曰：「（《禮》《樂》）有大

法而不曲說」，「《詩》《書》但論先王故事，而不委曲切近於人」，

「文義隱約，褒貶難明，不能使人速曉其意也」，《詩》《書》《禮》

《樂》不過是先王之載體、後人法先王之工具書而已。〈勸學〉篇

曰：

95　《荀子·勸學》。

96　《荀子·勸學》。

> 學之經莫速乎好其人，隆禮次之。上不能好其人，下不能隆
> 禮，安特將學雜識志，順《詩》《書》而已耳。則末世窮年，
> 不免為陋儒而已。將原先王，本仁義，則禮正其經緯蹊徑也。
> 若挈裘領，詘五指而頓之，順者不可勝數也。不道禮憲，以
> 《詩》《書》為之，譬之猶以指測河也，以戈舂黍也，以錐
> 飧壺也，不可以得之矣。

就學習之歷程而言，與人學習最速，隆禮次之，及至《詩》《書》
與各家典籍則又再其次；就效法先王之實質內容與歷程，亦復如此。
法先王必先溯源先王之初衷，回歸仁義之本原，進而以隆禮為上，
至若《詩》《書》不過是先王遺言之載體而已。荀子言「隆禮義而
殺《詩》《書》」者，[97] 非謂《詩》《書》無用，而是說明隆禮義
優先於《詩》《書》。《詩》《書》是隆禮之工具，隆禮是溯源先
王、回歸仁義之途徑；故「法先王」，是法先王以仁義創建禮義之
本質精神。

荀子區分儒者等級有三：一，「法先王，統禮義，一制度」者，
謂之「大儒」；二，「法後王，一制度，隆禮義而殺詩書」者，謂
之「雅儒」；三，「略法先王而足亂世術，繆學雜舉，不知法後王
而一制度，不知隆禮義而殺詩書」者，謂之「俗儒」。至於「不學

---

97 《荀子·儒效》。

問，無正義，以富利為隆」者謂之「俗人」，不可稱之為儒。[98] 荀子如此區分，顯然有高下優劣之分：稱「俗人」與「俗儒」者，固不足論；稱「雅儒」者，則不知法先王；能稱「大儒」者，乃能法先王之仁道，以仁道為禮義之統，以禮義之統貫徹制度，使制度一貫而始終如一，故「非大儒莫之能立，仲尼、子弓是也」，「知通統類，如是則可謂大儒矣」。[99]

從禮之發展歷程而言，亦復如此。荀子曰：「凡禮始乎梲，成乎文，終乎悅校。」又曰：「故至備，情文俱盡；其次情文代勝，其下復情以歸大一也。」[100] 文是形式，情是內容，情文俱盡是最理想狀態；等而次之者，是情與文互有長短；最基本之要求，則是以情為依歸；斷不可以有文而無情。禮之初始，即是以舒情為緣起，

98　《荀子·儒效》曰：「故有俗人者，有俗儒者，有雅儒者，有大儒者。不學問，無正義，以富利為隆，是俗人者也。逢衣淺帶，解果其冠，略法先王而足亂世術，繆學雜舉，不知法後王而一制度，不知隆禮義而殺詩書；其衣冠行偽已同於世俗矣，然而不知惡者；其言議談說已無異於墨子矣，然而明不能別；呼先王以欺愚者而求衣食焉；得委積足以揜其口，則揚揚如也；隨其長子，事其便辟，舉其上客，億然若終身之虜而不敢有他志：是俗儒者也。法後王，一制度，隆禮義而殺詩書；其言行已有大法矣，然而明不能齊法教之所不及，聞見之所未至，則知不能類也；知之曰知之，不知曰不知，內不自以誣，外不自以欺，以是尊賢畏法而不敢怠傲：是雅儒者也。法先王，統禮義，一制度；以淺持博，以古持今，以一持萬；苟仁義之類也，雖在鳥獸之中，若別白黑；倚物怪變，所未嘗聞也，所未嘗見也，卒然起一方，則舉統類而應之，無所儗作；張法而度之，則晻然若合符節：是大儒者也。」

99　《荀子·儒效》。

100　《荀子·禮論》。

猶如禮必「法先王」，以仁義為傳統，禮必以仁義為前提，斷不可有治人之法而無仁義之心。荀子曰：「貴本之謂文，親用之謂理，兩者合而成文。以歸大一，夫是之謂大隆。」[101]「隆禮」之基本精神，即是法先王仁義之心。

二、法後王──禮義之統

荀子既主張「法先王」，又倡「法後王」，兩項說法看似矛盾，實則荀子主張效法之對象與承繼之內容各不相同。荀子所謂「後王」，楊倞以為即是「當今之王」，並不正確，[102] 廖名春言：「"後王"既非"今日之君"，也非虛懸的期待中的王天下者，當然也不應是周文王、周武王，而應是周文王、周武王之後、當今之王以前的周代的賢王。」[103] 廖名春並參考劉師培意見指出：「周文王、周武王為開創之君，故稱"先王"，成王等西周盛世之賢王，後於周文王、周武王，故稱"後王"。」[104] 依廖名春解釋，「後王」是一種統稱，泛指先王之後至當今之王前之君王。然而，若荀子將歷代

---

101 《荀子・禮論》。

102 楊倞〈不苟〉篇注曰：「後王，當今之王，言後王之道與百王不殊，行堯舜則是亦堯舜也。」〈非相〉篇注曰：「後王，近時之王也。」〈成相〉篇注曰：「後王，當時之王。」然〈不苟〉篇曰：「君子審後王之道，而論百王之前，若端拜而議。」則知君子非「後王」是也。

103 《荀子新探》，頁169~170。

104 《荀子新探》，頁170。

君王，自堯舜以降至周武王以前稱「先王」，周成王以降至當今之
王以前稱「後王」，則荀子顯然有其特殊用意。

　　荀子既以「先王」、「後王」分別稱呼歷朝君王，則效法對象
不同，效法內容自然有別。荀子稱「雅儒」是「法後王，一制度，
隆禮義而殺詩書」者，[105] 雅儒「法後王」，「法後王」則重視制
度之齊一，崇隆禮義而省差《詩》《書》，顯見「法後王」重在禮
樂制度一面，與政治方術俱有密切關聯。「雅儒」法周成王以降之
「後王」，「法後王」即是法周成王以降之禮樂制度。〈不苟〉篇
曰：

　　　君子位尊而志恭，心小而道大；所聽視者近，而所聞見者遠。
　　是何邪？則操術然也。故千人萬人之情，一人之情也。天地
　　始者，今日是也。百王之道，後王是也。君子審後王之道，
　　而論百王之前，若端拜而議。推禮義之統，分是非之分，總
　　天下之要，治海內之眾，若使一人。故操彌約，而事彌大。
　　五寸之矩，盡天下之方也。故君子不下室堂，而海內之情舉
　　積此者，則操術然也。

105　《荀子‧儒效》曰：「法後王，一制度，隆禮義而殺詩書；其言行已有大法
　　矣，然而明不能齊法教之所不及，聞見之所未至，則知不能類也；知之曰知
　　之，不知曰不知，內不自以誣，外不自以欺，以是尊賢畏法而不敢怠傲：是
　　雅儒者也。」

荀子論治國之道，以為有德之君主，地位雖尊貴態度仍恭敬，思心細密而行事遠大；耳之所聽、目之所視雖近短，然得聞得見者遠長，此乃治國之方術使然。楊倞注曰：「謂以近知遠，以今知古，所持之術如此也。」論治國之方術，要能以古鑑今，以簡御繁。若能掌握人情普遍通性，則雖治千萬人，猶如治一人之情；因此，推論百王治國之道，則以「後王」為基準。君子詳審後王所宜施行之道，而以百王之前比較，推「禮義之統」，分辨是非，總攬天下之要領，治海內之民，如治一人。操持簡單要領，處理事務龐大，以簡御繁，猶如以五寸短矩，可以窮盡天下之方正。「後王」儼然是國君治國之方術與綱領，故曰：「百王之道，後王是也。」〈成相〉篇曰：「至治之極復後王」。因此，荀子「法後王」之宗旨，著在重效法「後王」之治國之道。

「後王」固然是指聖王，禮樂制度亦是出於聖王；然而，荀子言「後王」之時，極少實指如論「先王」有堯禹等特定之人物代表，而是指涉一種理想治國之道，此乃是荀子「法後王」之涵意內容。〈非相〉篇曰：

> 故人道莫不有辨，辨莫大於分，分莫大於禮，禮莫大於聖王；聖王有百，吾孰法焉？故曰：文久而息，節族久而絕，守法數之有司，極禮而褫。故曰：欲觀聖王之跡，則於其粲然者矣，後王是也。彼後王者，天下之君也；舍後王而道上古，

譬之是猶舍己之君，而事人之君也。故曰：欲觀千歲，則數
今日；欲知億萬，則審一二；欲知上世，則審周道；欲審周
道，則審其人所貴君子。故曰：以近知遠，以一知萬，以微
知明，此之謂也。

荀子論述聖王治國，無非重申一套以簡御繁之治國之道。荀子在此
提出設問：人道以禮為主，禮以聖王為依歸，然而歷來聖王繁多，
孰可以法焉？歷來聖王之禮樂制度，輒因年久而息絕，楊倞注曰：
「言禮文外則制度滅息，節奏外則廢也。」又曰：「有司世世相承
守禮之法數，至於極久亦下脫也。」故欲觀聖王治國之道，粲然明
白者，唯「後王」是也。「後王」是天下之君，捨「後王」而追遠
古之君，猶如捨己之君而事他人之君。「後王」既非「先王」，亦
非當今之君，而是聖王所遺留粲然明白之治國之道。楊倞注曰：「言
近世明王之法則，是聖王之跡也。夫禮法所興以救當世之急，故隨
時設教不必拘於舊聞，而時人以為君必用堯舜之道，臣必行禹稷之
術然後可，斯惑也！」荀子所言之「後王」，即是聖王之法則，提
倡「法後王」，乃是駁斥「略法先王而足亂世術，繆學雜舉，不知
法後王而一制度，不知隆禮義而殺詩書」，不知通權達變之「俗儒」。
　　荀子所謂「後王」，是指先王之後之聖王所制作之禮樂制度，
故荀子曰：「百王之道，後王是也」，「至治之極復後王」，「欲
觀聖王之跡，則於其粲然者矣，後王是也」，「後王」是指具體之

禮樂制度，是荀子想理中之治國之道。〈儒效〉篇曰：

> 君子言有壇宇，行有防表，道有一隆。言政治之求不下於安
> 存，言志意之求不下於士，言道德之求不二後王。道過三代
> 謂之蕩，法二後王謂之不雅。高之下之，小之巨之，不外是
> 矣。是君子之所以騁志意於壇宇宮廷也。故諸侯問政，不及
> 安存，則不告也。匹夫問學，不及為士，則不教也。百家之
> 說，不及後王，則不聽也。夫是之謂君子言有壇宇，行有防
> 表也。

君子言有分寸，行有準則，原則始終如一，謹守分際，「故諸侯問
政，不及安存，則不告也。匹夫問學，不及為士，則不教也。百家
之說，不及後王，則不聽也。」所謂「言道德之求不二後王」，楊
倞注曰：「道德，教化也。人以教化來求，則言當時之切所宜施行
之事。不二後王，師古而不以遠古也，捨後王而言遠古，是二也。」
意即：君子之教化，宜應務實且能切中時弊，「不二後王」即是法
「後王」不二，君子之教化以「後王」為法；「二後王」即是「不
及後王」，「不及後王」則不聽也。故荀子曰：「道過三代謂之蕩，
法二後王謂之不雅。」「道過三代」與「法二後王」兩相對仗：「道
過三代」謂道統逾越三代以上；「法二後王」謂法度不循「後王」。
楊倞注曰：「道過三代已前，事已久遠，則為浩蕩難信也。」又注

曰：「雅，正也。其治法不論當時之事，而廣說遠古，則為不正也。」
君子治國之原則，師古不過夏、商、周三代，過三代則浩蕩難信；
君子教化之法度，應以當時所宜施行之制，以「後王」之法為依歸，
不循「後王」則為不正。

　　荀子以三代為「先王」，三代以降之禮樂教化為「後王」。〈王
制〉篇曰：

> 王者之制：道不過三代，法不二後王；道過三代謂之蕩，法
> 二後王謂之不雅。衣服有制，宮室有度，人徒有數，喪祭械
> 用皆有等宜。聲、則非雅聲者舉廢，色、則凡非舊文者舉息，
> 械用，則凡非舊器者舉毀，夫是之謂復古，是王者之制也。

論王者之制度，王道不過三代，法度不二「後王」，[106] 衣服、宮
室、人徒與喪祭械用等，皆有定制。聲非雅聲則廢，色非五色舊文
則息，器用非舊有器物則毀，此謂之復古，亦是王者之制度。由此
亦可得知，禮樂制度之存廢，不在於年代之遠近，而在於禮樂制度
是否合於治國之道；合則存，不合則廢，衣服、宮室、人徒與喪祭

106　楊倞注曰：「法不貳後王，言以當世之王為法，不離貳而遠取之。」楊倞以
　　「後王」為當世之王，並不正確，前註已有解說。且，若「後王」即是當世
　　之王，則王者之制即是當世之制，論當時之制則無所謂「法」之對象，即：
　　當世之王不能法當世之王；且若當世之王法當世之王，則與後者「夫是之謂
　　復古」之說，自相矛盾。

械用不妨復古！王者之制度不僅前有所承，器物之「正名」，亦從先王之名。〈正名〉篇曰：

> 後王之成名：刑名從商，爵名從周，文名從禮，散名之加於萬物者，則從諸夏之成俗曲期，遠方異俗之鄉，則因之而為通。

楊倞注曰：「後之王者，有素定成就之名，謂舊名可法效者也。」「後王」制定事物名稱之原則，可承襲舊有之名稱：刑法之名從殷商，爵位之名從周代，節文儀式之名從《禮》，至於一般事物之命名，則依中原舊有之習俗約定，偏遠地區雖有異俗乖異者，亦依從舊名不改作，唯以中原之名溝通交流。

荀子所謂「後王」之涵意，是側重客觀之禮樂制度或理想治國之道，而能成就客觀意義之「後王」者，以周公、孔子為代表人物。荀子稱能「法先王，統禮義，一制度」者為「大儒」，荀子曰：「非大儒莫之能立，仲尼、子弓是也。」[107] 孔子、子弓堪稱「大儒」。

---

107 〈儒效〉篇曰：「彼大儒者，雖隱於窮閻漏屋，無置錐之地，而王公不能與之爭名；在一大夫之位，則一君不能獨畜，一國不能獨容，成名況乎諸侯，莫不願得以為臣。用百里之地，而千里之國莫能與之爭勝；笞箠暴國，齊一天下，而莫能傾也。是大儒之徵也。其言有類，其行有禮，其舉事無悔，其持險應變曲當。與時遷徙，與世偃仰，千舉萬變，其道一也。是大儒之稽也。其窮也俗儒笑之；其通也英傑化之，嵬瑣逃之，邪說畏之，眾人媿之。通則

孔子、子弓有「大儒之徵」、「大儒之稽」，「通則一天下，窮則
獨立貴名，天不能死，地不能埋，桀跖之世不能汙」，俱有「大儒」
之實質內容，孔子、子弓雖然無法在現實經驗中獲得相對之名位，
但無損於「大儒」之實，可見「大儒」不以經驗實效為必要條件，
故荀子曰：「志安公，行安脩，知通統類：如是則可謂大儒矣。」
[108] 然而，荀子曰：「大儒者，天子三公也；小儒者，諸侯、大夫、
士也；眾人者，工農商賈也。」[109] 此中又以政治地位之高下決定
「大儒」、「小儒」與「眾人」之別。其實荀子兩說並非矛盾，後
者從政治階級而論，是以經驗實效論定「大儒」與否；前者則是從
個人修養而論，有「大儒之徵」、「大儒之稽」，能「法先王，統
禮義，一制度」、「志安公，行安脩，知通統類」亦是「大儒」。
換言之，所謂「大儒」者，可以從經驗實效中論定，亦可以以個人
修養為判斷依據，並且「大儒」者，是以個人修養為前提，不因經
驗實效之有無而改變，仲尼、子弓即是一例。至於能從經驗實效中
實踐「大儒」之修養者，周公是其代表人物。

　　〈儒效〉篇曰：

一天下，窮則獨立貴名，天不能死，地不能埋，桀跖之世不能汙，非大儒莫
之能立，仲尼、子弓是也。」
108　《荀子・儒效》。
109　《荀子・儒效》。

> 大儒之效：武王崩，成王幼，周公屏成王而及武王，以屬天
> 下，惡天下之倍周也。履天子之籍，聽天下之斷，偃然如固
> 有之，而天下不稱貪焉。殺管叔，虛殷國，而天下不稱戾焉。
> 兼制天下，立七十一國，姬姓獨居五十三人，而天下不稱偏
> 焉。教誨開導成王，使諭於道，而能揜迹於文武。周公歸周，
> 反籍於成王，而天下不輟事周；然而周公北面而朝之。……
> 故以枝代主而非越也；以弟誅兄而非暴也；君臣易位而非不
> 順也。因天下之和，遂文武之業，明主枝之義，抑亦變化矣，
> 天下厭然猶一也。非聖人莫之能為。夫是之謂大儒之效。

荀子所謂「大儒」之經驗實效，可以周公為表率。周武王之後成王
即位，成王年幼，周公攝政（1063～1026 B.C.）。是時周公履天子
之位，若固有其位，世人不以為貪；殺管叔，遷殷之民於洛邑，使
朝歌為墟，世人不以為戾；兼制天下，立七十一國，姬姓佔五十三
人，世人不以為偏；教誨開導成王，使成王明道，而能繼承文武王
業；至此，周公還天下於成王，北面稱臣而朝。周公順應時機而通
權達變，以枝子之名代替成王並非僭越，以弟之名殺管叔並非暴虐，
君臣易位並非不順；天下因此而和諧，順利繼承文武王業，彰顯君
主與枝子之道義，是順應時機變化，天下順從如一。周公所做所為，
非聖人莫能為之，此乃「大儒」之效也。故荀子曰：「若周公之於

成王也，可謂大忠矣。」[110] 周公對成王之貢獻，是大忠之表現。荀子曰：「論法聖王，則知所貴矣。」[111] 論議治效聖王，則知何者為貴；又曰：「故成王之於周公也，無所往而不聽，知所貴也。」[112] 成王既知周公之可貴，故凡事言聽計從。荀子頌揚周公輔佐成王之功，表現「大儒」之實際效能，「大儒」最具體之效能，在於政治上輔佐君主稱王稱霸，[113] 故荀子曰：「故人主用俗人，則萬乘之國亡；用俗儒，則萬乘之國存；用雅儒，則千乘之國安；用大儒，則百里之地，久而後三年，天下為一，諸侯為臣；用萬乘之國，則舉錯而定，一朝而伯。」[114]

荀子景仰周公，猶如孔子對周公孺慕之情。[115] 且依荀子之見解，周公、孔子皆是能「法先王，統禮義，一制度」、「志安公，行安脩，知通統類」之「大儒」，周公與孔子兩者不分軒輊，甚至周公與孔子俱有傳承之關係。荀子曰：「孔子仁知且不蔽，故學亂術足以為先王者也。一家得周道，舉而用之，不蔽於成積也。故德

---

110 《荀子·臣道》。

111 《荀子·君子》。

112 《荀子·君子》。

113 〈王霸〉篇曰：「故湯用伊尹，文王用呂尚，武王用召公，成王用周公旦。卑者五伯，齊桓公閨門之內，縣樂、奢泰、游抏之脩，於天下不見謂脩，然九合諸侯，一匡天下，為五伯長，是亦無他故焉，知一政於管仲也，是君人者之要守也。」

114 《荀子·儒效》。

115 《論語·述而》曰：「甚矣！吾衰也，久矣！吾不復夢見周公。」

與周公齊，名與三王竝，此不蔽之福也。」[116] 荀子贊賞孔子仁智
而不蔽，雜學才藝足以及先王，且作《春秋》而舉周道，楊倞注曰：
「周道舉，謂刪《詩》、《書》，定禮樂，成積舊習也。言其所用
不滯於眾人舊習，故能功業如此。」孔子舉周道，即是傳周公制禮
作樂之道，故孔子之功德與周公齊名，名譽與三王並列。周公與孔
子皆「法先王」仁義之統，而成禮義之統，齊一制度，是世人所景
仰之對象；故荀子所謂「法後王」，即是法周公、孔子之「禮義之
統」。

三、理想與實踐合一——聖王

如前所論，荀子「法先王」言「仁義之統」，是彰顯禮制之本
質內容；「法後王」言「禮義之統」，是強調禮制之客觀規範；「隆
禮」則是綜合仁、義、禮三者於一體之思想學說。荀子之「禮」，
是社會文明指標，是規範政治倫理之綱紀，是國家社會和平發展最
重要之基石。「禮義之統」是治理國家社會最重要之綱紀，禮制有
明文，則依禮義而行；禮制無明文，則依其類推而行，荀子曰：「王
者之人：飾動以禮義，聽斷以類，明振毫末，舉措應變而不窮，夫
是之謂有原。」[117] 即是以「仁義之統」、「禮義之統」貫徹實踐
禮之制度。「禮義」落實為具體之制度，且為制度之精神基礎，則

116　《荀子·解蔽》。

117　《荀子·王制》。

必然要求禮之齊一、秩序與條理，以禮統攝規範一切成文制度與非成文之風俗習慣，達到「以類行雜，以一行萬」之政治目的。[118]

　　「禮」之發展是一個歷時之整體，必須符合人性需求，且能適應時代變遷，始能累積成為一種文化特徵，進而成為一項文明指標。荀子之「隆禮」，同時重視禮之內在價值與實踐成效，如此，即可明白荀子「法先王」與「法後王」之意。「先王」是三代堯、舜、禹、湯等以仁義為治國之道之聖王，「法先王」是效法先王以仁義治國之「仁義之統」；「後王」是周公、孔子等大儒所制定之禮樂制度，「法後王」是效法「後王」禮樂制度之「禮義之統」。因此，荀子「法先王」與「法後王」並非本質上之差異，[119]而是指效法學習對象內容不同；況且，「先王」與「後王」兩者，俱有內在關聯性。「先王」立仁義之統，「後王」依仁義之統具體落實為禮樂制度、或稱禮義法度之禮義之統，禮義是仁義之形式，仁義是禮義之內容，仁、義、禮三者是一體成型，一起呈現；因此，先王與後王即是一個整體。荀子曰：「君子處仁以義，然後仁也；行義以禮，然後義也；制禮反本成末，然後禮也。三者皆通，然後道也。」[120]即是充分說明荀子以仁義為本質之「隆禮」精神：捨仁義，禮無以立；無禮，則仁義無以見。

118　《荀子·王制》。

119　李哲賢《荀子之核心思想——「禮義之統」及其時代意義》言：「荀子不以法先王為非，實因先王、後王，並非本質之異也。」頁84。

120　《荀子·大略》。

　　「禮」是人類文明之指標，是一種不斷因時制宜、因革損益之
歷時整體，因此，理想之禮，應與時間之遠近恰成正比，意即：禮
越近當時越能符合人性與時代之需求。然而，理想之禮，又必須仰
賴聖人，唯有聖人乃能透過內在主觀意識思慮反省，同時效法古代
聖王所制之禮義法度，[121] 始能創建一套理想之禮。荀子所謂「聖
人」，並非全然是天生者，而是人之所積而成者，[122] 是理想與現
實合一之完美人格，此亦是荀子同時主張「法先王」與「法後王」
學說之結合。

　　現實當今之王，雖未必是理想之聖王，然而，荀子理想之聖王，
必然出於近世，甚至是未來世代。〈解蔽〉篇曰：

> 聖也者，盡倫者也；王也者，盡制者也；兩盡者，足以為天
> 下極矣。故學者以聖王為師，案以聖王之制為法，法其法以
> 求其統類，以務象效其人。嚮是而務，士也；類是而幾，君
> 子也；知之，聖人也。

121　《荀子·性惡》曰：「聖人積思慮，習偽故，以生禮義而起法度。」

122　〈儒效〉篇曰：「彼求之而後得，為之而後成，積之而後高，盡之而後聖，
　　故聖人也者，人之所積也。」

「聖王」是兩種概念之詞組。所謂「聖」，能窮盡人倫與事物之理序也；[123] 所謂「王」者，能盡制法度者也；能窮盡人物之理序，且能盡制法度者，則可以為天下之至極，則可以稱「聖王」。故學者以「聖王」為師，以「聖王」之制為法，效法「聖王」之法以求其統紀類例，務求效法其人。從學習歷程而言：向「聖王」務求者，士也；類似「聖王」之行為者，君子也；知「聖王」之理者，聖人也。「聖王」是能知人物之理，且能依其知盡制法度者也。荀子曰：「辨莫大於分，分莫大於禮，禮莫大於聖王。」[124] 人之有「辨」表現在於「分」，「分」之表現在於禮，禮之表現以聖王為極至。荀子曰：「欲觀聖王之跡，則於其粲然者矣，後王是也。」聖王之表現，在於粲然可見之禮樂制度。〈性惡〉篇曰：

123　楊倞注曰：「倫，物理也。」〈解蔽〉篇曰：「凡以知，人之性也；可以知，物之理也。以可以知人之性，求可以知物之理，而無所疑止之，則沒世窮年不能徧也。」認知力是人類本性，聖人依認知能力可以窮盡事物之理序。此外，〈儒效〉篇曰：「禮者、人主之所以為群臣寸尺尋丈檢式也。人倫盡矣。」〈富國〉篇曰：「萬物同宇而異體，無宜而有用為人，數也。人倫並處，同求而異道，同欲而異知，生也。」楊倞注曰：「倫，類也；並處，群居也。其在人之法數，則以類群居也。」故〈解蔽〉之「盡倫」者，是同指人類倫理與事物之理序。

124　《荀子·非相》。

> 古者聖王以人性惡，以為偏險而不正，悖亂而不治，是以為
> 之起禮義，制法度，以矯飾人之情性而正之，以擾化人之情
> 性而導之也，始皆出於治，合於道者也。

聖王起禮義、制法度，目的在於治人之性惡，禮義法度合於治世之
道。故荀子曰：「今人之性惡，必將待聖王之治，禮義之化，然後
始出於治，合於善也。」[125] 聖王之治道，即是禮義之教化，禮義
法度既出於聖王之手，又合治世之目的。故「聖王」涵有「聖人」
與「王者」兩種概念，且而強調能將理想化為實踐之政治家。

〈王霸〉篇曰：

> 夫貴為天子，富有天下，名為聖王，兼制人，人莫得而制也，
> 是人情之所同欲也，而王者兼而有是者也。

聖王所以名為「聖王」，乃是在政治上統一天下，視天下之富為已
之富，能制人，且不為人所制，聖王乃天下人心共同期盼，而王者
兼而有聖王之名與聖王之實，故「聖王」與「王者」異名而同實，
而「王者」之名是加深「聖王」在政治上之作為。〈王霸〉篇曰：

125　《荀子·性惡》。

制度以陳，政令以挾，官人失要則死，公侯失禮則幽，四方
之國，有侈離之德則必滅，名聲若日月，功績如天地，天下
之人應之如景嚮，是又人情之所同欲也，而王者兼而有是者
也。

王者之施政，陳列制度，政令和洽，官人失職則處死，公侯失禮則
幽囚，四方諸侯有過則滅，有功則賞，天下之人如影隨形，此乃人
情之共同願望，而王者兼有如此之施政矣。〈王制〉篇曰：

請問為政？曰：賢能不待次而舉，罷不能不待須而廢，元惡
不待教而誅，中庸民不待政而化。分未定也，則有昭繆。雖
王公士大夫之子孫也，不能屬於禮義，則歸之庶人。雖庶人
之子孫也，積文學，正身行，能屬於禮義，則歸之卿相士大
夫。故姦言，姦說，姦事，姦能，遁逃反側之民，職而教之，
須而待之，勉之以慶賞，懲之以刑罰。安職則畜，不安職則
棄。五疾，上收而養之，材而事之，官施而衣食之，兼覆無
遺。才行反時者死無赦。夫是之謂天德，是王者之政也。

為政之道，即是管理人事之事，舉凡：人事之任用，罪犯之處罰，
民眾之教育，長幼上下之倫理，貴族與庶人之升降流通，任用人事
之考核賞罰制度，建全社會福利政策等，皆是管理眾人之事，完善

管理眾人之事，即是天德，即是王者之政。總之，王者既有聖王之
名，亦有聖王之實，且能將聖人之仁義化為禮義之教化，不僅符合
人情之要求，且能達到治世之目的。荀子曰：「人主，仁心設焉，
知其役也，禮其盡也，故王者先仁而後禮，天施然也。」[126] 楊倞
注曰：「人主根本所施設在仁，其役用則在智，盡善則在禮。天施，
天道之所施設也，此明為國以仁為先也。」王者治國以仁為根本，
以智為方法，以禮達到盡善之境界，猶如天道之所施設於天地。〈王
制〉篇曰：

> 彼王者不然：仁眇天下，義眇天下，威眇天下。仁眇天下，
> 故天下莫不親也；義眇天下，故天下莫不貴也；威眇天下，
> 故天下莫敢敵也。以不敵之威，輔服人之道，故不戰而勝，
> 不攻而得，甲兵不勞而天下服，是知王道者也。知此三具者，
> 欲王而王，欲霸而霸，欲彊而彊矣。

王者以其仁盡施於天下，故天下莫不懷其仁；以其義盡施於天下，
故天下莫不感其義；以其威盡施於天下，故天下莫不畏其威。王者
之仁義，「其道可以服人」，（楊倞注）故以無敵之威輔助仁、義，
可以不戰而勝，不攻而得，不勞甲兵而天下順服，此乃知致王者之
道。王者具足仁、義、威三項條件，欲稱王則為王，欲稱霸則為霸，

126　《荀子·大略》。

欲致強則為強。仁義是王者之精神內涵，仁義能盡服天下之人，使
之歸順，故仁者無敵；威嚴是王者之在外權勢，僅止於輔助仁義，
故王者能在政治上稱王、稱霸、稱強，不是依賴外在威權，而是王
者內在仁義之心。

　　仁義是王者之根本，禮義是王者之工具，而治世則是王者之目
的。荀子「法先王」即是法先王仁義之統，「法後王」是法周代禮
樂制度之禮義之統，「隆禮」則是涵攝仁、義、禮三者於一體之學
說主張，其目的在於建立一個欲王而王，欲霸而霸，欲強而強之富
強國家。

第陸章　富國強兵之政治學

　　春秋以降，群雄爭霸，周室衰微，齊、晉等諸侯大國勢力凌駕天子地位，周室既無力指揮諸侯，天子之名亦只是徒俱形式，長期倚重之文化命脈，亦面臨「禮樂廢壞」之窘境。[1]天下一旦喪失客觀公共秩序，諸侯變本加厲，各自為政，故孔子不禁感歎：「天下有道，則禮樂征伐自天子出；天下無道，則禮樂征伐自諸侯出。」[2]孟子亦形容曰：「世衰道微，邪說暴行有作，臣弒其君者有之，子弒其父者有之。孔子懼，作《春秋》。《春秋》天子之事也。」

1　《史記·封禪書第六》卷二十八曰：「自周克殷後十四世，世益衰，禮樂廢，諸侯恣行，而幽王為犬戎所敗，周東徙雒邑。」又《史記·孔子世家第十七》卷四十七曰：「孔子之時，周室微而禮樂廢，詩書缺。」又《史記·禮書第一》卷二十三注曰：「正義論語云大師摯適齊，亞飯干適楚，鼓方叔入于河，少師陽、擊磬襄入于海。魯哀公時，禮壞樂崩，人皆去也。」《詩經·商頌·那》曰：「那，祀成湯也。微子至于戴公，其間禮樂廢壞，有正考甫者，得商頌十二篇於周之大師，以那為首。」鄭玄注曰：「禮樂廢壞者，君怠慢於為政，不脩祭祀朝聘養賢待賓之事，有司怠其禮之儀制，樂師失其聲之曲折，由是散亡也。」

2　《論語·季氏》。

³ 牟宗三稱孔子與諸子所處之時代為「周文疲弊」，⁴「周文疲弊」
乃成為先秦諸子所共同面對之時代議題。⁵

　　牟宗三認為，中國思想特色在「實踐」，而不以「純思辨」見
長；勞思光評論荀子時，強調「中國先秦諸子多不重視純粹思辯工
作」；⁶劉子靜亦言：「周秦諸子的思想，除辯者而外，無論是儒、
是道、是墨、是法、是兵……無不以政治問題為中心。」⁷準此，
則孔子重建周文之根本關懷，乃是將周文賦予仁義之道德意涵，使
周文成為俱有教化作用之形式制度，進而以形式之「禮」實踐「仁
義」之內容。勞思光稱孔子之志實在於「重建周文」，⁸並稱孔子

3　《孟子·滕文公》。

4　牟宗三《中國哲學十九講》言：「這套周文在周朝時粲然完備，所以孔子說『郁
　　郁乎文哉，吾從周』。可是周文發展到春秋時代，漸漸的失效。這套西周三百
　　年的典章制度，這套禮樂，到春秋的時侯就出問題了，所以我叫它做『周文疲
　　弊』。諸子的思想出現就是為了對付這個問題。這個才是真正問題所在。」（台
　　北：臺灣學生書局，1983 年）頁 60。

5　王邦雄·岑溢成·楊祖漢·高柏園合著：《中國哲學史》(上)言：「周文疲弊
　　是孔子所面對的時代問題，也是孔子思想根本關懷之所在。所謂『周文疲弊』，
　　乃是指周朝文化在歷經長時間的歷史演變之後，已逐漸僵化而失去其時代性，
　　由是造成整個時代的失序，而人在此失序的時代與社會中，無疑是十分痛苦的。」
　　頁 87。

6　《新編中國哲學史》（一），頁 330。

7　劉子靜著：《荀子哲學綱要》（台北：臺灣商務印書館，1965 年），頁 86。

8　勞思光言：「但孔子出生時，周室已衰。周天子徒擁虛名，既不能制諸侯；列
　　國諸侯，亦常受制於有實力之貴族。列國彼此相爭，各國貴族亦常作亂。於是
　　禮制急遽崩解；由傳統習俗所形成之規範力量既日見消失，天下進入一無秩序
　　狀態。孔子面對此種嚴重時代問題，遂以重建一普遍秩序為己任；又因孔子所

學說是以「攝禮歸義」、「攝禮歸仁」方式，使形式制度之「禮」
賦予「仁義」之精神內涵，活化日益僵化之周代禮樂制度。[9] 因此，
孔子自喻為「待賈者」之「美玉」，即使偶遇「子畏於匡」、「在
陳絕糧」、「厄於陳蔡」之頓挫，仍堅持周遊於列國之間，無非是
在宣揚其政治思想。[10] 孔子宣揚強調「仁義」是治國之良方，是以
「禮」實踐「仁義」，孔子曰：「克己復禮為仁，一日克己復禮，
天下歸仁焉。」[11] 朱子注曰：「歸猶與也。又言一日克己復禮，則
天下之人皆與其仁，極言其效之甚速而至大也。」「禮」是實踐「仁
義」之不二法門，而天下之人歸向仁義之王者，則是孔子理想之政
治型態與結果。《孟子》書中，除孟子師生間之對話語錄外，更不
乏與梁惠王、齊宣王、鄒穆公、滕文公等政治人物往來與問政記錄，
則孟子學說豈止是宣揚人性而已？孟子曰：「人皆有不忍人之心。
先王有不忍人之心，斯有不忍人之政矣。以不忍人之心，行不忍人
之政，治天下可運之掌上。」[12] 其中即已明白宣示，先王不忍人之

學為周之文制，故在孔子意念中之『秩序』，就具體內容說，實以周人所立之
文制為底本。順此意義說，亦可謂孔子之志實在於重建周文。」《新編中國哲
學史》（一），頁 106。

9　《新編中國哲學史》（一），頁 118。

10　勞思光言：「孔子去魯，周遊列國；其時孔子門人日眾，聲名日高，然列國之
君亦無能用孔子者。於是孔子之政治理想無實現機會，而立說乃日見精透。」
《新編中國哲學史》（一），頁 107。

11　《論語·顏淵》。

12　《孟子·公孫丑》。

政，源自於人皆有不忍人之心；以不忍人之心行不忍人之政，乃是政治之理論基礎；人皆有不忍人之心，則行不忍人之政，必可收有效管理民眾，獲致治國、平天下之目的。至於荀子，〈王制〉篇曰：「先王惡其亂也，故制禮義以分之，使有貧富貴賤之等，足以相兼臨者，是養天下之本也。」先王行政是以止亂為發端，制禮義則是以養天下為目的。〈禮論〉篇曰：「先王惡其亂也，故制禮義以分之，以養人之欲，給人之求。使欲必不窮於物，物必不屈於欲。兩者相持而長，是禮之所起也。」〈樂論〉篇曰：「夫民有好惡之情，而無喜怒之應則亂；先王惡其亂也，故修其行，正其樂，而天下順焉。」先王惡其亂，乃是不忍天下生靈塗炭，民不聊生，故先王「惡其亂」是「不忍人之心」之具體表現；而先王制禮樂制度，乃是對治於人之「性惡」所可能產生之流弊，其目的則在使「天下順」，「使欲必不窮於物，物必不屈於欲」，以為「養天下之本也」。況且，荀學以「性惡」說為工具，並闡釋「隆禮」乃為「尊君」，[13]即已充分顯示荀子立論之宗旨與目的。從此一角度思考，則孔子、孟子與荀子之學說，實與其政治理想有關，而其政治理想亦與其自身之思想主張相應。[14]

---

13 《荀子·君道》曰：「知隆禮義之為尊君也。」

14 陳登元稱：「荀子實我國邈古之大政治家大哲學家，固無疑義，固非虛飾也。」《荀子哲學》，頁3。

第一節　禮制與政治

中國古代「政」「治」兩詞，固然可以互訓，但是在多數使用上，兩詞仍是分屬兩個不同概念之詞。《荀子》書中雖無連稱「政治」，然而，荀子言「政」與「治」，依其使用之語意脈絡，可得「政治」之意涵。[15]《荀子》之「政」字，主要意義有兩層：其一，指政治制度或行政命令。荀子以「政」字，[16] 或「政令」稱之；[17]

15　〈儒效〉篇曰：「君子言有壇宇，行有防表，道有一隆。言道德之求，不下於安存；言志意之求，不下於士；言道德之求，不二後王。……故諸侯問政，不及安存，則不告也。匹夫問學，不及為士，則不教也。百家之說，不及後王，則不聽也。夫是之謂君子言有壇宇，行有防表也。」楊倞注曰：「此『道德』或當為『政治』。以下有「道德之求」，故誤重寫耳。故下『諸侯問政不及安存，則不告也』，謂人以政治來求，制以安存國家已上之事語之也。」楊倞以為前一「道德」，應改為「政治」。因為荀子行文有對仗筆法，對照下文有「諸侯問政」等語，故前一「言……之求」者，應與政治有關，而前一「言道德之求」，既與下文重出，故應改為「政治」。楊倞注釋校對固然以語意脈絡為根據，然而，以「政治」取代原有「道德」並不理想；畢竟，「政治」兩字合稱者，在《荀子》之中，絕無僅有。如果依楊倞校對之原則，下文既是「問政」，則上文之「道德」，應以「政治」之相關語彙校正之，例如：「問政」、「為政」、「政令」、「政教」……等，較為妥適；況且，《荀子》文本中，一貫是以「政」或「治」單一字詞，交互指涉現代之「政治」涵意。

16　如：〈王制〉篇曰：「庶人安政，然後君子安位。」〈王制〉篇曰：「必將脩禮以齊朝，正法以齊官，平政以齊民。」

17　如：〈王制〉篇曰：「政令時，則百姓一，賢良服。」〈富國〉篇曰：「其政令一，其防表明。」〈王霸〉篇曰：「政令已陳，雖覩利敗，不欺其民。」〈天論〉篇曰：「政令不明，舉錯不時，本事不理，勉力不時。」〈君子〉篇曰：「政令致明，而化易如神。」

又因「政令」與「制度」兩個是不可分割之同義詞，故有時又統稱之為「政令制度」。[18]〈榮辱〉篇曰：「政令法，舉措時，聽斷公，上則能順天子之命，下則能保百姓，是諸侯之所以取國家也。」政令是由上對下之管理規則，[19]是在位之國君，依其政治權力，管理轄境全民所施行之制度或命令，是諸侯擁有國家權力之實質效力。國君之政令，對上，可以順應天子之命；於下，可以擁有、保護廣土眾民；國君對於政令，既是權力，亦是義務；故「政」，即是指「國政」。[20]

主政者依政令行政，受治之民眾依政令行事，主政者與受治者彼此接受同一客觀規範制約，亦受同一規範保護。荀子曰：「故制號政令欲嚴以威。」[21]政令對於治民，乃至於國力之強弱，俱有密切之關聯性；因為政令必須達到普遍與必然之管理效果，故制號政

---

18 〈王霸〉篇曰：「制度已陳，政令以挾。」〈王霸〉篇曰：「上莫不致愛其下，而制之以禮。上之於下，如保赤子，政令制度，所以接下之人百姓，有不理者如豪末，則雖孤獨鰥寡必不加焉。」〈王霸〉篇曰：「生民則致寬，使民則慕理，辯政令制度，所以接天下之人百姓，有非理者如豪末，則雖孤獨鰥寡，必不加焉。」

19 〈非相〉篇曰：「故仁言大矣：起於上所以道於下，政令是也；起於下所以忠於上，謀救是也。」

20 〈彊國〉篇曰：「然則胡不毆此勝人之勢，赴勝人之道，求仁厚明通之君子而託王焉，與之參國政，正是非，如是，則國孰敢不為義矣。」又曰：「案用夫端誠信全之君子治天下焉，因與之參國政，正是非，治曲直，聽咸陽，順者錯之，不順者而後誅之。若是，則兵不復出於塞外，而令行於天下矣。」

21 《荀子·議兵》。

令必有威嚴。〈議兵〉篇曰：「政令信者強，政令不信者弱。」政令能貫徹主政者之意志，深入人民心中，始能達到以政令施政之目的。〈王霸〉篇曰：「是之謂政令行，風俗美，以守則固，以征則彊，居則有名，動則有功。」〈議兵〉篇曰：「政令以定，風俗以一」，又曰：「故凝士以禮，凝民以政；禮脩而士服，政平而民安。」〈天論〉篇曰：「有齊而無畸，則政令不施，有少而無多，則群眾不化。」可知，一國之強弱，乃至於國君能否有效管理眾人之事，實與政令能否貫徹始終如一，俱有對應關係。

　　制號政令是政治權力之象徵，亦是政治具體落實於管理眾民之事。荀子曰：「臨事接民，而以義變應，寬裕而多容，恭敬以先之，政之始也；然後中和察斷以輔之，政之隆也。然後進退誅賞之，政之終也。」[22] 政事之初，當以寬厚恭敬之心對待百姓，繼之以中和察斷輔導政事，最終以選賢與能、賞善罰惡以為政事關頭。政事並非只是消極管理之政令，政事同時俱有積極教化民眾之功能，故荀子稱之「政令教化」，[23] 或簡稱「政教」。〈仲尼〉篇曰：「彼非本政教也，非致隆高也，非慕文理也，非服人之心也。」荀子稱五伯等不以政教為根本，不崇隆禮義，不整齊禮制，故不得人心順服；反之，「本政教，正法則，兼聽而時稽之」，[24] 政教乃政治之根本，

22　《荀子‧致士》。

23　〈君道〉篇曰：「上則能尊君，下則能愛民，政令教化，刑下如影，應卒遇變，齊給如響，推類接譽，以待無方，曲成制象，是聖臣者也。」

24　《荀子‧王制》。

法制以修明為要，政教與法則是齊頭並進、恩威並施。荀子曰：「案平政教，審節奏，砥礪百姓，為是之日，而兵剸天下勁矣。」[25] 修明政教與禮制，以此教化百姓，可充實國防兵力。故荀子曰：「如是，則臣下百吏至於庶人，莫不修己而後敢安止，誠能而後敢受職，百姓易俗，小人變心，姦怪之屬莫不反愨：夫是之謂政教之極。」[26] 政教之極致表現，是百官以下至於庶人，皆能修己而安於本分，有能力者得受其職，社會百姓移風易俗，人人向善，作姦犯科不復出現；如此，則可收「不視而見，不聽而聰，不慮而知，不動而功，塊然獨坐而天下從之如一體，如四肢之從心」之效果。[27] 政令教化合一，是最有效、亦是最美善之管理方式，由此亦透顯出荀子倡「禮義」之意涵與政治目的。荀子曰：「推禮義之統，分是非之分，總天下之要，治海內之眾，若使一人。」[28] 「治」是政治權力，「禮義之統」則是政權運作之原則，「禮義之統」是政權之「體」，「治」是政權之「用」，以「禮義之統」統御「治」權，是荀子心目中理想之政治形態。

　　荀子言「政」另一意義，係指政治權力或政治權力運作下國家社會之狀態。荀子曰：「今亦以天下之顯諸侯，誠義乎志意，加義乎法則度量，箸之以政事，案申重之以貴賤殺生，使襲然終始猶一

25　《荀子・王制》。

26　《荀子・君道》。

27　《荀子・君道》。

28　《荀子・不苟》。

也。」[29] 楊倞注曰：「既為政皆以義，又申重以賞罰，使相掩襲無
閒隙，終始如一也。」政事既申禮義，又重法則，則政治教化合一
即是政事之極致表現。〈致士〉篇曰：「國家失政，則士民去之。」
政教合一既是最美善之管理方式，則政事可得民心；否則，政事士
民背離，即是「失政」。〈天論〉篇曰：「上明而政平，則是雖並
世起，無傷也；上闇而政險，則是雖無一至者，無益也。」政治之
承平或險惡，取決於主政者之清明或闇昧，在上位者清明，即使災
禍並世而起，亦無傷國本，政事太平；反之，若在上位者闇昧，雖
天下無事，亦無助於國力，甚至招至危險。可知，政治之良窳，實
與主政者息息相關，故荀子曰：「疾今之政以思往者，其言有文焉，
其聲有哀焉。」楊倞注曰：「言有文，謂不鄙陋；聲有哀，謂哀以
思也。」[30] 政治之良窳既與主政者之作為息息相關，則有志之士鍼
砭時政，亦是諷諫主政者。〈王制〉篇曰：

> 請問為政？曰：賢能不待次而舉，罷不能不待須而廢，元惡
> 不待教而誅，中庸不待政而化。分未定也，則有昭繆。雖王
> 公士大夫之子孫也，不能屬於禮義，則歸之庶人。雖庶人之
> 子孫也，積文學，正身行，能屬於禮義，則歸之卿相士大夫。
> 故姦言，姦說，姦事，姦能，遁逃反側之民，職而教之，須

29　《荀子·王霸》。
30　《荀子·大略》。

而待之，勉之以慶賞，懲之以刑罰。安職則畜，不安職則棄。
五疾，上收而養之，材而事之，官施而衣食之，兼覆無遺。
才行反時者死無赦。夫是之謂天德，是王者之政也。

王者施政之要領：在用人方面，舉賢而罷不能，誅惡而化中庸；在
社會階級方面，王公士大夫之子孫貴族，若非禮義，則降歸於庶人，
反之，庶人若能知行禮義者，亦可升為卿相士大夫；在管理教化方
面，作奸犯科之民，積極以慶賞勸勉，消極以刑罰懲處，勝任職務
者畜養，不能勝任者遺棄；在社會福利方面，國君有義務照顧奉養
無謀生能力者，並普遍教育民眾，使民有才能以自養，做到民無孑
遺之地步；在刑罰方面，若有才行違逆時政，破壞國家制度者，則
死不赦免；施政能達到如此要求者，即可稱之為天德，亦是王者之
政事矣。總之，荀子言「政」，實指政權與政權運作下之國家形態，
與現代「政治」一詞同義。

　　荀子言「治」者，亦有兩義：其一，指管理或管理方式；其二，
是指政治環境臻於理想狀態。〈不苟〉篇曰：「君子治治，非治亂
也。」前「治」字，即是管理，治理之意，「治亂」之「治」，亦
屬同意；而「治治」之後「治」字，則是指政權管理下之理想狀態，
如〈榮辱〉篇曰：「湯武存，則天下從而治，桀紂存，則天下從而
亂。」「治」與「亂」對舉，表示「治」是指理想之政治狀態。由
此可知，荀子之「政」、「治」兩字，有同意處，亦有相異部分。

大致而言：「政」字較偏向「政權」、「政令」等靜態之名詞意義；
而「治」，則著重「治理」、「天下治」等動態之動詞或形容詞。

　　如前所論，荀子所以主張「性惡」，無非是彰顯「禮義之統」
對於政治之必要性；而提倡「仁義之統」，則是強調政治必要以仁
義為前提。故荀子之政治思想，就其內容而言，是以仁義為本質，
即是「禮義」；就其形式而言，則是客觀之行為規範，即是「禮制」，
或稱「禮義法度」；因此，「禮制」是荀子政治思想之實踐。

　　「禮制」出於主政者之制度命令，「禮制」之實施與判斷，又
必以主政者為最後之仲裁者，故主政者即是立法者兼執法者。「禮
制」是主政者依其政治權力所設計之客觀規範，並以其客觀形式規
範個人行為，使國家社會之集體行為趨向最大之公共利益，此即是
「禮制」之宗旨目的，亦是「禮義」之客觀價值。國家社會之最大
利益，乃是以維護國家境內每一份子生命與財產獲得基本保障為前
提，故維護國家安全是「禮制」最基本之要求，是主政者責無旁貸
之責任義務。維護國家安全首要工作目標，即在「強國」，「強國」
之概念，係指國家境內安定與國家邊境安全兩方面，邊境安全是境
內安定之保障；境內安定是邊境安全之基礎，兩者互為依存。國內
安定是指政治穩定，政治穩定即是「治」；[31] 邊境安全是國際外交

31　荀子稱國內政治穩定為「國治」，如：〈王霸〉篇曰：「故君人者，立隆政本
　　朝而當，所使要百事者誠仁人也，則身佚而國治，功大而名美，上可以王，下
　　可以霸。」〈君道〉篇曰：「若是則身佚而國治，功大而名美，上可以王，下

和平，外交和平即是「強」。[32] 國之治安，是富強之基準，無論是國富或兵強，治國皆以禮制為原則；而禮制之運作，繫於國君一人。故荀子曰：「知隆禮義之為尊君也」，[33] 尊君乃為隆禮義，隆禮義乃為富國強兵，質言之：尊君、隆禮是獲致富國強兵最直接有效之方法；而荀學尊君、隆禮之政治思想，其目的即是在創造富國強兵之國家。

第二節　強兵之目的與方法

一、強兵之意涵

《說文》曰：「兵，械也。从廾持斤并力之貌。」段注曰：「械者，器之總名。器曰兵，用器之人亦曰兵。」「兵」指軍械武器，亦指使用軍械武器之人。荀子言「兵」與古義同，除軍用器械之外，[34] 大概指國家之軍隊武力，及其軍事活動。荀子曰：「序官：……

可以霸，是人主之要守也。」〈議兵〉篇曰：「君賢者其國治，君不能者其國亂；隆禮貴義者其國治，簡禮賤義者其國亂；治者彊，亂者弱，是彊弱之本也。」

32　荀子稱國家邊境安全為「國安」，如：〈富國〉篇曰：「為名者否，為利者否，為忿者否，則國安於盤石，壽於旗翼。」〈王霸〉篇曰：「國危則無樂君，國安則無憂民。亂則國危，治則國安。」〈樂論〉篇曰：「彼國安而天下安。」

33　《荀子・君道》。

34　荀子言「兵」，部份用以指涉軍事用途之器械，如：〈王制〉篇曰：「兵革器械者」；〈議兵〉篇曰：「械用兵革攻完便利者強，械用兵革窳楛不便利者弱。」「故堅甲利兵不足以為勝，高城深池不足以為固，嚴令繁刑不足以為威。」「古之兵，戈矛弓矢而已矣。」等皆是。

司馬知師旅、甲兵、乘白之數。」[35] 楊倞注曰：「謂王者序官之法也。」王者次序官職，以司馬職掌師旅、甲兵及車乘隊伍之編制。《周禮》曰：「惟王建國，辨方正位，體國經野，設官分職，以為民極。乃立夏官司馬，使帥其屬而掌邦政，以佐王平邦國。」[36] 司馬之職，在使帥所屬之軍隊，輔佐國君治平邦國。[37]

軍隊既為攻戰而設，[38] 則軍隊之強弱，是攻戰活動勝負之關鍵。荀子稱國家軍隊武力為「兵」，「兵」之強者謂「勁」。[39]〈王制〉篇曰：「則兵勁城固，敵國案自詘矣。」兵勁則城固，城固則敵國自然屈服；〈王霸〉篇曰：「如是，則兵勁城固，敵國畏之。」兵勁城固，敵國必然心生畏懼；〈彊國〉篇曰：「則兵勁城固，敵國不敢嬰也。」兵勁城固，敵國不敢侵犯。反之，〈君道〉篇曰：「兵不勁，城不固，而求敵之不至，不可得也。」若兵不強勁，則不足以固守城池，無力抗拒敵國之侵略，祈求敵國之不來犯，無異於「緣

35　《荀子·王制》。

36　《周禮·夏官司馬第四》卷二十八。

37　《周禮·夏官司馬第四》卷二十八：「凡制軍，萬有二千五百人為軍。王六軍，大國三軍，次國二軍，小國一軍。軍將皆命卿，二千有五百人為師，師帥皆中大夫；五百人為旅，旅帥皆下大夫；百人為卒，卒長皆上士；二十五人為兩，兩司馬皆中士；五人為伍，伍皆有長。」

38　《荀子·王制》曰：「故不戰而勝，不攻而得，甲兵不勞而天下服，是知王道者也。」

39　〈王制〉篇曰：「而兵剸天下（之）勁矣。」，王先謙集解曰：「此句與下名聲剸天下之美矣相配為文，勁上當有之字。剸讀與專同。」又曰：「權者重之，兵者勁之，名聲者美之。」軍隊之強大者曰「勁」。

木求魚」。故所謂「強兵」者,乃指國家軍隊武力強大,足以抵抗敵國之侵犯,捍衛國家邊境之安全。故〈議兵〉篇曰:「重用兵者強。」〈富國〉篇曰:「觀國之強弱貧富有徵:上不隆禮則兵弱,上不愛民則兵弱,已諾不信則兵弱,慶賞不漸則兵弱,將率不能則兵弱。」兵弱即國弱,兵強即國強,強兵即是強國。

二、強兵之目的

強兵之目的關乎國家生存。戰國時期軍國主義盛行,「合從」、「連橫」之議又起,[40] 兵之強弱,與國家之強弱成正比;故兵強之目的,在求國強,國強則存,國弱則亡。國君為維護國家領土完整,確保境內人民財產安全,莫不以強兵為要務。〈君道〉篇曰:

40　《史記·天官書第五》二十七卷曰:「秦、楚、吳、越,夷狄也,為彊伯。田氏篡齊,三家分晉,並為戰國。爭於攻取,兵革更起,城邑數屠,因以饑饉疾疫焦苦,臣主共憂患,其察禨祥候星氣尤急。」〈平準書第八〉三十卷曰:「齊桓公用管仲之謀,…自是以後,天下爭於戰國,貴詐力而賤仁義,先富有而後推讓。」〈孟子列傳〉七十四卷曰:「天下方務於合從連衡,以攻伐為賢,而孟軻乃述唐、虞、三代之德,是以所如者不合。」〈平津侯主父列傳〉一百一十二卷曰:「臣聞周有天下,其治三百餘歲,成康其隆也,刑錯四十餘年而不用。及其衰也,亦三百餘歲,故五伯更起。五伯者,常佐天子興利除害,誅暴禁邪,匡正海內,以尊天子。五伯既沒,賢聖莫續,天子孤弱,號令不行。諸侯恣行,彊陵弱,眾暴寡,田常篡齊,六卿分晉,並為戰國,此民之始苦也。於是彊國務攻,弱國備守,合從連橫,馳車擊轂,介胄生蟣蝨,民無所告愬。」

欲治國馭民，調壹上下，將內以固城，外以拒難，治則制人，
人不能制也；亂則危辱滅亡，可立而待也。……故有社稷者，
莫不欲彊，俄則弱矣；莫不欲安，俄則危矣；莫不欲存，俄
則亡矣。古有萬國，今有數十焉，是無他故，莫不失之是也。

國君欲治理國家統御民眾，上下齊一，鞏固邊境於城之內，抗拒敵
國於城之外，必有治國之道，國治，則能制人；國亂，則危辱滅亡
指日可待。故國君，莫不欲國強，[41] 然而卻又衰弱；莫不欲國安，
欲又危殆；莫不欲國存，卻又滅亡；古之國以萬數，如今不過數十，
國亡之因無他，乃在於失治國之道。治國條件之一在求國強，國強
則國安存，國弱則國危亡，此乃歷史之殷鑑。〈王霸〉篇曰：

國危則無樂君，國安則無憂民。亂則國危，治則國安。今君
人者，急逐樂而緩治國，豈不過甚矣哉！譬之是由好聲色，
而恬無耳目也，豈不哀哉！夫人之情，目欲綦色，耳欲綦聲，
口欲綦味，鼻欲綦臭，心欲綦佚。──此五綦者，人情之所
必不免也。養五綦者有具。無其具，則五綦者不可得而致也。

41　《說文》曰：「強，蚚也，从弓宏聲。」段注曰：「下云蚚，強也，二字為轉
　　注。釋蟲曰強醜捋。郭曰以腳自摩捋，段借為彊弱之彊。」又曰：「此聲在六
　　部，而強在十部者，合韵也，巨良切。」《說文》曰：「彊，弓有力也，从弓
　　畺聲。」段注曰：「引申為凡有力之稱，又叚為勥迫之勥。巨良切，十部。」
　　「強」與「彊」二字音義相同，同音通假。荀子稱國強者曰「強」，或「彊」。

萬乘之國，可謂廣大富厚矣，加有治辨彊固之道焉，若是則恬愉無患難矣，然後養五綦之具具也。故百樂者，生於治國者也；憂患者，生於亂國者也。

國家危殆，國君不樂；國家安樂，人民無憂；國亂則危，國治則安。國君若追逐享樂而緩於治國，捨本而逐末，猶如有聲色之好卻苦無耳目之官，若是，豈不哀哉！「五綦」者，乃是人性之感官知覺要求，是人情不可或缺之內容事項，國家能滿足人情「五綦」無虞，則可稱為廣大富厚之國。楊倞注曰：「具謂廣大富厚治辨彊固之道也。」富國復加有治辨強固之道，則是富強之國，人民生活於富強之國境，則能恬愉而無患難，故生於治國之民歡樂，生於亂國之民憂患。

荀子曰：「人之生不能無群，群而無分則爭，爭則亂，亂則窮矣。」[42] 人之性，是普遍存在之概念，人既無法離群而索居，性又易流於惡，社會群體之生活形態，若無禮義以分之，必出於爭、亂、窮之惡：百姓之惡，可能造成國家社會之暴亂；而國君之惡，則不僅影響本國政治，甚至破壞國際和平，製造國際糾紛，產生國際衝突。戰國時代軍國主義盛行及群雄割據之亂象，正是諸侯國君兼并野心所產生之惡果。〈王制〉篇曰：「存亡繼絕，衞弱禁暴，而無兼并之心，則諸侯親之矣。」若諸侯之間能濟弱扶傾，而無兼并之

42　《荀子·富國》。

心，則國際應能相安無事。然而，諸侯無不以兼并為務，國際間充斥著強凌弱、眾暴寡，以力服人之軍國主義。荀子曰：「若是，則夫彊者害弱而奪之，眾者暴寡而譁之，天下悖亂而相亡，不待頃矣。」[43] 諸侯兼并之心，造成天下滔滔民不聊生之浩劫，即是人性最大之惡果。因此，荀子雖然強調強兵之重要，並且積極促使國君強兵，然而，強兵之目的，是求國家邊境安全，而非以強兵爭奪達到稱霸稱王之目的。

〈王制〉篇曰：

> 王奪之人，霸奪之與，彊奪之地。奪之人者臣諸侯，奪之與者友諸侯，奪之地者敵諸侯。臣諸侯者王，友諸侯者霸，敵諸侯者危。

楊倞注曰：「人謂賢人，與謂與國也。彊國之術則奪人地也。」王者是爭奪賢人之助，霸者爭奪與國友好，強者爭奪他國土地。得賢人助者可以臣服諸侯，得與國友好者可以友好諸侯，奪他人土地者與諸侯為敵。能臣服諸侯者為王，能友好諸侯者為霸，與諸侯為敵者危險。因此，強國之術，非用強兵侵略他國土地，以強兵侵略他國之行為，反而招致危險。荀子認為，用軍事武力攻擊別國，不僅無法保有侵略他國所得土地與人民，甚且會因為攻略別國，而導致

43　《荀子·性惡》。

本國人民之背叛。並且，縱使國家土地增加，形成大國，反而招致
他國之覬覦，樹立更多之敵國；國家愈大，反而愈危險，用武力侵
略他國者，得不償失。[44] 因此，荀子曰：「彼兵者，所以禁暴除害
也，非爭奪也。」[45] 強兵是消極用以「禁暴除害」，防止人性所產
生之流弊，非用以爭奪他人。就國家內政而言，先王惡其亂，故制
禮義以分之，然而，當積極之禮義無法有效教化民眾之性惡之時，
則有禮義法度維持社會秩序，避免國家內亂；就國際關係而言，對
於諸侯兼并所產生之國際衝突，強兵可以防止他國兼并野心對本國
所造成之危害。

荀子曰：「具具而王，具具而霸，具具而存，具具而亡。」[46]
國之所以有王、霸、存、亡之名，乃相應於國之所以為王、霸、存、
亡之實，俱備王者之條件則為王，為霸者則為霸，存者為存，亡者
為亡。荀子一方面反對以戰爭手段爭奪別國，有鑑於國際現實環境，
國家維持基本軍事力量，積極備戰以對抗諸侯兼并野心，是保障國

---

44 《荀子·王制》曰：「用彊者：人之城守，人之出戰，而我以力勝之也，則傷
人之民必甚矣；傷人之民甚，則人之民必惡我甚矣；人之民惡我甚，則日欲與
我鬪。人之城守，人之出戰，而我以力勝之，則傷吾民必甚矣；傷吾民甚，則
吾民之惡我必甚矣；吾民之惡我甚，則日不欲為我鬪。人之民日欲與我鬪，吾
民日不欲為我鬪，是彊者之所以反弱也。地來而民去，累多而功少，雖守者益，
所以守者損，是以大者之所以反削也。諸侯莫不懷交接怨，而不忘其敵，伺彊
大之閒，承彊大之敝，此彊大之殆時也。」
45 《荀子·議兵》。
46 《荀子·王制》。

家安全之必要條件。荀子曰：「凡攻人者，非以為名則案以為利也。不然，則忿之也。」[47]楊倞注曰：「凡攻伐者，不求討亂征暴之名，則求貨財土地之利，不然則以忿怒，不出此三事也。」荀子清楚看出，主動發動戰爭者，不外三項理由：以討亂征暴為名，貪圖貨財土地之利，或有忿怒之仇，無論何種理由，凡攻人者，必有所求而來，亦必有所備而戰。攻人者既有所求而，有所備而戰，「不奪不饜」，被攻之國豈可坐以待斃？〈富國〉篇曰：

> 持國之難易：事強暴之國難，使強暴之國事我易。事之以貨寶，則貨寶單，而交不結；約信盟誓，則約定而畔無日；割國之錙銖以賂之，則割定而欲無猒。事之彌煩，其侵人愈甚，必至於資單國舉然後已。雖左堯而右舜，未有能以此道得免焉者也。

執掌國政有難易之別：事奉強暴之國者難，使強暴之國事奉我者易。蓋事奉強暴之國，如用財貨寶物結交，則貨寶失而結交不成；如以約信盟誓締結，則約定旋即背叛；若以割讓國土賄賂，則國土喪且又貪多務得。事奉強暴之國愈勤，則強暴之國需索愈多，直至國家財貨一併遞交然後止。若以事奉強暴之國為持國之道，則縱使堯舜再世，仍不能免於財盡而國亡。換言之，攻人者既有所求而，有所

47　《荀子·富國》。

備而戰，若企圖以事奉強暴之國換取一時之偏安，終非長久之計，且將國家之存亡託付於強暴之國君，終亦必亡。因此，荀子要求一個建全之國家，必要自立自強。〈富國〉篇曰：

> 必將脩禮以齊朝，正法以齊官，平政以齊民；然後節奏齊於朝，百事齊於官，眾庶齊於下。如是則近者競親，遠方致願，上下一心，三軍同力，名聲足以暴炙之，威強足以捶笞之，拱揖指揮，而強暴之國莫不趨使，譬之是猶烏獲與焦僥搏也。故曰：事強暴之國難，使強暴之國事我易，此之謂也。

國君要修明禮義整齊朝廷，以正法齊一百官，平政以齊一百姓；整齊全國上下，上下皆有禮。如此，則鄰近之國競相親近，遠方之國表達意願，全國上下一心，三軍同力，國家之名聲足以震懾天下，國家之威強足以鞭策天下，拱手指揮，若此，則強暴之國無不順服，猶如力士烏獲與矮人焦僥互搏，勝負立判。因此，荀子認為：「事強暴之國難，使強暴之國事我易」，與其消極事奉強暴之國，企求苟安，不如積極整軍經武，立國家於不敗之地，此乃是國家致強之目的與方法。

〈富國〉篇曰：

> 將辟田野，實倉廩，便備用，上下一心，三軍同力，與之遠
> 舉極戰，則不可，境內之聚也保固；視可，午其軍，取其將，
> 若撥麷。彼得之，不足以藥傷補敗。彼愛其爪牙，畏其仇敵，
> 若是則為利者不攻也。

國君開闢田野，充實倉廩，便利械用，上下同心，三軍協力，以此
迎戰來犯敵軍。楊倞注曰：「遠舉，縣軍於遠也；極戰，苦戰也。
彼暴國欲與我如此，則不可也。」又曰：「其境內屯聚則保其險固；
視其可進，謂觀釁而動也。」敵軍既無法與我軍於遠地苦戰，我國
境內又聚集保固，伺機而動，則迎其軍隊，取其將領，猶如撥弄乾
麥一般，輕而易舉。敵軍縱使有所得，亦不足以平衡傷敗損失，計
較利弊得失之後，便不敢冒然進攻；「如是，則兵勁城固，敵國畏
之」，[48]「則兵勁城固，敵國案自詘矣」，[49]因此，荀子強兵之目
的，在防禦敵國之爭奪行為，保障國家邊境安全無虞。

三、強兵之方法

言強兵之思想，固然有其強兵致勝之道。荀子之強兵，乃以「禁
暴除害」為目的，以鞏固國家邊境為目標，同時反對以武力侵犯他
國，甚至以強兵之勢在國際間稱霸稱王，故荀子強兵之道，非如兵
家所言之實戰用兵之術。〈議兵〉篇曰：

48　《荀子·王霸》。
49　《荀子·王制》。

> 臨武君與孫卿子議兵於趙孝成王前，王曰：請問兵要？臨武
> 君對曰：上得天時，下得地利，觀敵之變動，後之發，先之
> 至，此用兵之要術也。孫卿子曰：不然！臣所聞古之道，凡
> 用兵攻戰之本，在乎壹民。弓矢不調，則羿不能以中微；六
> 馬不和，則造父不能以致遠；士民不親附，則湯武不能以必
> 勝也。故善附民者，是乃善用兵者也。故兵要在乎善附民而
> 已。

趙孝成王問治兵之綱要，臨武君對之以天時、地利、敵之變動與用
兵之時機等軍事條件而擬定作戰策略；荀子則曰「不然」。荀子認
為，治兵之道，在於以禮義教化人民歸於一致；[50] 用兵不能整齊人
民，猶如弓矢未調不能中微，六馬未和不能致遠，用兵不能壹民，
則湯武亦不能必勝。故用兵之法，在於整齊人民；整齊人民之道，
在善於親附人民；因此，能親附人民者，即能整齊人民；能整齊人
民者，即是善用兵者也，故用兵之綱要在親附人民。所謂「附民」，
即是親近、愛護民眾。〈君道〉篇曰：

> 君者，民之原也；原清則流清，原濁則流濁。故有社稷者而
> 不能愛民，不能利民，而求民之親愛己，不可得也。民不親
> 不愛，而求為己用，為己死，不可得也。民不為己用，不為

---

50 《荀子·議兵》曰：「禮義教化，是齊之也。」

己死，而求兵之勁，城之固，不可得也。兵不勁，城不固，而求敵之不至，不可得也。敵至而求無危削，不滅亡，不可得也。危削滅亡之情，舉積此矣，而求安樂，是狂生者也。狂生者，不胥時而落。故人主欲彊固安樂，則莫若反之民；欲附下一民，則莫若反之政；欲脩政美國，則莫若求其人。

國君是民眾之根本表率，國君若不能愛民、不能利民，則不可得民眾之愛國君。國君既不得民眾之親愛，而欲求民為己用，為己效死，不可得也。民既不為君用，不為君死，則欲求兵強城固，不可得也。兵既不強，城亦不固，兵不強而城不固，欲求敵軍之不進犯，不可得也。敵軍既至而欲求國家無危險，無削弱，不滅亡者，不可得也。國家所以危削滅亡之實情原由，皆出於此，事實既成而欲求安樂，乃狂生之徒；狂生之徒，是不知危殆之實情而恣意尋樂者也。因此，國君欲圖國家安樂，莫如返向求於民眾；欲親近齊一民眾，則莫如返回政治常道；欲使政令修、風俗美，則莫如求賢人之助。荀子曰：「為人主者，莫不欲彊而惡弱，欲安而惡危，欲榮而惡辱，是禹桀之所同也。要此三欲，辟此三惡，果何道而便？曰：在慎取相，道莫徑是矣。」[51] 為人國君者，皆欲趨強而避弱，趨安而避危，趨榮

51　《荀子·君道》。

而避辱，欲得此三欲，避此三惡，治道之捷徑，唯在慎選輔佐之丞相而已。[52]

　　親民、愛民是國君行仁義之政，仁義之政方能得民心，能得民心，方能得民之親愛其君，得民之效死，人民為君所用，為君效死，則兵必強，城必固矣！故荀子曰：「用國者，得百姓之力者富，得百姓之死者彊，得百姓之譽者榮。」[53]用兵固是以人民為基礎，親附人民即是仁者。荀子曰：「仁者之兵，王者之志也。君之所貴，權謀埶利也；所行，攻奪變詐也；諸侯之事也。仁人之兵，不可詐也。」[54]仁者以仁義之心待民，用兵不講權謀威勢，作戰不行攻奪變詐，仁者與人民合一，君臣上下同心協力，人民則能效死命。荀子曰：「故仁人上下，百將一心，三軍同力；臣之於君也，下之於上也，若子之事父，弟之事兄，若手臂之扞頭目而覆胸腹也，詐而襲之，與先驚而後擊之，一也。」[55]仁者雖不以詐術用兵，然其克敵致勝與兵術結果一樣；況且，仁者之兵，是君民一體，休戚與共，百將與三軍同心協力，效果更勝於詐術用兵，故君子不行詐術；況

52　《荀子·王霸》亦曰：「彼持國者，必不可以獨也，然則彊固榮辱在於取相矣。」

53　《荀子·王霸》。

54　《荀子·議兵》。

55　《荀子·議兵》。

且，荀子堅信王者仁義之師，必能克勝霸者兵家之武力與詐術。[56]
〈彊國〉篇曰：

> 彼國者，亦彊國之剖刑已。然而不教誨，不調一，則入不可
> 以守，出不可以戰。教誨之，調一之，則兵勁城固，敵國不
> 敢嬰也。彼國者亦有砥厲，禮義節奏是也。故人之命在天，
> 國之命在禮。人君者，隆禮尊賢而王，重法愛民而霸，好利
> 多詐而危，權謀傾覆幽險而亡。

荀子強調國家強兵之要領，必要從教導、齊一民眾著手。一般國家
之發展，如同強國初開時之模型，若不教導、齊一民眾，則於境內
無法禦守，境外無法征戰；若能教導、齊一民眾，則兵強城固，敵
國不敢任意觸犯也。國家亦須砥礪磨練，而禮義法度者，即是砥礪
國家之基石。國家命運關鍵在於禮，如同人之壽命在於天。為人君
者，若能隆禮尊賢則可以為王，重法愛民則能稱霸，好利多詐則處
境危險，只講權謀傾覆、幽深傾險則要滅亡。權謀、詐欺之兵術，
或許可以收一時之效；然而，唯有國君能齊一、親附人民，方是強
兵長久之本。

56　〈議兵〉篇曰：「故齊之技擊，不可以遇魏氏之武卒；魏氏之武卒，不可以遇
　　秦之銳士；秦之銳士，不可以當桓文之節制；桓文之節制，不可以敵湯武之仁
　　義；有遇之者，若以焦熬投石焉。」齊之技擊不如魏氏之武卒；魏氏之武卒不
　　如秦之銳士；秦之銳士不如桓文之節制；桓文之節制不如湯武之仁義。

　　仁者齊一、附民可以強兵，強兵則是鞏固國家領土安全之必要條件。然而，強兵乃將帥之事，非王者之所為，且強兵仍不足以稱「強國」。〈議兵〉篇曰：

> 凡在大王，將率末事也。臣請遂道王者諸侯彊弱存亡之效，安危之埶：君賢者其國治，君不能者其國亂；隆禮貴義者其國治，簡禮賤義者其國亂；治者彊，亂者弱，是彊弱之本也。上足卬則下可用也，上不卬則下不可用也；下可用則強，下不可用則弱，是強弱之常也。隆禮效功，上也；重祿貴節，次也；上功賤節，下也，是強弱之凡也。好士者強，不好士者弱；愛民者強，不愛民者弱；政令信者強，政令不信者弱；民齊者強，民不齊者弱；賞重者強，賞輕者弱；刑威者強，刑侮者弱；械用兵革攻完便利者強，械用兵革窳楛不便利者弱。重用兵者強，輕用兵者弱；權出一者強，權出二者弱，是強弱之常也。

趙孝成王問荀子：「王者之兵，設何道何行而可？」荀子言王者之兵，致強兵之道，乃將帥之末事也。一國之強弱存亡，國勢之安危，成因頗為繁複，非單憑強兵即可；關鍵在於：國君賢能、隆禮貴義則國治，國君不能、簡禮賤義則國亂；治國者強，亂國者弱，此乃國力強弱之根本。國之強弱有道：居上位者足以仰賴，則居下位者

可用，可用則國強；居上位不足以仰賴，則居下位者不可用，不可用則國弱。國家強弱之大要：能隆禮致功效者為上者，用重祿貴節者次之，尚事功賤節義者下之。國家強弱之常道：國君好士、愛民、政令威信、能齊民、賞重、刑威、械用兵革攻完便利、重用兵、政權統一者則國強；反之，國君不好士、不愛民、政令不行、不能齊民、賞輕、刑慢、械用兵革窳楛不便利、輕用兵及政權未統一者，則國弱。故荀子曰：「上不隆禮則兵弱，上不愛民則兵弱，已諾不信則兵弱，慶賞不漸則兵弱，將率不能則兵弱。」[57]荀子認為，強兵是對外抵抗敵國，以國家邊境安全為任務，強兵固然是強國其中一環；然而，強國之充分條件，尚且要求國家內政安定，內政安定與國防安全，始可稱之為「強國」。

四、強兵與王霸之別

戰國之諸侯莫不窮兵黷武，強兵之目的，不僅出於自衛，亦是出於兼并野心。然而，荀子之強兵，「非爭奪也」，而是「衛弱禁暴」、「禁暴除害」，質言之，荀子強兵是出於防衛，而非攻掠。〈王制〉篇曰：

57　《荀子·富國》。

知彊大者不務彊也，慮以王命，全其力，凝其德。力全則諸
侯不能弱也，德凝則諸侯不能削也，天下無王霸主，則常勝
矣：是知彊道者也。

楊倞注曰：「知彊大之術者，不務以力勝也。」王者雖知致強之術，
猶不務力以致勝，而以王天下為使命，充實國力，凝聚道德。國力
完整則諸侯不能攻弱，道德凝聚則諸侯不能削地，天下若無稱王霸
者，則可保持常勝，此乃知致強之道。致強可以確保國家安全，然
而，知致強者不以致強為目的；由此可知，荀子對於諸侯強兵做為
軍事用途，明顯有德道上之價值判斷。荀子曰：「具具而王，具具
而霸，具具而存，具具而亡。」諸侯有王、霸之別，國家實力則有
王、霸、存、亡之分；國力是以兵力為判準，而「王」、「霸」則
是指稱諸侯國君，亦是形容國君之政治方術。

（一）王者

　　荀子言「王」者，有兩種指稱：其一是指古代之天子，其二是
指天子分封建國之諸侯。如前所述，荀子言「王者」是兼而有聖人
之名與聖王之實，稱名「王者」是標誌天子在政治上有聖人之作為，
強調「王者」不僅俱有天子之政治實權，同時能行聖人治世之道，
[58] 此乃是荀子心目中理想國君之條件。〈正論〉篇曰：「故非聖人

58　《荀子·王霸》曰：「夫貴為天子，富有天下，名為聖王，兼制人，人莫得而
　　制也，是人情之所同欲也，而王者兼而有是者也。」又曰：「制度以陳，政令

莫之能王。聖人備道全美者也,是縣天下之權稱也。」楊倞注曰:
「懸天下如權稱之懸,捴知輕重也。」聖人至強、至辨、至明,周
道完美,能盡天下之至重、至大、至眾之重責大任;而其言行舉止
足以為天下人之典範準式,故稱王者莫非聖人。[59] 唯聖人未必有政
治實權,而有政治實權者又未必有聖人之行,故「王者」乃是對天
子之美稱。〈正論〉篇曰:「古者天子千官,諸侯百官。以是千官
也,令行於諸夏之國,謂之王。以是百官也,令行於境內,國雖不
安,不至於廢易遂亡,謂之君。」古代天子有千官,統治行令於諸
夏之國,謂之「王」;諸侯有百官,統治行令於國境之內,謂之「君」,
故諸侯又稱「國君」。〈王制〉篇曰:「臣諸侯者王,友諸侯者霸。」
王者能使諸侯稱臣,視諸侯為臣下,而霸者是能與諸侯為朋友,故
王者位階高於霸者。

　　戰國以降,「禮樂征伐自諸侯出」,周天子地位凌夷,名未存而
實已亡。此時,「王者」之名已不專指天子,而是泛指諸侯之國君。
〈致士〉篇曰:「故禮及身而行脩,義及國而政明,能以禮挾而貴
名白,天下願,令行禁止,王者之事畢矣。」楊倞注曰:「能以禮

以挾,官人失要則死,公侯失禮則幽,四方之國,有侈離之德則必滅,名聲若
日月,功績如天地,天下之人應之如景嚮,是又人情之所同欲也,而王者兼而
有是者也。」

59 《荀子·正論》曰:「故天子唯其人。天下者,至重也,非至彊莫之能任;至
大也,非至辨莫之能分;至眾也,非至明莫之能和。此三至者,非聖人莫之能
盡。故非聖人莫之能王。聖人備道全美者也,是縣天下之權稱也。」

浹洽者,則貴名明白,天下皆願從之也。」能以禮養身端正行為,以義治國,施政清明,且能以普及禮義而得美名於天下,則天下人思慕;有令則行,有禁必止,此王者之事完滿成功。可知,荀子以「王者」稱諸侯,乃是對諸侯之尊稱,尊其為脩禮明義,以禮義治國,得天下人之景仰。〈王霸〉篇曰:

> 用國者,得百姓之力者富,得百姓之死者彊,得百姓之譽者榮。三得者具,而天下歸之,三得者亡,而天下去之;天下歸之之謂王,天下去之之謂亡。

統治國家者,得百姓之助力,可以致富;得百姓之效死,可以致強;得百姓之贊頌,可以榮耀。國君得此三者,則天下人心歸順;失此三者,則天下人心背離;天下歸順者謂之王者,天下背離者謂之亡。故王者之特質,乃是以禮義治國,以仁義得天下人之心,是「以德兼人」,[60] 王者即是仁者。〈仲尼〉篇曰:

> 彼王者則不然:致賢而能以救不肖,致彊而能以寬弱,戰必能殆之而羞與之鬪,委然成文,以示之天下,而暴國安自化矣。有災繆者,然後誅之。故聖王之誅也,綦省也。

---

60 《荀子・議兵》。

王者能以其賢濟不肖之人，以其強救殘弱之國，王者以德服人，不以力服人，故不輕易用兵。然而有不得已而戰者，遇戰必勝，且羞於與敵國鬭。王者用兵之目的，在以禮義文理公諸於天下，強暴之國自然感受教化，但是對於不受教化且又造成危害與詐欺之國，然後消滅之，故王者所誅者甚少。〈議兵〉篇曰：

> 彼仁者愛人，愛人，故惡人之害之也；義者循理，循理，故惡人之亂之也。彼兵者，所以禁暴除害也，非爭奪也。故仁人之兵，所存者神，所過者化。若時雨之降，莫不說喜。

仁者以愛人為本，愛人故厭惡人之殘害；義者依理而行，依理故厭惡人之作亂。兵者雖是傷人之事，但是用兵之旨，所以禁暴除害，非為爭奪，故仁者之兵，不以傷人為目的。王者之治國，楊倞注曰：「所存止之處，畏之如神；所過往之國，無不從化。」[61] 仁者之兵所到之處，如天降及時雨，民莫不喜悅，故荀子曰：「仁者之兵，王者之志也。」[62]

（二）霸者

荀子稱另一種類型之諸侯為「霸」。〈王制〉篇曰：

61　《孟子·盡心》曰：「霸者之民，驩虞如也；王者之民，皞皞如也。殺之而不怨，利之而不庸，民日遷善而不知為之者。夫君子所過者化，所存者神，上下與天地同流，豈曰小補之哉？」

62　《荀子·議兵》。

> 彼霸者則不然：辟田野，實倉廩，便備用，案謹募選閱材伎
> 之士，然後漸慶賞以先之，嚴刑罰以糾之。存亡繼絕，衛弱
> 禁暴，而無兼并之心，則諸侯親之矣。修友敵之道，以敬接
> 諸侯，則諸侯說之矣。所以親之者，以不并也；并之見，則
> 諸侯疏矣。所以說之者，以友敵也；臣之見，則諸侯離矣。
> 故明其不并之行，信其友敵之道，天下無王霸主，則常勝矣。
> 是知霸道者也。

霸者之國，開闢田野，充實倉糧，便利備用，謹慎招募善戰之人，
先行慶賞以勸導，繼以刑罰以糾正。若是對於他國能拯救亡國接繼
絕滅，能保衛弱者禁制暴行，且無兼并之野心者，則諸侯親愛之；
與諸侯行友好之道，彼此尊敬，則諸侯心悅之。諸侯所以親愛，乃
霸者不兼并也；若行兼并，則諸侯疏遠矣。諸侯所以心悅，乃霸者
修友好之道；若視諸侯為臣屬，則諸侯棄離。霸者表現不兼并之行，
信守友好之道，天下若無王者，則霸者可以常勝。[63] 霸者必為強大
之國，其特質在於以力服人，[64] 且對其他侯國仍存有兼并野心之威
脅，此乃霸者之道。

〈王霸〉篇曰：

63　楊倞注曰：「無王者，則霸主常勝也。」

64　《孟子·公孫丑》曰：「以力假仁者霸，霸必有大國，以德行仁者王，王不待
　　大。湯以七十里，文王以百里。以力服人者，非心服也，力不贍也；以德服人
　　者，中心悅而誠服也，如七十子之服孔子也。」

德雖未至也，義雖未濟也，然而天下之理略奏矣，刑賞已諾
信乎天下矣，臣下曉然皆知其可要也。政令已陳，雖覩利敗，
不欺其民；約結已定，雖覩利敗，不欺其與。如是，則兵勁
城固，敵國畏之；國一綦明，與國信之；雖在僻陋之國，威
動天下，五伯是也。非本政教也，非致隆高也，非綦文理也，
非服人之心也，鄉方略，審勞佚，謹畜積，脩戰備，齺然上
下相信，而天下莫之敢當。故齊桓、晉文、楚莊、吳闔閭、
越勾踐，是皆僻陋之國也，威動天下，彊殆中國，無它故焉，
略信也。是所謂信立而霸也。

春秋時期，齊桓公、晉文公、楚莊王、吳王闔閭、越王勾踐相繼稱
霸，此五者相對於周天子之「王者」而言，號稱「五伯」，或稱「五
霸」。[65] 霸者是以誠信立國：國內政令公開公正，賞罰分明，民知
其所守；國際外交締約重然諾；且國君能制定方針策略，安排平均
勞佚，謹慎蓄備財貨，完成作戰整備；如此，則兵勁城固，敵國不
敢進犯，縱使在偏遠之地，猶能立信於國際。然而，霸者不以政治
教化為根本，不崇尚禮義，且禮義法度仍未完備，無法使人衷心佩
服。楊倞注曰：「霸者亦有德義，但未能至極盡濟。」故所謂「霸」
者，因其誠信，能造就強兵之國，威信足以撼動天下，危及中原之

65　此五者稱「春秋五霸」；一說是齊桓公、宋襄公、晉文公、秦穆公、楚莊王。

國；霸者雖以信立國，然而霸者之德與義，未能臻於完善如「王者」之境，故只能稱「霸」。〈議兵〉篇曰：

> 齊桓、晉文、楚莊、吳闔閭、越勾踐是皆和齊之兵也，可謂入其域矣，然而未有本統也，故可以霸而不可以王；是強弱之效也。

楊倞注曰：「入禮義教化之域。」五霸能和齊兵眾，可謂已入「王者」禮義教化之內；然而霸者未能以禮義為治國根本，故五霸只能稱「霸」。王、霸皆有強兵之基礎，故王、霸之別，不在於強兵與否，而在於國君之人格特質與治國之道。

「霸」與「王」皆是強兵之國，地位相當，唯稱王、稱霸有德道高下之涵意。荀子曰：「若是則身佚而國治，功大而名美，上可以王，下可以霸，是人主之要守也。」[66] 強兵則國君可以稱王稱霸，但是王、霸之別，在於國君之人格特質與治國之道。荀子曰：「故道王者之法，與王者之人為之，則亦王；道霸者之法，與霸者之人為之，則亦霸。」[67] 王者行王道，霸者行霸道；王者以德兼人，霸者則是以力服人。霸者既以力服人，並存兼并諸侯之野心，[68] 故荀

66　《荀子·君道》。

67　《荀子·王霸》。

68　如〈宥坐〉篇曰：「昔晉公子重耳霸心生於曹，越王句踐霸心生於會稽，齊桓公小白霸心生於莒。」

子稱「霸」者，只是肯定其強兵，不承認霸者俱有王者之風範。〈王霸〉篇曰：

> 卑者五伯，齊桓公閨門之內，縣樂、奢泰、游抏之脩，於天下不見謂脩，然九合諸侯，一匡天下，為五伯長，是亦無他故焉，知一政於管仲也，是君人者之要守也。

五霸功業卑於王者。[69] 如齊桓公於閨門之內，盡其淫樂奢汰之事，個人私行不為天下人修飾；[70] 然其尊周室、攘夷狄，九合諸侯，匡正天以，為五霸之首，原因無他，蓋齊桓公將國政託付於管仲而已矣。雖然荀子肯定齊桓公對周室之貢獻，並推崇其功業為五霸之首，強調人君須尚賢使能；[71] 但是卻將功勞歸於管仲一人，對齊桓公實是明褒而暗貶。〈仲尼〉篇曰：

69　楊倞注曰：「卑言功業卑於王者。」

70　楊倞注曰：「天下不謂之脩飾。」

71　〈臣道〉篇曰：「故用聖臣者王，用功臣者彊，用篡臣者危，用態臣者亡。」〈君子〉篇曰：「故尊聖者王，貴賢者霸，敬賢者存，慢賢者亡，古今一也。故尚賢，使能，等貴賤，分親疏，序長幼，此先王之道也。故尚賢使能，則主尊下安；貴賤有等，則令行而不流；親疏有分，則施行而不悖；長幼有序，則事業捷成而有所休。故仁者，仁此者也；義者，分此者也；節者，死生此者也；忠者，惇慎此者也；兼此而能之備矣；備而不矜，一自善也，謂之聖。不矜矣，夫故天下不與爭能，而致善用其功。有而不有也，夫故為天下貴矣。」〈彊國〉篇曰：「人君者，隆禮尊賢而王，重法愛民而霸，好利多詐而危，權謀傾覆幽險而亡。」

> 仲尼之門人，五尺之豎子，言羞稱乎五伯。是何也？曰：然！
> 彼誠可羞稱也。齊桓五伯之盛者也，前事則殺兄而爭國；內
> 行則姑姊妹之不嫁者七人，閨門之內，般樂奢汰，以齊之分，
> 奉之而不足；外事則詐邾襲莒，并國三十五。其事行也，若
> 是其險汙淫汰也。彼固曷足稱乎大君子之門哉！

孔子門人與五尺之童子，議論恥於稱道五霸。如齊桓公尊為五霸之
首，有殺兄爭國之事；家族之內有姑姊妹等七人未出嫁，閨門之內
又盡其淫樂之事，故以齊國財力之半，仍不敷齊桓公之支出。外交
事務則有詐邾襲莒之糾紛，兼并他國者有三十五。如此行徑，是陰
險汙濁荒淫奢侈，何足可在孔子之門內議論哉！楊倞注曰：「言盛
者猶如此，況其下乎。」齊桓公雖貴為五霸之首尚且如此，何況其
他霸者，則更等而下之。〈仲尼〉篇曰：

> 然而仲尼之門人，五尺之豎子，言羞稱乎五伯，是何也？曰：
> 然！彼非本政教也，非致隆高也，非綦文理也，非服人之心
> 也。鄉方略，審勞佚，畜積脩鬭，而能顛倒其敵者也。詐心
> 以勝矣。彼以讓飾爭，依乎仁而蹈利者也，小人之傑也，彼
> 固曷足稱乎大君子之門哉！

五霸者不以政治教化為根本，不崇尚禮義，且禮義法度仍未完備，無法使人衷心佩服；縱有強兵之道，猶用強兵於兼并他國之事矣。[72] 使用權謀以求勝，以謙讓偽裝爭奪，用仁之名盜利之實，此皆傑出之小人，何足議論於孔門之內哉！

（三）王霸之效果

　　強兵可以克敵制勝，稱王稱霸，然而，稱王則必需仰國君之人格特質與治國之道。稱王之條件，是建立在「仁者之兵，王者之志也。」[73] 質言之，王、霸之別，在於國君強兵之動機與目的。荀子區分王、霸之名，不僅在表彰王者仁德之心，禮義之政；更重要者，王者之兵所建立之國家，可以獲致國家長久穩定。霸者雖以強兵建立國家，但是強兵不足以為治國之道，且以強兵兼并他國，國家終不可長治久安。荀子曰：「故堅甲利兵不足以為勝，高城深池不足以為固，嚴令繁刑不足以為威。由其道則行，不由其道則廢。」[74] 能夠維持國家穩定發展之基石，關鍵在於是否能行王道。〈議兵〉篇曰：

　　　兼并易能也，唯堅凝之難焉。齊能并宋，而不能凝也，故魏奪之。燕能并齊，而不能凝也，故田單奪之。韓之上地，方

72　楊倞注曰：「畜積倉廩，脩戰鬪之術，而能傾覆其敵。」

73　《荀子·議兵》。

74　《荀子·議兵》。

數百里，完全富足而趨趙，趙不能凝也，故秦奪之。故能并之而不能凝，則必奪；不能并之又不能凝其有，則必亡。能凝之，則必能并之矣。得之則凝，兼并無強。古者湯以薄，武王以鎬，皆百里之地也，天下為一，諸侯為臣，無它故焉，能凝之也。故凝士以禮，凝民以政；禮脩而士服，政平而民安；士服民安，夫是之謂大凝。以守則固，以征則強，令行禁止，王者之事畢矣。

荀子認為，兼并他國並非難事，但是兼并後能夠堅固安定他國則不容易。荀子以歷史經驗說明：齊雖能併宋，但又被魏奪取；燕能併齊，又被田單所奪；韓國上黨之地降予趙，又被秦奪去；凡此皆是能兼并卻又不能安定之結果。因此，能兼并而不能安定者，終必被奪；況且，不能兼并且又不能安定其所本有者，終必被滅亡。反之，能安定者，則必能兼并；兼并後能安定，則皆能兼并之。楊倞注曰：「得其地則能定之，則無有強而不可兼並者也。」換言之：兼并不難，唯「凝」為難；霸者不難，唯王為難。故湯、武以百里之地統一天下，其原因乃在於能安定。故王者能以禮「凝」士，以政「凝」民；修明禮義則士人順服，政治清明則人民安樂；士服而民安，此之謂「大凝」。政治清明如此，則禦敵則固，征戰則強，法令能行，禁令可止，則王者之事盡在其中矣。因此，以強兵兼并他國，縱使可以稱霸一時，然而，若無王者之政，霸業終必歸於幻滅，甚至引

發國家危機。〈賦篇〉篇曰：「城郭以固，三軍以強。粹而王，駁而伯，無一焉而亡。」〈王霸〉篇曰：「故用國者，義立而王，信立而霸，權謀立而亡。」以禮義治國者稱王，以誠信立國者稱霸，以權謀用國者則亡。荀子曰：「以德兼人者王，以力兼人者弱，以富兼人者貧，古今一也。」[75] 以德服人者為王，是長久之道；以力兼人者，日益衰弱；以財富收買人心者，日漸貧困，此乃不變之理。

　　強兵固然造就王、霸事業，然而強兵是霸者之積極充分條件，卻是造就王者之消極必要條件。王者必然是仁者，所謂「行一不義，殺一無罪，而得天下，仁者不為也」，[76] 王者不以強兵得天下，而是以禮義得天下，此乃王、霸不同特質。〈王霸〉篇曰：

> 以夫千歲之法自持者，是乃千歲之信士矣。故與積禮義之君子為之，則王；與端誠信全之士為之，則霸；與權謀傾覆之人為之，則亡。三者明主之所以謹擇也，仁人之所以務白也。

荀子咸信，先王之道必有可取之處，故能以千年之法度自我要求者，即是千年之信士，千年之法度即是先王累積之禮義。楊倞注曰：「以禮義自持者，則是千歲之士，不以壽千歲也。能自持，則能持國也。」國君能以國政交付以千年禮義自持之君子，則可以為王；交付端誠

75　《荀子・議兵》。

76　《荀子・王霸》。

信全之士，則可以稱霸；若交付權謀傾覆之人，則遭滅亡。國君必
須明白任賢對國家之重要，並且攸關國君之王、霸之別，甚至是國
家之存亡。能以禮義治國方是王者，故荀子曰：「故道王者之法，
與王者之人為之，則亦王；道霸者之法，與霸者之人為之，則亦霸；
道亡國之法，與亡國之人為之，則亦亡。」[77]禮義即是王道，行禮
義即是行王道，能行禮義於國者即是王者。〈王制〉篇曰：

> 彼王者不然：仁眇天下，義眇天下，威眇天下。仁眇天下，
> 故天下莫不親也；義眇天下，故天下莫不貴也；威眇天下，
> 故天下莫敢敵也。以不敵之威，輔服人之道，故不戰而勝，
> 不攻而得，甲兵不勞而天下服，是知王道者也。知此三具者，
> 欲王而王，欲霸而霸，欲彊而彊矣。

王者以其仁、義、威盡施於天下，故天下莫不親之，莫不貴之，莫
敢敵之。王者以仁義行，輔以強兵之威，可以不戰而勝，不攻而得，
不勞甲兵而天下順服，故強兵不過是王者之消極條件，原是備而不
用。王者俱足仁、義、威三項條件，欲稱王則為王，欲稱霸則為霸，
欲致強則為強。

77　《荀子·王霸》。

第三節　富國之目的與方法

　　強兵有助於穩定國內政治，有效保障國境安全，是國君在國際間稱霸、國家進身強國之列之必要條件。然而，強兵僅能保障國家之安定，卻無法提供國家發展之動能；意即：強兵固然可以透過兼并手段謀取一時之政治利益，如土地與人民等資源，但是兼并只是一種掠取他人利益之手段，並非治國之道。荀子曰：「得之則凝，兼并無強」。王者治國之道，乃是「凝士以禮，凝民以政；禮脩而士服，政平而民安；士服民安，夫是之謂大凝。」荀子理想王者之國，是以禮脩士、以政平民，士服而民安，既強且富之大國。強兵未必能富國，富國必然是強兵；強兵是富國之保障，富國是強兵之發展；強兵而富國是國君致力之目標。

　　孔子曰：「富而可求也，雖執鞭之士，吾亦為之。如不可求，從吾所好。」[78]孔子對於個人追求財富，抱持樂觀且積極之態度。然而，在追求財富之過程中，必須以道義為前提，故孔子曰：「富與貴是人之所欲也，不以其道得之，不處也；貧與賤是人之所惡也，不以其道得之，不去也。」[79]財富與權貴是人欲求之物，貧窮與低賤是人所惡之事，富貴貧賤之得來，必須合於道義之要求，若是不義之富貴，即不可求，不可得，故孔子曰：「不義而富且貴，於我

78　《論語·述而》。

79　《論語·里仁》。

如浮雲。」[80] 君子所以成就君子之名，乃是求仁而得仁，「造次必於是，顛沛必於是」，終身行仁。道義之仁是君子處世原則，富貴貧賤雖是人欲之事，然而亦是命中之事，人欲之命不可違悖道義而強求。孔子曰：「可也。未若貧而樂，富而好禮者也。」[81] 富貴雖然可以追求，但不可以強求，須以道義為優先原則：若貧，則樂於行道；若富，則好行禮。安貧而樂道，隨遇而安，即是孔子對於個人財富之態度。個人之富貴，固然以個人道義為原則，但同時亦與國家政治之良窳息息相關。孔子曰：「邦有道，貧且賤焉，恥也；邦無道，富且貴焉，恥也。」[82] 朱子注曰：「世治而無可行之道，世亂而無能守之節，碌碌庸人不足以為士矣！可恥之甚也。」當國家政治清明之時，士君子應有所作為，不致貧且賤矣；反之，當國家政治混亂之時，士君子應自我節約，不能既富且貴；否則，皆是可恥之事。孔子固然以仁做為君子為人處世之原則，以道義自我要求，但是對於國家百姓之「富」亦有所期待。《論語·子路》曰：

> 子適衛，冉有僕。子曰：「庶矣哉！」冉有曰：「既庶矣，
> 又何加焉？」曰：「富之。」曰：「既富矣，又何加焉？」
> 曰：「教之。」

80　《論語·述而》。

81　《論語·學而》。

82　《論語·泰伯》。

冉有問孔子，衛國人口眾多，可以再做有益之事為何？孔子答曰「富
之」，朱子注曰：「庶而不富，則民生不遂。」使人民富有，可以
改善增進人民生活條件，是國君之德政。民生富裕之後，則可以「教
之」矣，朱子注曰：「富而不教，則近於禽獸，故必立學校明禮義
以教之。」可知，「富而好禮」乃是孔子之理想國家。因此，孔子
對於「富」之觀念，可從兩個面相察考：就個人而言，必然以仁義
為優先；就國君而言，則是以「富而好禮」為目標；孔子雖然強調
個人之處世以道義為原則，但仍要求國君善盡富民、教民之責任義
務。個人致富以道義為前提，國君致富不是累積私人之筐篋、府庫，
而是創造全民之富，以國家均富為依歸，故孔子曰：「均無貧，和
無寡，安無傾。」[83] 正是此意。

一、富國之意涵

荀子曰：「人之情，食欲有芻豢，衣欲有文繡，行欲有輿馬，
又欲夫餘財蓄積之富也；然而窮年累世不知不足，是人之情也。」
[84] 追求生活條件之富裕與享受，是人情之常。然而，「不學問，無
正義，以富利為隆，是俗人者也。」[85] 重富利而輕學問、無正義者，
乃一般俗人之情，非士君子之情。〈仲尼〉篇曰：

83　《論語·季氏》。
84　《荀子·榮辱》。
85　《荀子·儒效》。

富則施廣，貧則用節。可貴可賤也，可富可貧也，可殺而不可使為姦也：是持寵處位終身不厭之術也。雖在貧窮徒處之埶，亦取象於是矣。夫是之謂吉人。

楊倞注曰：「雖貧賤，其所立志亦取法於此也。」所謂吉祥之人，富裕之時廣施恩惠，貧窮之際則省用節約，可以為貴，可以為賤，可以為富，可以為貧，隨遇而安；可以殺身，卻不以可使為姦；此乃終身保持尊寵，擁有地位，不受人厭棄之道；是故，君子縱使身處貧窮孤獨，亦效法吉人之精神。荀子曰：「仁之所在無貧窮，仁之所亡無富貴。」[86] 富貴貧賤乃是一時之偶然，且與終身行仁之處世原則無關，君子行仁即是富貴之所在，無仁，則不可言富貴，故荀子曰：「故君子無爵而貴，無祿而富，不言而信，不怒而威，窮處而榮，獨居而樂！」[87]

有德之君子以仁為優先，富貴貧賤可以隨遇而安；然而有位之君主，則必以富民為目標。荀子曰：「古之所謂士仕者，厚敦者也，合群者也，樂富貴者也，樂分施者也，遠罪過者也，務事理者也，羞獨富者也。」[88] 古之為官者，敦厚、合群，樂於得富貴之道，樂

86　《荀子·性惡》。

87　《荀子·儒效》。

88　《荀子·非十二子》。

於以富貴與之分施，遠離罪過，勤於職務，且以獨自富有為羞恥，
其中隱含著「均富」之觀念。〈大略〉篇曰：

> 不富無以養民情，不教無以理民性。故家五畝宅，百畝田，
> 務其業，而勿奪其時，所以富之也。立大學，設庠序，修六
> 禮，明十教，所以道之也。《詩》曰：「飲之食之，教之誨
> 之。」王事具矣。

王者之事，以「富」調養人民之感情，以「教」治理人民之本性，
故致力農業生產，使人民富裕；整飭教育事業，導正教化人民；「富」
而後「教」，是王者必須承擔之責任。從個人觀點而言，致富以仁
義為原則，若從國君治國之理念而言，則必以「富國」為目標；無
論從個人觀點或是治國理念，荀子言「富」，與孔子學說如出一轍。
　　荀子所謂「富國」，不是指國君府庫之富，而是指全國一體之
均富。國君在創造國家富裕與累積私人財貨之時，必以禮義為原則。
〈大略〉篇曰：

> 上好羞，則民闇飾矣！上好富，則民死利矣！二者亂之衢也。
> 民語曰：「欲富乎？忍恥矣！傾絕矣！絕故舊矣！與義分背
> 矣！」上好富，則人民之行如此，安得不亂！

上位者若羞於貧而多奢侈之事，則民亦暗自修飾；[89] 上位者好財貨，則民亦以死求利；此兩者上行而下效，乃國之亂源。故俗語說：若欲致富，則恥可忍，命可絕，故舊可棄，與義背道而馳矣。荀子於此清楚說明，上位者不得捨公義而求私富，否則，必然導致民眾只求富而不知義；上不行義，下不知義，則國必亂矣。〈大略〉篇曰：

> 故義勝利者為治世，利克義者為亂世。上重義則義克利，上重利則利克義。故天子不言多少，諸侯不言利害，大夫不言得喪，士不通貨財。有國之君不息牛羊，錯質之臣不息雞豚，冢卿不脩幣，大夫不為場圃，從士以上皆羞利而不與民爭業，樂分施而恥積藏；然故民不困財，貧窶者有所竄其手。

上位者以義為先，則能以義克利；以利為先，則利克義。以義為先則世治，以利為先則世亂，故天子至於大夫，不得言貨財之多少、利害、得失，士亦不得貿遷如商賈。[90] 國君不繁育牛羊，大臣不繁育雞豚，上卿不經營財幣販息，大夫不治場圃菜蔬之事，士族以上皆羞於私利，而不與民爭事業，且能樂於分享而恥於蓄積；如此，則民眾不困乏於財貨，貧窮者猶有謀生之處。〈哀公〉篇曰：

89　楊倞注曰：「好羞貧而事奢侈，則民閒自脩飾也。」
90　楊倞注曰：「士賤雖得言之，亦不得貿遷如商賈也。」

孔子對曰：「所謂賢人者，行中規繩而不傷於本，言足法於天下而不傷於身，富有天下而無怨財，布施天下而不病貧：如此則可謂賢人矣。」

賢人乃王者之佐，賢人以義為先，故能行為中規而不傷本質，言足可為天下法而不傷身，能富有天下而不蘊蓄私財，樂於布施不以為貧。賢人輔佐王者致天下之富，非為國君一己之私。〈王制〉篇曰：

故脩禮者王，為政者彊，取民者安，聚斂者亡。故王者富民，霸者富士，僅存之國富大夫，亡國富筐篋，實府庫。筐篋已富，府庫已實，而百姓貧：夫是之謂上溢而下漏。

以禮治國者王，以政治國者強，能治民者安，聚斂貨財者亡。故王者之國能富民，霸者之國富及於士，僅存之國富止於大夫，將亡之國只富國君之筐篋、府庫。國君之筐篋雖富，府庫雖實，而百姓貧困，荀子稱之謂「上溢而下漏」，此乃亡國之徵兆。由此可知，富國是以民為基礎，以民為始點，以民為根本。民愈富則國愈富，民愈貧則國愈貧，故荀子曰：「下貧則上貧，下富則上富。」[91] 質言之：民富即是國富，富國即是富民，富民是富國之指標。

91　《荀子·富國》。

二、富國之目的

民富即是國富，富國之目的在富民，荀子之「富國」思想，實與個人、國家之生存發展息息相關。從生存需求而言，富國是維持個人與國家基本生存之條件：就個人而言，荀子曰：「人之生不能無群，群而無分則爭，爭則亂，亂則窮矣。」人既不能離群而索居，群居又易生禍端，故以禮「明分使群」，形成互助合作之社會結構，國家政治即就是為人類求生存而產生之生活形態之一。就國家而言，強兵是富國之基礎，富國必以強兵為提前，強兵以人民為根本，強國必能維護國家人民之安全無虞。〈富國〉篇曰：

> 故古人為之不然：使民夏不宛暍，冬不凍寒，急不傷力，緩不後時，事成功立，上下俱富；而百姓皆愛其上，人歸之如流水，親之歡如父母，為之出死斷亡而愉者，無它故焉，忠信、調和、均辨之至也。

古人之治國，所以得人民之愛戴者，在於治國以忠信、調和、均辨為原則。國君役使人民之時，夏季不使民傷暑，冬季不使民傷寒，量民之力而用之，急用不傷民力，緩用不失時機；如此，則事有成，功得立，上下俱富足；「上下俱富」即是王者與民眾共存共榮之均富結果。

就發展需求而言，荀子認為，人類歷史不僅是求生存而已，生

存之目的是在求發展，且從發展過程中，創造人類文明與價值。人類文明與價值在於「禮」，由「禮」表現為人類生存形態之特殊性，即是文明象徵；而人類生存發展之動力，則是來自於人性。荀子曰：「不富無以養民情，不教無以理民性。故家五畝宅，百畝田，務其業，而勿奪其時，所以富之也。」[92]「富」與「教」對於情性之培養與管理，一樣重要。質言之：「禮」是人類發展之方向指標，而人性則是提供人類發展之動力，富國之目的，即在滿足人性之欲求，同時表現出人類之文明價值。因此，從人類發展歷史而言，富國乃是人類創造文明價值必然之過程與結果。

如前所述，荀子言「五綦」者，是指人性感官欲求，是人情不可或缺之事，國家能滿足人之「五綦」無虞，則可稱為富國；因此，荀子之富國，即在創造一個滿足人性「五綦」之富裕社會。滿足人性「五綦」是富國之目的，但是，富國並非製造「淫泰夸麗」之社會，而是為表現人類「明仁之文，通仁之順」之文明價值。[93]因此，禮之積極作用，即是在滿足人性「五綦」之過程中，同時俱有治辨彊固之治國之道。〈富國〉篇曰：

92　《荀子·大略》。

93　《荀子·富國》曰：「古者先王分割而等異之也，故使或美或惡，或厚或薄，或佚或樂，或劬或勞，非特以為淫泰夸麗之聲，將以明仁之文，通仁之順也。故為之雕琢刻鏤、黼黻文章，使足以辨貴賤而已，不求其觀；為之鐘鼓管磬、琴瑟竽笙，使足以辨吉凶、合歡、定和而已，不求其餘；為之宮室臺榭，使足以避燥溼、養德、辨輕重而已，不求其外。」

> 故先王聖人為之不然。知夫為人主上者，不美不飾之不足以
> 一民也，不富不厚之不足以管下也，不威不強之不足以禁暴
> 勝悍也，故必將撞大鐘，擊鳴鼓，吹笙竽，彈琴瑟，以塞其
> 耳；必將錭琢刻鏤，黼黻文章，以塞其目；必將芻豢稻粱，
> 五味芬芳，以塞其口。……故儒術誠行，則天下大而富，使
> 而功，撞鐘擊鼓而和。

先王聖人治天下之時，知為人主上者，不美不飾不足以統一民眾，
不富不厚不足以管理在下位者，不威不強不足以禁暴勝悍，故必要
滿足人民耳、目、口等「五綦」之欲，始可言治。儒術誠然施行，
則天下優泰而富裕，民可使役而有功，撞鐘擊鼓和諧。〈禮論〉
篇曰：

> 故禮者養也。芻豢稻粱，五味調香，所以養口也；椒蘭芬苾，
> 所以養鼻也；雕琢刻鏤，黼黻文章，所以養目也；鐘鼓管磬，
> 琴瑟竽笙，所以養耳也；疏房檖貌，越席牀第几筵，所以養
> 體也。故禮者養也。

禮不僅提供物質條件滿足人類生理感官知覺，並且使物質供應與物
質需求兩相平衡，故荀子曰：「禮者養也」。富國即是創造生活條
件，滿足民眾需求，故富國之目的在「養民」。〈富國〉篇曰：

若夫重色而衣之，重味而食之，重財物而制之，合天下而君
之，非特以為淫泰也，固以為王天下，治萬變，材萬物，養
萬民，兼制天下者，為莫若仁人之善也夫。

王者乃仁人之善者，故王者之豐衣足食，控制財物，掌握政治權力，
非為一己之淫奢；而是以此統治天下，應付萬變，裁成萬物，養育
萬民，管理天下也。〈富國〉篇曰：

故明主必謹養其和，節其流，開其源，而時斟酌焉。潢然使
天下必有餘，而上不憂不足。如是，則上下俱富，交無所藏
之。是知國計之極也。

明主必須謹慎順應節氣之調和，撙節支流，開發富源，而隨時斟酌。
如此，則天下必有剩餘，在位者不憂不足；上下俱富，上下不相隱
藏，此乃治國之極致也。

　　富國之目的是求個人與國家之生存與發展，同時象徵人類群居
文明之具體成果。富國之極致表現，是建設均富之社會形態，不僅
是上位者與士族階級，即使一般百姓與弱勢人民，均能受到富國文
明下之社會福祉，故富國之民，無一子遺。〈王霸〉篇曰：

> 上莫不致受其下，而制之以禮。上之於下，如保赤子。政令
> 制度，所以接下之人，百姓有不理者如豪末，則雖孤獨鰥寡，
> 必不加焉。

在上位者莫不親愛下屬，而以禮管制之。上之於下，猶如保護幼子。
政令制度用以管理在下之民，縱有如豪末般之不合理，必不可加諸
百姓之身，何況孤、獨、鰥、寡之弱勢者。楊倞注曰：「不以豪本
不理加於孤獨鰥寡也。四者人所輕賤，故聖王尤愛之。」聖王尤其
應該照顧弱勢族群。〈王制〉篇曰：

> 五疾，上收而養之，材而事之，官施而衣食之，兼覆無遺。
> 才行反時者死無赦。夫是之謂天德，是王者之政也。

楊倞注曰：「五疾：瘖、聾、跛躄、斷者、侏儒，各當其材使之。」
上位位者收養社會弱勢「五疾」之人，當依其材質量能而用，並設
置專門官職供給生活所需，[94] 無一遺漏。至於才能行為與禮制背離
者，殺無赦免。此之謂天德，是王者應有之德政也。

三、富國之方法

民富即是國富，故富國之方法，以富民為目標。〈富國〉篇曰：

---

94 楊倞注曰：「官為之施設所職，而與之衣食。」

足國之道，節用裕民，而善臧其餘。節用以禮，裕民以政。
彼裕民，故多餘。裕民則民富，民富則田肥以易，田肥以易
則出實百倍。

「節用裕民」是荀子富國之方法與原則，「節用」是節制使用，「裕
民」是開發資源，故富國之道，不過開源與節流。

　　如前所述，人欲既是人類普遍共性，又是人類創造文明之主要
動力，既不可去，亦不能去；然而可以「節」。「節」即是在無限
之欲求與有限之物資條件之間調節平衡，此即是「道」，「道」是
以禮調節人性欲求與物資條件之基本原則，以禮義為本，使禮義與
情性兩全其美。以禮節用，在於禮合於仁義之要求，仁義既能限禁
人欲超越物資條件，則禮所規範之行為，必然合於仁義之要求，而
達到「節」之目的。「節用」是節制使用，不浪費資源。所謂「而
下以禮節用之」，是對人民之節用；「故知節用裕民」，「而或以
無禮節用之」，是對政府之節用；人民與政府之節用限度，均以「禮」
為準則。荀子曰：「故知節用裕民，則必有仁義聖良之名，而且有
富厚丘山之積矣。」[95] 節用以禮，即是以仁義節制費用，避免社會
爭亂，使國有餘財猶能不妄耗費，蓄積致富，即是富國條件之一。

　　「節用以禮」，是以禮消極規範人欲需求不逾越物質條件，累
積致富；而「裕民以政」，則是以積極之政治手段創造物質生產，

95　《荀子·富國》。

富裕民生。荀子認為，政治是富國最直接而有效之手段。〈富國〉篇曰：

> 觀國之強弱貧富有徵：……上好功則國貧，上好利則國貧，士大夫眾則國貧，工商眾則國貧，無制數度量則國貧。下貧則上貧，下富則上富。故田野縣鄙者，財之本也；垣窌倉廩者，財之末也。百姓時和，事業得敘者，貨之源也；等賦府庫者，貨之流也。故明主必謹養其和，節其流，開其源，而時斟酌焉。潢然使天下必有餘，而上不憂不足。如是，則上下俱富，交無所藏之。是知國計之極也。……故田野荒而倉廩實，百姓虛而府庫滿，夫是之謂國蹶。伐其本，竭其源，而并之其末，然而主相不知惡也，則其傾覆滅亡可立而待也。

國家之所以貧，乃是出於政治之作為：在上位者好功，則民不得安業；上好利，則賦歛重；士大夫眾，則負擔重；工商業眾，則農桑者少；無制數度量，則不為限量，物耗費。荀子列舉以上，皆是造成民貧之主要因素，同時亦是不能富國之不利因素。民貧則不能富國，故荀子曰：「下貧則上貧，下富則上富。」富國之首要工作，在於裕民，裕民之要務，在創造民生經濟。人民之田野農村是財富之根源，而國君之垣窌倉廩則是財富之末節；百姓能得天時之和，

耕稼得其次序，此乃國家財貨之本源；以差等制賦徵收賦稅，增加府庫稅收，是貨物之流通。故明主必要謹慎順應節氣變化，不奪農時，節制費用，開闢本源，而隨時斟酌損益；如此，則富藏於民，上下俱富，是治國之極致表現。故荀子曰：「務本事，積財物，而勿忘棲遲薛越也，是使群臣百姓皆以制度行，則財物積，國家案自富矣。」[96] 又曰：「用國者，得百姓之力者富」。[97] 國家之強弱富貧皆有徵驗，國家貧富之關鍵，在於國君是否能明辨富國之本末源流，裕民是富國本源，府庫是富國之末流，切不可源流不分，本末倒置。若「田野荒而倉廩實，百姓虛而府庫滿」，則稱之為「國蹶」，「國蹶」者，「伐其本，竭其源，而并之其末」，顛倒富國之本末源流，適與富國目標背道而馳，而人主與臣相卻不知對國家之危害，則國家傾覆滅亡之日速至也。故荀子曰：「故王者富民，霸者富士，僅存之國富大夫，亡國富筐篋，實府庫。筐篋已富，府庫已實，而百姓貧：夫是之謂上溢而下漏。」富國之前提是富民，富民是富國之指標，民不富則國不富，若百姓貧而府庫實，則是倒行逆施，與富國之宗旨背道而馳。

　　如前所述，禮是荀子政治思想之核心，荀子政治思想之客觀化即是「禮制」。荀子曰：「禮者，養也。」禮之消極性功能是「節」，而積極性之功能則是「養」，「養民」是荀子「隆禮」之積極目的

96　《荀子・王制》。

97　《荀子・王霸》。

之一。通過禮制之規範，達到「養民」之目的，即是「裕民以政」，「養民」即是「裕民」。「養民」、「裕民」乃是民生經濟問題，而直接影響民生經濟之具體施政有二：其一是賦稅制度，其二是生產方式。〈王制〉篇曰：

> 王者之等賦政事，財萬物，所以養萬民也。田野什一，關市幾而不征，山林澤梁，以時禁發而不稅。相地而衰政。理道之遠近而致貢。通流財物粟米，無有滯留，使相歸移也，四海之內若一家。故近者不隱其能，遠者不疾其勞，無幽閒隱僻之國，莫不趨使而安樂之。夫是之為人師。是王者之法也。

楊倞注曰：「等賦，賦稅有等。所以為等賦及政事裁制萬物，皆為養人，非貪利也。」王者制定賦稅政事，及制裁萬物等措施，目的皆為「養民」。如：田畝之稅十分取其一，關口、市街只稽察而不徵稅，山林澤梁等區域，依時機開放及關閉，亦不徵稅，依土地之肥磽而定賦等，依道途之遠近而進貢，財物粟米貨暢其流，交換轉讓，無有滯留，四海之內如在一家。凡此以上之經濟政策，無非是要促進百姓之近者盡其能，遠者不辭辛勞，甚且幽閒隱僻之民，亦莫不受王者之趨使而安樂之；施政如此，則堪稱為人師，是王者所制之法也。

　　至於生產問題，則是以制度規範生產方式，致力增加物產，富裕民生。〈王制〉篇曰：

> 君者，善群也。群道當，則萬物皆得其宜，六畜皆得其長，群生皆得其命。故養長時，則六畜育；殺生時，則草木殖；政令時，則百姓一，賢良服，聖王之制也。草木榮華滋碩之時，則斧斤不入山林，不夭其生，不絕其長也。黿鼉魚鱉鰌鱣孕別之時，罔罟毒藥不入澤，不夭其生，不絕其長也。春耕、夏耘、秋收、冬藏，四者不失時，故五穀不絕，而百姓有餘食也。汙池淵沼川澤，謹其時禁，故魚鱉優多，而百姓有餘用也。斬伐養長不失其時，故山林不童，而百姓有餘材也，聖王之用也。

國君之職務功能在於能群、能分，[98] 楊倞注曰：「善能使人為群也。」人生不能無群，群不能無分，群與分是人類生存之形態，群分恰當，則萬物皆得其宜。聖王之制度：養長適時，則六畜育成；殺生適時，則草木繁殖；政令適時，則百姓統一，賢良順服。聖王之財用：地上草木果樹繁茂之時，則不用斧斤砍伐，不夭折其生命，不斷絕其

---

[98]　《荀子·君道》曰：「君者，何也？曰：能群也。」《荀子·富國》曰：「人之生不能無群，群而無分則爭，爭則亂，亂則窮矣。故無分者，人之大害也；有分者，天下之本利也；而人君者，所以管分之樞要也。」

成長；水中魚鱉水產繁殖之時，則不用魚網毒藥捕撈，不夭折其生命，不斷絕其成長。[99]春耕、夏耘、秋收、冬藏，不失時節，故五穀豐收，百姓則有剩餘糧食；水池淵沼川澤，按時禁令，故魚鱉繁多，百姓則有剩餘水產；砍伐養長不失時節，故山林茂盛，百姓則有剩餘木材。總之，裕民之方法，一是改革賦稅，減輕百姓負擔；二是致力生產，增加百姓所得。〈富國〉篇曰：「輕田野之賦，平關市之征，省商賈之數，罕興力役，無奪農時，如是則國富矣。夫是之謂以政裕民。」以政治手段促進百姓富裕，裕民則富國。

99　《荀子·富國》曰：「今是土之生五穀也，人善治之，則畝數盆，一歲而再獲之。然後瓜桃棗李，一本數以盆鼓；然後葷菜百疏以澤量；然後六畜禽獸一而剸車；黿鼉魚鱉鰍鱣，以時別，一而成群；然後飛鳥鳧雁若煙海；然後昆蟲萬物生其閒，可以相食養者不可勝數也。」

第柒章　結論

　　自劉向敍錄《荀子》一書，至唐代楊倞作注，除篇目次第稍有出入之外，兩者所據《荀子》文本未有明顯之差異；縱使楊倞判斷〈大略〉、〈宥坐〉、〈堯問〉等篇，或是出於荀子弟子之辭，但未曾質疑《荀子》有偽作問題。劉向從三百餘篇傳本中整理出《荀子》三十二篇，應是當時所有可能文本「訂偽芟複」後之最大值，足以代表荀學之可靠文獻；縱使三十二篇之中，少數篇章、或是篇章之中，可能夾雜荀子弟子之言，但與其他篇章內容未有明顯而嚴重之理論矛盾，弟子踵事增華之言，可以視為荀學理論之引申或闡發，而不必視為「偽作」；故《荀子》一書，是考證與詮釋荀子思想理論最重要之文本。

　　荀子生於戰爭頻仍之戰國時代，是群雄割據、各自為政之時代，亦是歷史上政治極為混亂之時期。東周春秋、戰國時代交替之際，是中國政治形態一大轉折：春秋五霸仍以周天子為共主，戰國七雄則是各自為政；春秋諸侯意在爭名分，而戰國諸侯則重在爭實權。戰國時期之特色，即是諸侯經常使用武力戰爭兼并他國土地與解決

國際糾紛，或是穿插利用合從、連橫之外交手段，達到維護國家生存與發展之政治目的；因此，造成國際關係日益複雜與緊張，而天下百姓則處於戰爭危險與極度不安之中。荀子身為趙國人，在齊國時即享有盛名，生平周遊於趙、齊、秦、楚等大國諸侯之間，顯見荀子對於當時政治實務與議題饒富興趣，態度頗為積極；且由《荀子》文本之中，亦可見荀學對於政治思想與理論多所闡發。故荀學之思想，是基源於戰國時之政治紊亂與國際危機，荀子試圖提供諸侯一套治國理念與方法，祈使思想理論能具體實踐，達到治國、一天下之政治目的。

如何確保國家生存與發展，同時解決政治紊亂與戰爭衝突，是荀學之基源問題；而荀學之學理根基，荀子自詡源自儒家孔子。《荀子·非十二子》篇中批判六家十二子，唯獨推崇孔子與子弓，荀子以為孔子、子弓之言行，即是聖王之模範，孔子、子弓之學術，即是國君邁向聖王境界之藍圖。荀子並以孔子與周公並稱為大儒，所謂「大儒」，即是以禮義之統規範政治倫理，以仁義之類整齊人倫秩序，以仁義禮之統做為治國綱領之人。荀子以為孔子及其儒學，乃是能將個人修養工夫轉化成國君治國理念，是融合思想與實踐合一之學說，是有國者治國與後世者學習之理想典範。故《荀子》一書，經常稱讚孔子、引述孔子語錄，與《論語》文本相呼應，印證荀子學說在主觀上源自於孔子，並以宣揚、繼承孔子學說為己任。

本書通過詮釋《荀子》文本，闡釋荀學之思想理論，及其理論

落實為具體可行之政治制度，疏通理論與實踐之界域，展現荀學之精神與宗旨，有以下三點結論：

第一，就荀學之心偽論而言。

荀子所言之「性」，是指普遍存在每一個人之生理本能，其用字指涉與告子「生之謂性」之涵意類似，而與孟子迥異。荀學之「性」，「固無禮義」，亦「不知禮義」，「性」非人之本質，亦非自由意志之主體性；因此，「性」不是荀學理論之價值根源所在。荀子所謂「性惡」，乃是因「性」未受師法之化，禮義之道「順是」而產生之「惡」果；因此，荀子斷言「性惡」，乃是指發生歷程所產生之結果，而非指人之本質定義，故不可「倒果為因」，以為荀子視人之本質為惡。荀學強調「性惡」，乃在彰顯「師法之化，禮義之道」之「偽」對治生理本能之重要性，故「性惡」在荀學系統中只具有工具價值與意義，既非荀學之目的，亦非荀子對「人」之本質判斷與宣揚。

荀子言「偽」，是指人主觀意志之思慮活動，及其思慮活動所產生之客觀禮義法度。荀子言「偽」是指「聖人之偽」，聖人能積思慮、習偽故，故能化性起偽，創制禮義，積、習是荀學言善之雙向通路，「偽」是善唯一可能來源。荀子所言之「聖人」，是指凡能積思慮、習偽故之人，而非道德人格已臻完美之人，凡能積、習者，即謂之「聖人」，故荀子強調「聖人」是人之所積而致者，由此勸人為學。

荀子言「心」，同時涵攝內在之價值判斷能力與外在之學習與認知能力兩種意義。荀子稱「心」為「天君」，是「形之君也，而神明之主也」，「出令而無所受令」，「心」表人之自由意志，故「心不可劫而使易意」，同時亦是是非價值判斷之主體性，故「心」能「是之則受，非之則辭」。荀子肯定凡人皆有是「心」，「心」能思慮，因此：從成德立場而言，「凡人」之「心」通過「虛壹而靜」之修養工夫，達到「大清明」之境界則能知「道」，「心」知「道」即是「聖人」，故荀子先驗肯定「塗之人可以為禹」；從客觀發用而言，「聖人」誠「心」合於「道」，故能化性起偽，偽起而生禮義。以禮義節制人性，創造人文化成之群聚社會，是人道極致表現。因此，「聖人」之「心」合於「道」，能化性、能起偽，「心」能知「道」則能行「道」，化性起偽之具體實踐即是禮義，禮義即是「偽」，此即是荀子「心偽論」精義所在，是成就一切人文化成之價值根源。

第二，就荀學之歷史觀而言。

古代「禮」字由原始宗教意味之祭祀儀式，引申為人類一切行為規範，再落實為政治上之權利與義務關係，構成中國倫理學中最重要之觀念。荀子繼承孔子「好禮」、「愛禮」之精神，並從傳統禮學中闡釋人類文明價值。荀子言人心有偽之能力，故能創造一切人文化成，荀子以「禮」概括一切儀式活動之「禮儀」、正當行為規範之「禮義」與政治制度之「禮制」，以「禮」表現人類文明發

展歷史之成果。因此，禮是一個發展歷史之整體，必須符合人性需求，且能適應時代變遷，與時推移、與日俱增成為一種文化特徵與指標。禮既是人類文明指標，是社會倫理之綱紀，是國家政治和平發展之基石，故荀學以禮為宗。

　　禮之緣起在「儀」。「儀」是俱有固定程序之形式活動，儀式之形式過程謂之「文」，儀式之恰當合宜謂之「理」，儀式之形式合宜亦稱「文」。禮儀之發展，由起初之簡單疏略，進而損益規模，終於成就合於「文」之理想狀態。荀子提出四項行禮儀之原則：「以財物為用，以貴賤為文，以多少為異，以隆殺為要。」禮儀是文飾，是行禮者內心之情意表現，「文理」與「情用」構成禮儀之形式與內容；禮儀是以表現行禮者之情意為目的，禮儀形式是表現情意之工具，形式與內容能恰如其分，「文理、情用相為內外表裡，竝行而雜，是禮之中流也」。

　　禮之本質在「義」。荀子言「義」，是指人心內在道德之義理本質，同時亦指以公共利益為目的之行為。荀子合稱「禮義」，「禮」與「義」俱有形式與內容之對應關係，包含人之義理本質與一切正當行為。故荀子之「隆禮」，乃是以義為理論根據，以義為學理基礎，「隆禮」是義之具體表現，完全合乎孔子「義以為質，禮以行之」之精神。人之「禮義」是有別於「性」以外之獨特本質與能力，而且是有效防治人「性」可能產生「惡」之方法；而人所以能「化性」，起「禮義」之「偽」，在於人有「心」。「心」是人之道德

主體，「心」之具體內容，荀子以「仁」概括之，「仁」是「心」
之總稱；由「心」思慮判斷之合理性與正當性，荀子稱之為「義」，
「義」是分論。能圓滿實踐「仁義」者，即是「聖人」，聖人內在
之仁義，化為客觀具體之實踐行為，必然以天下國家之公共利益為
目的。

　　荀子言「禮」、「義」、「仁」三者關係，形成一種兼俱理論
意義與實踐意義之交互含攝關係：就實踐關係而言，仁是本質內容，
仁生義，義生而制禮，禮是出於仁義之心，故「禮出於心」；就理
論關係而言，人守禮而知義，行義而知仁，處仁則知人之本質，心
之仁義必合於禮，故「心入於禮」。荀子曰：「君子處仁以義，然
後仁也；行義以禮，然後義也；制禮反本成末，然後禮也。三者皆
通，然後道也。」仁、義、禮乃是人倫之正道，由此展現荀子以仁
義制禮為本懷之政治思想。

　　禮之實踐在「制」。荀子之「隆禮」，乃是以聖人仁義之心落
實為人性現實需求之主體與橋樑。相對於人性而言，禮制之作用在
「節」、「養」、「分」。荀子之禮制，同時重視仁義之內在價值
與政治之實踐成效，故荀子「法先王」與「法後王」。「先王」是
三代堯、舜、禹、湯等以仁義為治國之道之聖王，「法先王」是效
法先王以仁義治國之「仁義之統」；「後王」是周公、孔子等大儒
所制定之禮樂制度，「法後王」是效法「後王」禮樂制度之「禮義
之統」。「法先王」與「法後王」是指效法學習對象內容不同，並

非本質上之差異：「先王」立仁義之統，「後王」依仁義之統具體
落實為禮義法度之禮義之統；禮義是仁義之形式，仁義是禮義之本
質，「先王」與「後王」即是一個發展整體，兩者之間俱有內在關
聯性。荀子之「隆禮」，是以仁義為本質，以禮為實踐：捨仁義，
禮無以立；無禮，則仁義無以見。

　　「禮」是因時制宜、因革損益之歷時整體，是人類文明之指標，
因此，越近當時之「禮」，越能符合人性與時代之需求。唯有聖人
乃能「積思慮」，「習偽故」，乃能創建理想之「禮」；此亦是荀
子同時主張「法先王」與「法後王」學說之結合。仁義是王者之根
本，禮義是王者之工具，而治國則是王者之目的。荀子之「隆禮」，
實涵攝仁、義、禮三者於一體之學說主張，其目的在於建立欲王而
王，欲霸而霸，欲強而強之富強國家。

　　第三，就荀學之政治學而言。

　　荀子言「性惡」，乃是彰顯「禮義之統」對於政治之必要性，
提倡「仁義之統」，則是強調政治必要以「仁義」為前提。荀子之
政治思想，就其內容而言，是以仁義為本質，即是「禮義」；就其
形式而言，則是客觀之行為規範，即是「禮制」，或稱「禮義法度」；
故「禮制」是荀子政治思想之實踐。

　　「禮制」是國君以其政治權力所制定之客觀規範，使國家社會
之公共行為趨向最大之公共利益，此即是「禮制」目的與價值。國
家社會之最大公共利益，是以維護國家境內每一份子生命與財產安

全為前提，維護國家安全首要工作目標，即在「強國」。「強國」之概念，係指國家境內安定與國家邊境安全兩方面，邊境安全是境內安定之保障；境內安定是邊境安全之基礎。國內安定是指政治穩定，政治穩定即是「治」；邊境安全是國際外交和平，國際和平即是「強」。國之治強，是富強之基準，無論是富國或強兵，治國皆以禮制為原則；禮制之運作，繫於國君一人，故荀子主張「尊君隆禮」，其目的即是在創造富強之國家。

荀子言「強兵」，乃指國家軍隊武力強大，足以抵抗敵國之侵犯，捍衛國家邊境之安全。強兵之目的在「禁暴除害」，防禦敵國之兼并野心，維護國家領土完整，保障人民生命財產安全。荀子強兵之目的乃是消極之防禦，故強兵之方法，非如兵家所言之武力與詐術。荀子強調能整齊人民者，即是善用兵者也；整齊人民之道，在於「附民」，故用兵之方法是親附人民。國君行仁義之政，必能「附民」，能「附民」方能得民心，能得民心方能得民之親愛其君，得民之效死，人民為君效死，為君所用；故仁者之兵，兵必強，城必固矣。

強兵是稱霸必要條件，然而，稱王尚且需要國君之人格特質與治國之道配合，稱王是建立在「仁者之兵，王者之志也」。荀子區分王、霸之別，不僅在表彰王者仁德之心，禮義之政，更重要者，王者之兵所建立之國家，方能獲致長治久安。

荀子言「富國」，不是指國君府庫之財，而是指全國人民之均

富。王者以「富」、「教」調養、治理人民之情性，致力農業生產，使人民富裕；整飭教育事業，導正教化人民。富而後教，即是王者必須承擔之責任；「富而好禮」之國家，則是荀子理想之公民社會。富國之目的，從生存而言，是維持個人與國家基本生存之條件；就發展而言，人類生存之目的是在求發展，且從發展過程中，創造人類文明與價值。至於「富國」之方法，荀子主張「節用裕民」：「節用」是「節用以禮」，以禮調節人性與物質，使禮義與情性兩全其美；「裕民」則是「裕民以政」，是以積極之政治手段創造物質生產，富裕民生；故荀子「富國」之道，即是開源與節流。質言之：人「性」提供人類發展之動力，「禮」則是人類發展之文明指標，而富國之目的，即是運用政治手段，滿足人性之欲求，同時表現出人類文明價值。因此，從荀子之政治思想而言，富國乃是人類創造文明價值必然之過程與結果。

總而言之：荀子是位哲學家、教育家與政治家。從「偽善性惡」之思想闡釋「心偽論」，「心偽論」是荀學之道德主體性，是「尊君隆禮」之價值根源，是荀學思想理論之基礎。從歷史觀點論證「禮義法度」，「禮義法度」是維繫人群社會和諧發展之必要條件，是人類文明進化之指標；「禮義法度」是荀學「心偽論」之體現，是「富國強兵」之工具，是荀學思想化為實踐之主體與橋樑。從政治學重申「富國強兵」，「富國強兵」是適應時代環境挑戰，符合仁義必然要求，滿足人性需求之結果，是荀學思想之目的與實踐。

　　本書最後，就荀子「性惡」主張與政治思想之關係做一說明，以為結語。

　　中國思想之特色在實踐，儒學做為中國思想主流，無論是個人修養，乃至治國、平天下之道，儒學均應提供具體可行之方法，將學說理論實踐於客觀經驗生活之中；因此，孔子與孟子學說固然充滿政治主張，荀子亦未嘗不是如此。

　　荀子學說，成也「性惡」，敗也「性惡」。雖然《四庫全書總目》肯定荀學最為近正孔門，然而，後世學者對於「性惡」之說，則認為「主持太甚，詞義過當」，是荀學中最為口實者，視荀子為儒家之「歧途」。究其實，荀學雖以「性惡」為標誌，卻不以「性惡」為中心；以「性惡」為手段，卻不以「性惡」為目的；「性惡」非荀子本意，若「謂荀子之思想中心在性惡，最為悖理」。荀子所以倡言「性惡」，是為說明經驗世界亂象之源，同時彰顯人文化成之禮義對於人群社會之生存發展之重要性，故「荀之書詎可以小疵訾之哉」！

　　荀子批評孟子「性善」之說只是一種「坐而言」之思辨學說，既無法在現實經驗之中證成，而且無法落實為具體客觀之禮義法度，「性善」之說徒令聖王與禮義顯得無用；質言之，主張「性善」，無益於政治制度之建立，無法彰顯聖王之重要性。反之，主張「性惡」，既合乎現實之經驗法則，並且是「起而可設，張而可施行」之學說，足以提供一套適合於人性化之管理原則，作為建設政治制

度之理論基礎，而聖王與禮義在實際政治運作上，更顯重要。因此，荀子主張「性惡」，並非只是哲學式之純思辨立場，而是與其政治學說息息相關。以列簡圖，顯示荀子主張「性惡」之政治意涵。

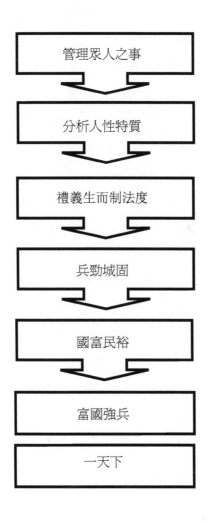

管理眾人之事

分析人性特質

禮義生而制法度

兵勁城固

國富民裕

富國強兵

一天下

　　從實踐歷程而言：政治是管理眾人之事，政治之要領，必先分析人性之各種可能內容；了解人性，始能歸納人性之普遍通性；能充分掌握人性，則能依人性建立制度；依人性所建立之制度，必能適合於人性之要求；適合於人性要求之制度，必能達到治國之目的；能達到治國之目的，便能達到富國強兵之目的。從理論意義原還而言：荀子之政治目的在富國強兵；欲富國強兵，則必國富民裕；欲國富民裕，則必兵勁城固；欲兵勁城固，則必制禮義法度；禮義法度之可行，必須符合人性之普遍通性；禮義法度欲符合人性通性，則必對人性之內容具有充分之理解與掌握；能充分理解掌握人性內容，則治國之道運之掌上。至於「一天下」，雖然亦是荀學之政治目標，然而，「一天下」與「富國強兵」只是規模大小有別，「一天下」不過是「富國強兵」之延伸，「一天下」之理論與實踐，實與「富國強兵」如出一轍。

　　綜合而言：面對如何有效管理眾人之事，先秦儒家嘗試透過對人性加以分析與詮釋，從而了解人性之內容，並且依人性內容建立一套適合於人性要求之政治制度，而合乎人性之政治制度，必然可以達到「富國強兵」、「一天下」之政治目的，發揮最大之政治效能。因此，孔子言「道之以德，齊之以禮」、「義以為質，禮以行之」，乃在彰顯仁義為禮樂之內容，禮樂為仁義之外在形式，達到「天下歸仁焉」之理想目標。荀子曰：「先王惡其亂也，故制禮義以分之。」荀子主張「性惡」，是透過對人性之理解與掌握，以人性為基礎，

建立一套符合人性之政治制度；荀子主張「隆禮」，禮義法度既能符合人性，故能有效管理眾人，達到「富國強兵」、「一天下」之理想政治。

參考資料

（參考資料分：古籍文獻、荀子專論、思想專論與期刊會議論文四種。條列資料依作者，注疏者，著作名稱，出版地，出版社，出版時間為序。）

1.古籍文獻

【漢】孔安國傳・【唐】孔穎達等正義，《尚書正義》台北：藝文印書館《十三經注疏本》

【漢】毛公傳・鄭元箋・【唐】孔穎達等正義 ，《毛詩正義》，台北：藝文印書館《十三經注疏本》

【漢】鄭玄注・【唐】賈公彥疏 ，《周禮注疏》，台北：藝文印書館《十三經注疏本》

【漢】鄭玄注・【唐】賈公彥疏 ，《儀禮注疏》，台北：藝文印書館《十三經注疏本》

【漢】鄭玄注・【唐】孔穎達等正義 ，《禮記正義》，台北：藝文印書館《十三經注疏本》

【晉】杜預注・【唐】孔穎達等正義 ，《春秋左傳正義》，台北：藝文印書館《十三經注疏本》

【漢】何休注・【唐】徐彥疏 ，《春秋公羊傳注疏》，台北：藝文印書館《十三經注疏本》

【晉】范甯注・【唐】楊士勛疏，《春秋穀梁傳注疏》，台北：藝文印書館《十三經注疏本》

【漢】司馬遷撰‧【劉宋】裴駰集解‧【唐】司馬貞索隱，《史記》，台北：藝文印書館

【漢】班固撰‧【唐】顏師古注，《漢書》，台北：藝文印書館

【劉宋】范曄撰‧【唐】李賢等注，《後漢書》，台北：藝文印書館

2.荀子專論

2.1.《荀子》注疏類

【秦】荀子，《荀子》，台北：藝文印書館，1970 年

【唐】楊倞註，【清】王先謙集解，《荀子集解‧考證》，台北：世界書局，1962 年

【明】顧春，《校刻楊注荀子二十卷》，台北：成文出版社，1977 年

梁叔任，《荀子約注》，台北：世界書局，1962 年

嚴靈峯，《無求備齋荀子集成》，台北：成文出版社，1977 年

李滌生，《荀子集釋》，台北：台灣學生書局，1979 年

毛子水，《荀子訓解補正》，台北：華正書局，1980 年

廖吉郎，《新編荀子》，台北：國立編譯館，2002 年

梁啟雄，《荀子柬釋》，台中市：文听閣圖書，2010 年

2.2.專書（依作者姓名筆劃為序）

于峻嶸，《《荀子》語法研究》，石家莊：河北教育出版社，2008 年

王軍，《荀子思想研究：禮樂重構的視角》，北京：中國社會科學出版社，2010 年

王祥齡‧周安邦‧石櫻櫻‧洪如薇‧劉萬青‧邱仕冠等著，《中國哲學專題研究──荀
　　子篇》，台北：五南出版社，2005 年

王穎，《荀子倫理思想研究》，哈爾濱：黑龍江人民出版社，2006 年

江心力，《20 世紀前期的荀學研究》，北京：中國社會科學出版社，2005 年

牟宗三，《名家與荀子》，台北：台灣學生書局，1976 年

牟宗三，《荀學大略》，台北：中央文物供應社，1953 年

伍振勳，《語言、社會與歷史意識：荀子思想探義》，台北：花木蘭文化出版社，2009 年

李哲賢，《荀子之名學析論》，臺北：文津出版社，2004 年

李哲賢，《荀子之核心思想—「禮義之統」及其時代義意》，台北：文津出版社，1994 年

李瑩瑜，《《荀子》內聖外王思想研究》，台北：花木蘭文化出版社，2009 年

吳文璋，《荀子「樂論」之研究》，台南：宏大出版社，1992 年

吳茹寒，《荀子學說淺論》，台北：文津出版社，1982 年

吳復生，《荀子思想新探》，台北：文史哲出版社，1998 年

吳樹勤，《禮學視野中的荀子人學：以"知通統類"為核心》，濟南：齊魯書社，2007 年

林翠芬，《荀子名實思想之研究》，台南市：臺灣復文興業公司，2005 年

周熾成，《荀子韓非子的社會歷史哲學》，廣州：中山大學出版社，2001 年

姜尚賢，《荀子思想體系》，台南，1966 年

姜忠奎，《荀子性善證》，台中市：文听閣圖書，2010 年

韋日春，《荀子學述》，台北：《慶祝高仲華先生六秩誕辰論文集》，1968 年

韋政通，《荀子與古代哲學》，台北：臺灣商務印書館，1992 年

俞仁寰，《從類字透視荀子政治思想之體系》，台北：臺北大學法學院，1962 年

高正，《《荀子》版本源流考》，北京：中國社會科學出版社，1992 年

高春花，《荀子禮學思想及其現代價值》，北京：人民出版社，2004 年

唐淑雲，《治國名儒：荀子》，台北：昭文社，1997 年

馬國瑤，《荀子政治理論與實踐》，台北：文史哲出版社，1996 年

袁信愛·潘小慧，《荀子社會思想研究·從解蔽心看荀子的知識論與方法學》，台北：
　　花木蘭文化出版社　2008 年

夏甄陶，《論荀子的哲學思想》，上海：上海人民出版社，1979 年

孫偉，《重塑儒家之道：荀子思想再考察》，北京：人民出版社，2010 年

徐克謙，《荀子：治世的理想》，上海：上海古籍出版社，2009 年

張勻翔，《攝王於禮、攝禮於德：荀子之智德及倫理社會建構之意涵》，台北：花木蘭
　　文化出版社，2010 年

張西堂，《荀子真偽考》，台北：明文書局，1994 年

陳大齊，《荀子學說》，台北：華岡出版社，1971 年

陳文潔，《荀子的辯說》，北京：華夏出版社，2008 年

陳正雄，《荀子政治思想研究》，台北：文津出版社，1980 年

陳飛龍，《荀子禮學之研究》，台北：文史哲出版社，1979 年

陳昭瑛，《荀子的形象論與情氣論初探》，台北：台灣大學，2008 年

陳修武，《荀子：人性的批判》，台北：時報文化企業公司，1981 年

陳登元，《荀子哲學》，上海：上海書店，《民國叢書》第四編第四冊，1992 年據商
　　務印書館版影印

陸建華，《荀子禮學研究》，合肥：安徽大學出版社，2004 年

陶師承，《荀子研究》，上海：大東書局，1926 年

黃聖旻，《王先謙《荀子集解》研究》，台北：花木蘭文化工作坊，2006 年

趙士林，《荀子》，台北：東大圖書公司，1999 年

楊大膺，《荀子學說研究》，上海：中華書局，1936 年

楊長鎮，《荀子類的存有論研究》，台北：文津出版社，1996 年

楊筠如，《荀子研究》，上海：上海書店，《民國叢書》第四編第四冊，1992 年據商
　　務印書館版影印

廖名春，《荀子新探》，台北：文津出版社，1994 年

蔡錦昌，《拿捏分寸的思考——荀子與古代思想新論》，台北：唐山出版社，1996 年

魯六，《《荀子》辭彙研究》，鄭州：河南人民出版社，2007 年

劉子靜，《荀子哲學綱要》，台北：臺灣商務印書館，1969 年

鮑國順，《荀子學說析論》，台北：華正書局，1982 年

龍宇純，《荀子論集》，台北：台灣學生書局，1987 年

韓德民，《荀子與儒家的社會理想》，濟南：齊魯書社，2001 年

魏元珪，《荀子哲學思想》，臺北：花木蘭文化出版社，2009 年

2.3.博、碩士學位論文

王啟洋，《荀子政治思想之「政道」與「治道」》，東海大學政治學系研究所碩士論文，
　　1995 年

王嘉陵，《荀子「化性起偽」思想研究》，國立高雄師範大學國文教學研究所碩士論文，
　　2003 年

王毓琦，《荀子成德之學研究》，國立中央大學哲學研究所碩士論文，1993 年

王靈康，《荀子的「法後王」思想》，國立政治大學哲學研究所碩士論文，1999 年

王靈康，《荀子哲學的反思：以人觀為核心的探討》，國立政治大學哲學研究所博士論
　　文，2008 年

田富美，《清代荀子學研究》，國立政治大學中國文學研究所博士論文，2006 年

伍振勳，《荀子「天生人成」思想的意義新探》，國立清華大學中國文學研究所博士論
　　文，2004 年

宋昌龍，《荀子之禮研究》，輔仁大學中國文學研究所碩士論文，1984 年

李哲賢，《荀子「禮義之統」思想之研究》，中國文化大學中國文學研究所碩士論文，
　　1980 年

吳清淋，《荀子禮分思想之研究》，國立臺灣師範大學中國文學研究所碩士論文，1974 年

李瑩瑜，《荀子內聖外王思想研究》，國立中興大學中國文學研究所碩士論文，2002 年

吳學玉，《荀子政治思想研究》，東海大學哲學研究所碩士論文，1990 年

何淑靜，《論荀子道德實踐理論之根據問題》，國立臺灣大學哲學研究所碩士論文，1980 年

范家榮，《荀子論「心」之學的研究》，輔仁大學哲學研究所碩士論文，2005 年

林建邦，《荀子理想人格類型的三種境界及其意義－以士、君子、聖人為論述中心》，
　　國立政治大學國文教學研究所碩士論文，2005 年

林盈吟，《荀子的工夫論：「偽」》，東海大學哲學研究所碩士論文，2007 年

林淑芬，《荀子管理思想之研究》，國立高雄師範大學國文研究所碩士論文，2005 年

林耀麒，《荀子心性論之研究》，輔仁大學哲學研究所碩士論文，2010 年

周文，《從「偽」的觀念論荀子的思想》，東海大學哲學研究所碩士論文，1985 年

金炳采，《論荀子哲學中「禮」的概念》，台灣大學哲學研究所碩士論文，1978 年

徐珮茹，《荀子禮論思想之研究》，國立中央大學哲學研究所碩士論文，2004 年

徐福海，《荀子之政治經濟思想研究》，華梵大學東方人文思想研究所在職專班碩士論
　　文，2008 年

柳熙星,《荀子哲學的秩序性建構及其困境》,東海大學哲學研究所博士論文,1998 年

柳熙星,《荀子禮論的價值根源研究》,東海大學哲學研究所碩士論文,1992 年

南相鎬,《論荀子「化性起偽」之哲學基礎》,國立台灣大學哲學研究所碩士論文,1984 年

高立芳,《《荀子》禮學中的「情」與「文」》,世新大學中國文學研究所碩士論文,
　　　2010 年

翁惠美,《荀子論人研究》,國立臺灣師範大學國文研究所碩士論文,1986 年

徐珮茹,《荀子禮論思想之研究》,國立中央大學哲學研究所碩士論文,2003 年

梁右典,《荀子論「學」研究》,國立政治大學中國文學研究所碩士論文,2009 年

許秋梅,《荀子禮義之統思想研究》,國立嘉義大學中國文學研究所在職專班碩士論文,
　　　2005 年

郭其才,《荀子"心知道"的哲學研究》,香港新亞研究所哲學組碩士論文,2005 年

張明傑,《智者與荀子性惡觀之比較研究:基於社會歷史發展的考察》,中國文化大學
　　　哲學研究所碩士論文,1992 年

張性集,《荀學研究》,東海大學中國文學研究所碩士論文,1988 年

張靜如,《荀子思想中的人、社會與政治》,國立政治作戰學校政治研究所博士論文,
　　　1993 年

陳正忠,《荀子禮治思想研究-儒家傳統命題創造性轉化之嘗試》,國立政治大學中山
　　　人文社會科學研究所碩士論文,2000 年

陳靜美,《從孟荀之比較看荀子的成德理論》,中國文化大學哲學研究所碩士論文,1987 年

陳禮彰,《荀子人性論及其實踐研究》,國立臺灣師範大學國文研究所博士論文,2008 年

黃文彥,《荀子禮治思想研究》,逢甲大學中國文學系研究所碩士論文,2000 年

葉峰綠,《論荀子思想中的「心」與「知」》,南華大學哲學研究所碩士論文,2009 年

葉淑靜,《荀子聖王思想之研究》,中國文化大學政治研究所碩士論文,1987 年

葉峰綠,《論荀子思想中的「心」與「知」》,南華大學哲學研究所碩士論文,2009 年

黃德相,《荀子的政治哲學研究》,中國文化大學哲學研究所碩士論文,1968 年

塗艷秋,《荀子禮學研究》,輔仁大學中國文學研究所碩士論文,1980 年

楊宗峰,《荀子政治思想研究》,輔仁大學哲學研究所碩士論文,1989 年

楊佳霖,《荀子義利思想之研究》,國立嘉義大學中國文學研究所碩士論文,2007年

楊秀宮,《荀子心性論之研究》,東海大學哲學研究所碩士論文,1991年

楊美瑔,《荀子性論研究》,中國文化學院中國文學研究所碩士論文,1975年

蔣忠益,《荀子禮法觀與法家法觀思想研究》,中國文化大/中國文學研究所碩士論文,
　　　1985年

蔡俊良,《《荀子》中「誠」思想探究》,輔仁大學哲學研究所碩士論文,2010年

鄭世強,《論荀子的心性關係及其價值根源》,東吳大學哲學研究所碩士論文,2006年

鄭貴和,《荀子的禮治思想》,國立台灣大學政治研究所碩士論文,1987年

潘小慧,《從解蔽心看荀子的知識論與方法學》,輔仁大學哲學研究所碩士論文,1985年

蕭振聲,《荀子的人性向善論》,國立臺灣大學哲學研究所碩士論文,2006年

劉乃華,《荀子道德思想之研究》,南華大學哲學研究所碩士論文,2002年

劉文起,《荀子正補》,國立臺灣師範大學中國文學研究所博士論文,1979年

劉文郎,《荀子人性論之學理基礎研究》,輔仁大學哲學研究所碩士論文,1992年

劉昭志,《《荀子》政治思想研究》,國立中正大學中國文學研究所碩士論文,2004年

劉素香,《荀子禮論性論及其關係之研究》,國立中山大學中國語文研究所碩士論文,
　　　2002年

劉騰昇,《荀子思想研究》,中國文化大學哲學研究所博士論文,1987年

薛智慧,《論荀子思想中的「性」與「心」》,南華大學哲學研究所碩士論文,2009年

戴志村,《荀子性惡論新詮》,國立政治大學哲學研究所碩士論文,1998年

鍾曉彤,《荀子的人性論與理想社會研究》,東吳大學哲學研究所碩士論文,2008年

簡淑慧,《從分字論荀子思想之基礎》,國立政治大學中國文學研究所碩士論文,1988年

蘇郁銘,《近十年(1994～2003)來美國的荀子研究》,國立雲林科技大學漢學資料整
　　　理研究所碩士論文,2005年

蘇婪雰,《荀子「禮」學研究─以性、心、學為基礎》,輔仁大學哲學研究所碩士論文,
　　　1998年

3.思想專論

3.1.專書

尹益洙，《中國儒家政治倫理思想研究》，南京：南京師範大學出版社，2005 年

仲崇親，《先秦儒家政治思想研究》，台北：華岡出版公司，1977 年

李明輝，《儒家視野下的政治思想》，北京：北京大學出版社，2005 年

李亞彬，《道德哲學之維：孟子，荀子人性論比較研究》，北京：人民出版社，2007 年

吳康，《孔孟荀哲學》，台北：臺灣商務印書館，1967 年

何澤恆，《先秦儒道舊義新知錄》，台北：大安出版社，2004 年

林安梧，《儒學轉向：從「新儒學」到「後新儒學」的過渡》，台北： 臺灣學生書局，
　　2006 年

周群振，《儒學探源：古代儒家的心性思想》，台北：鵝湖出版社，1973 年

周熾成，《荀韓人性論與社會歷史哲學》，廣州：中山大學出版社，2009 年

韋政通，《中國思想史》，上海：上海書店出版社，2004 年

徐復觀，《中國思想史論集》，上海：上海書店出版社，2005 年

梁啟超，《先秦政治思想史》，台北：臺灣中華書局，1984 年

郭齊勇，《儒學與儒學史新論》，台北：臺灣學生書局，2002 年

張君勱，《新儒家思想史》，北京：中國人民大學出版社，2006 年

張君勱，《儒家哲學之復興》，北京：中國人民大學出版社，2006 年

張秋升，王洪軍主編，《中國儒學史研究》，濟南市：齊魯書社，2004 年

張祥龍，《先秦儒家哲學九講：從《春秋》到荀子》，桂林：廣西師範大學出版社，2010 年

張豈之主編，《中國儒學思想史》，台北：水牛圖書出版事業公司，1992 年

陳大齊，《孟子性善說與荀子性惡說的比較研究》，台北：中央文物供應社，1953 年

啟良，《新儒學批判》，上海：三聯書店，1995 年

黃俊傑編，《東亞儒學研究的回顧與展望》，上海：華東師範大學出版社，2008 年

程潮，《儒家內聖外王之道通論》，長沙：湖南人民出版社，2005 年

趙宗正，謝祥皓，高晨陽編，《孔孟荀比較研究》，山東省牟平縣：山東大學出版社，
　　1989 年

楊承彬，《孔·孟·荀的道德思想》，台北：臺灣商務印書館，1978 年

楊秀宮，《孔孟荀禮法思想的演變與發展》，台北：文史哲出版社，2000 年

路德斌，《荀子與儒家哲學》，濟南：齊魯書社，2010 年

蔡仁厚，《孔孟荀哲學》，台北：臺灣學生書局，1984 年

蔡仁厚，《荀子與朱子心性論之比較》，新加坡：不詳，1987 年

劉耕華，《詮釋學與先秦儒家之意義生成：《論語》、《孟子》、《荀子》對古代傳統
　　的解釋》，上海：上海譯文出版社，2002 年

劉澤華，葛荃編，《中國政治思想史研究》，武漢：湖北教育出版社，2006 年

錢穆，《中國思想史》，台北：臺灣學生書局，1992 年

蕭公權，《中國政治思想史》，北京：新星出版社，2005 年

韓德民，《荀子與儒家的社會理想》，濟南：齊魯書社，2001 年

薩孟武，《儒家政論衍義：先秦儒家政治思想的體系及其演變》，台北：東大圖書公司，
　　1982 年

儲昭華，《明分之道：從荀子看儒家文化與民主政道融通的可能性》，北京：商務印書
　　館，2005 年

3.2.博、碩士學位論文

朱敬武，《儒道禮論研究》，輔仁大學哲學研究所碩士論文，1980 年

沈成添，《先秦儒家之仁學與政論》，中國文化大學歷史研究所博士論文，1974 年

李宗定，《先秦儒家政治理論研究》，國立成功大學中國文學研究所碩士論文，1997 年

吳元鴻，《荀子禮治與韓非法治理論基礎述評》，國立高雄師範學院國文研究所碩士論
　　文，1984 年

范麗梅，《郭店儒家佚籍研究－－以心性問題為開展之主軸》，國立臺灣大學中國文學
　　研究所碩士論文，2001 年

林啟屏，《孔孟文學觀念中的道德反省及其意義》，國立臺灣師範大學中國文學研究所
　　　碩士論文，1989 年

金炳采，《先秦儒家哲學的道德意識研究》，輔仁大學哲學研究所博士論文，1985 年

金宗麟，《孟荀異同考》，中國文化大學中國文學研究所碩士論文，1968 年

金秉峘，《先秦儒家之德愈治與禮治思想研究》，國立台灣大學哲學研究所碩士論文，
　　　1989 年

許素娥，《儒家聖王思想之研究》，國立政治大學三民主義研究所碩士論文，1988 年

崔圭廷，《儒家思想與仁政》，國立政治大學政治研究所碩士論文，1959 年

彭孝維，《先秦儒家「內聖外王」思想之研究》，國立政治大學政治研究所碩士論文，
　　　1991 年

黃秋韻，《先秦儒家道德基礎之研究──兼論「惡」的問題》，輔仁大學哲學研究所博
　　　士論文，2000 年

黃清章，《先秦聖人觀念研究》，輔仁大學中文系研究所碩士論文，1999 年

趙廣洙，《先秦儒家政治思想中君主角色之研究》，國立台灣大學政治研究所博士論文，
　　　1993 年

楊秀宮，《先秦儒家禮法思想的演變與發展》，東海大學哲學研究所博士論文，1998 年

詹文雄，《孔孟聖王思想之研究》，中國文化大學政治研究所博士論文，1974 年

蔡宜蓉，《荀韓人性論及其禮法思想之研究》，淡江大學中國文學研究所碩士論文，2009 年

劉振維，《論先秦儒家思想中禮的人文精神》，國立臺灣大學哲學研究所博士論文，2001 年

劉媛綾，《孔孟荀之禮學及其比較研究》，逢甲大學中國文學研究所碩士論文，1991 年

蕭淑芳，《孔孟荀禮思想研究》，輔仁大學中國文學研究所碩士論文，1993 年

魏元珪，《孟荀道德哲學之比較研究》，輔仁大學哲學研究所博士論文，1980 年

蘇志明，《孔孟荀禮學思想研究》，華梵大學東方人文思想研究所碩士論文，2007 年

4.期刊、會議論文　（依出版時間為序）

劉文郎，〈荀子性惡論對其政治經濟思想的影響〉，哲學論集，14 期，1982 年 2 月

王邦雄，〈論荀子的心性關係及其價值根源〉，鵝湖月刊，8 卷 10 期，1983 年 4 月

周紹賢，〈荀子"論心"〉，哲學論集，17 期，1983 年 7 月

岑溢成，〈荀子性惡論析辯〉，鵝湖學誌，3 期，1989 年 9 月

韓學宏，〈荀子"法後王"思想研究〉，中華學苑，40 期，1990 年 8 月

張杰，〈荀子"法先王"、"法後王"思想新探〉，陝西師範大學學報，1996 年

顧毓民，〈荀子哲學的系統建成芻議〉，國立中興大學人文社會學報，7 期，1998 年 6 月

韓德民，〈荀子性惡論的哲學透視〉，孔孟學報，76 期，1998 年 9 月

何淑靜，〈孟、告、荀與亞里斯多德對「人性與道德」——關係之看法比較〉，鵝湖學
　　誌，23 期，1999 年 12 月

周德良，〈天臺宗與荀子「性惡」論之比較〉，鵝湖月刊，26 卷 1 期，2000 年 7 月

張登及，〈荀子政治理論的宏觀考察與時代意義〉，哲學與文化，27 卷 7 期，2000 年 7 月

劉振維，〈荀子終乎讀禮的化性起偽說〉，哲學雜誌，33 期，2000 年 8 月

李麗雲、余元傑，〈荀子的政治哲學論〉，嘉南學報，26 期，2000 年 11 月

張奇偉，〈仁為禮本與行禮為仁—荀子"仁禮之辯"內涵剖析〉，燕山大學學報，2001 年

劉文起，〈楊倞「荀子」注之學術成就〉，中正大學中文學術年刊，4 期，2001 年 12 月

蔡忠道，〈孟子「法先王」與荀子「法後王」思想試析〉，高雄師大學報，13 期，2002
　　年 4 月

趙黔寧，〈荀子人性論及其政治觀述評〉，貴州大學學報，2003 年

黃致遠，〈荀子隆禮之探析〉，中華技術學院學報，29 期，2003 年 12 月

莊錦章，〈荀子與四種人性論觀點〉，國立政治大學哲學學報，11 期，2003 年 12 月

牟春，〈孟荀哲學的人性論對主體性建構的影響〉，青海師專學報，2004 年

周天令，〈「荀子是儒學的歧出」之商榷〉，孔孟月刊，42 卷 10 期，2004 年 6 月

劉振維，〈荀子「性惡」說芻議〉，東華人文學報，6 期，2004 年 7 月

袁長瑞，〈荀子性惡論的時代意義〉，鵝湖月刊，30 卷 9 期，2005 年 3 月

陳禮彰，〈荀子「法後王」說究辨〉，國文學報，37 期，2005 年 6 月

馮耀明，〈荀子人性論新詮：附〈榮辱〉篇 23 字衍之糾謬〉，國立政治大學哲學學報，
　　14 期，2005 年 7 月

鮑宇，〈從"心"的意涵看孟荀思想發展的邏輯進路〉，長春工業大學學報，2006 年

林啟屏，〈孟荀"心性論"與儒學意識〉，文史哲，2006 年

陳平坤，〈荀子的「類」觀念及其通類之道〉，國立臺灣大學哲學論評，31 期，2006 年 3 月

國立雲林科技大學漢學資料整理研究所，漢學研究集刊，3 期，「荀子研究專號」，2006 年 12 月

李哲賢，〈論荀子約定俗成之制名原則及其衍生之問題〉，漢學研究集刊，3 期，2006 年 12 月

吳進安，〈荀子「明分使群」觀念解析及其社會意義〉，漢學研究集刊，3 期，2006 年 12 月

林素英，〈從「修六禮明七教」之角度論荀子禮教思想之限制〉，漢學研究集刊，3 期，2006 年 12 月

林啟屏，〈《荀子·正論》及其相關問題〉，漢學研究集刊，3 期，2006 年 12 月

劉又銘，〈荀子的哲學典範及其在後代的變遷轉移〉，漢學研究集刊，3 期，2006 年 12 月

陳平坤，〈人性善惡與天人分合--孟、荀心性論說之型態及其意義〉，清華學報，36 卷 2 期，2006 年 12 月

陸建華，〈荀子禮為人之本質論〉，合肥學院學報，2007 年

許宗興，〈荀子「心」析論〉，臺北大學中文學報，2 期，2007 年 3 月

吳文璋，〈荀子論心和韓非子所蘊涵的心論之比較研究〉，成大宗教與文化學報，8 期，2007 年 8 月

佐藤將之，〈荀子哲學研究之解構與建構：以中日學者之嘗試與「誠」概念之探討為線索〉，國立臺灣大學哲學論評，34 期，2007 年 10 月

杜保瑞，〈荀子的性論與天論〉，哲學與文化，34 卷 10 期，2007 年 10 月

潘小慧，〈從「解蔽心」到「是是非非」：荀子道德知識論的建構及其當代意義〉，哲學與文化，34 卷 12 期，2007 年 12 月

邱世宏，〈從《荀子》論心處平反〉，成大宗教與文化學報，9 期，2007 年 12 月

王楷，〈性惡與德性：荀子道德基礎之建立——一種德行倫理學的視角〉，哲學與文化，
　　34 卷 12 期，2007 年 12 月

王祥齡，〈荀子哲學思想核心價值的建構〉，哲學與文化，34 卷 12 期，2007 年 12 月

劉岸挺，〈"隆禮尊賢而王"——荀子禮治論〉，孔子研究，2008 年

周德良，〈荀子心偽論之詮釋與重建〉，臺北大學中文學報，4 期，2008 年 3 月

伍振勳，〈從語言、社會面向解讀荀子的「化性起偽」說〉，漢學研究，26 卷 1 期，
　　2008 年 3 月

吳略余，〈荀子心性論及其善惡之根源〉，雲漢學刊，15/16 期，2008 年 6 月

王祥齡，〈荀子的超越性思維〉，孔孟學報，86 期，2008 年 9 月

鄧小虎，〈《荀子》中「性」與「偽」的多重結構〉，國立臺灣大學哲學論評，36 期，
　　2008 年 10 月

潘小慧，〈禮義、禮情及禮文——荀子禮論哲學的特點〉，哲學與文化，35 卷 10 期，
　　2008 年 10 月

陳福濱，〈荀子的禮論思想及其價值〉，哲學與文化，35 卷 10 期，2008 年 10 月

陳波，〈荀子的政治化和倫理化的語言哲學——一個系統性的詮釋、建構、比較與評論〉，
　　臺大文史哲學報，69 期，2008 年 11 月

王楷，〈從「知者利人」到「仁者安仁」——荀子道德論證的兩層結構〉，哲學與文化，
　　35 卷 11 期總號 414，2008 年 11 月

廖名春，〈荀子"虛壹而靜"說新釋〉，孔子研究，2009 年

陳林，〈荀子"以禮化心"工夫論初探——兼對牟宗三關于荀子"大本不立"之定位獻
　　疑〉，西安社會科學，2009 年

李宜庭，〈試析《荀子》「心」的意涵--兼及道德實踐之困境〉，中國語文，104 卷 2
　　期，2009 年 2 月

曾春潮，〈荀子「禮」的思想探討〉，遠東學報，26 卷 2 期，2009 年 6 月

陸建華，〈以「心」論性與「生」論性——孟、荀人性論的分別〉，孔孟月刊，47 卷 11/12
　　期，2009 年 8 月

王楷，〈君子養心莫善於誠：荀子誠論的精神修持意蘊〉，哲學與文化，36 卷 11 期，
　　2009 年 11 月

楊自平，〈牟宗三先生論荀子禮義之統析辨〉，鵝湖學誌，43 期，2009 年 12 月

何淑靜，〈比較孟子與荀子的「性善說」〉，鵝湖學誌，43 期，2009 年 12 月

徐克謙，〈荀子的"先王""後王"說與辯證道統觀〉，南京師範大學文學院學報，2010 年

李重明，〈從"治心"到"化性"——荀子樂教思想論略〉，船山學刊，2010 年

王楷，〈荀子養心說新探——一種精神修持理論視域下的考察〉，倫理學研究，2010 年

王軍，〈論荀子不是歧出之儒〉，廈門廣播電視大學學報，2010 年

張倩，〈唐君毅論荀子之統類心〉，新亞學報，28 期，2010 年 3 月

黃秀仍‧羅妮淑，〈荀子〈性惡篇〉探析〉，遠東通識學報，4 卷 2 期，2010 年 7 月

張德文，〈荀子對「重人」思想的理論貢獻〉，孔孟月刊，49 卷 3/4 期，2010 年 12 月

張鵬偉，〈荀子人性論再解讀〉，道德與文明，2011 年

張慧霞，〈荀子之"義"—由內在價值向外在價值的轉化〉，湖南科技學院學報，2011 年

邵彬，〈荀子于齊"三為祭酒"及生卒考〉，管子學刊，2011 年

萬國崔，〈荀子之「法先王」與「法後王」辨析〉，孔孟月刊，50 卷 1/2 期，2011 年 10 月

國家圖書館出版品預行編目資料

荀子思想理論與實踐（修訂版）

周德良著. – 初版. – 臺北市：臺灣學生，2012.05
面；公分

ISBN 978-957-15-1521-2 (平裝)

1.（周）荀況 2. 荀子 3. 研究考訂 4. 學術思想

121.27   100005835

荀子思想理論與實踐（修訂版）

著　作　者：周　　　　　德　　　　　良
出　版　者：臺　灣　學　生　書　局　有　限　公　司
發　行　人：楊　　　　　雲　　　　　龍
發　行　所：臺　灣　學　生　書　局　有　限　公　司
　　　　　　臺北市和平東路一段七十五巷十一號
　　　　　　郵　政　劃　撥　帳　號：00024668
　　　　　　電　　話：（02）23928185
　　　　　　傳　　眞：（02）23928105
　　　　　　E-mail：student.book@msa.hinet.net
　　　　　　http：//www.studentbooks.com.tw
本 書 局 登
記 證 字 號：行政院新聞局局版北市業字第玖捌壹號

印　刷　所：長　欣　印　刷　企　業　社
　　　　　　中 和 市 永 和 路 三 六 三 巷 四 二 號
　　　　　　電　話：（02）22268853

定價：新臺幣五○○元

西 元 二 ○ 一 二 年 五 月 修 訂 版